山东省住房和城乡建设发展研究院智库成果

A STUDY OF HIGH-QUALITY
URBANIZATION STRATEGY:
SHANDONG PATH AND PRACTICE

城镇化高质量发展战略研究

山东路径与实践

史晓浩 李文茂 郭 冰 邱 岳 著

北京理工大学出版社
BEIJING INSTITUTE OF TECHNOLOGY PRESS

版权专有　侵权必究

图书在版编目（CIP）数据

城镇化高质量发展战略研究：山东路径与实践 / 史晓浩等著. --北京：北京理工大学出版社，2021.11
ISBN 978-7-5763-0677-4

Ⅰ. ①城… Ⅱ. ①史… Ⅲ. ①城市化-建设-研究-山东 Ⅳ. ①F299.275.2

中国版本图书馆 CIP 数据核字（2021）第 226863 号

出版发行	/ 北京理工大学出版社有限责任公司
社　　址	/ 北京市海淀区中关村南大街 5 号
邮　　编	/ 100081
电　　话	/ （010）68914775（总编室）
	（010）82562903（教材售后服务热线）
	（010）68944723（其他图书服务热线）
网　　址	/ http：//www.bitpress.com.cn
经　　销	/ 全国各地新华书店
印　　刷	/ 保定市中画美凯印刷有限公司
开　　本	/ 710 毫米×1000 毫米　1/16
印　　张	/ 17.5
字　　数	/ 256 千字
版　　次	/ 2021 年 11 月第 1 版　2021 年 11 月第 1 次印刷
定　　价	/ 98.00 元

责任编辑 / 刘　派
文案编辑 / 李丁一
责任校对 / 周瑞红
责任印制 / 李志强

图书出现印装质量问题，请拨打售后服务热线，本社负责调换

> 城市与乡村彼此融为一体并各自作为所在区域单元的构成要素。城市是其所在地理的、经济的、社会的、文化的和政治的区域单元的一个构成部分,并依赖这些单元发展。因此,我们不能脱离区域对城市单独研究,因为区域提供了城市的天然界限和环境本底。
>
> ——第四届国际现代建筑学会,《雅典宪章》,1933年。(IV International Congress for Modern Architecture. Charter of Athens, 1933.)

序

——迈向总体性高质量的城镇化发展战略

一、概念探源

原生性的城镇化概念是个人口迁移概念,指人口从乡村向城镇地区的迁移流动。仅从人口流动或移民研究的视角来看,这一原生性概念相对容易理解,城镇化是一种人口迁移现象。近年来这一过程在我国呈现了剧烈的变化,快速向高城镇化率变迁。在古巴比伦、古埃及、古代中国、古希腊等地,虽然以极微弱不被感知的速度缓行,城镇化的过程伴随人类社会的发展一直存在。人口城镇化率被视为城镇化的代表性指标,遵循先慢、后快、再趋稳的 S 形曲线的增长规律(Northam,1979)。

正因如此,原生性概念是本书讨论的"城镇化高质量发展战略"的逻辑起点。我们要回答的问题是:在未来一段时间城镇化如何实现更高质量的发展?

二、行动主义视角下的概念演化

显然,行动主义视角的城镇化研究,超越了原生性城镇化概念的理论论域,进入到一个更为广阔的跨学科乃至跨学界的研究范围。现实是即使理解原生性的城镇化概念，也不简单。因为"移民研究的最大困难在于移民是极复杂的事情。复杂就复杂在它的形式、类别、过程、主体、动机上，复杂在它的社会经济以及文化背景上"，仅就移民的"混沌概念"而言，没有简单易行的办法（阿郎戈，2001）。那么，从解构的视角理解一系列城镇化的次生概念，就显得十分必要了。

概念探讨的一个基本前提是，城镇化隐含了国情差异。限于数据、文本资料的范围，本书所指的城镇化是中国意涵上的城镇化，而非仅仅指学术界所指的"城市化"（urbanization）。人口迁移的目的地城镇，包括城区和镇区。城区是指在市辖区和不设区的市，区、市政府驻地的实际建设连接到的居民委员会和其他区域。镇区是指在城区以外的县人民政府驻地和其他镇，政府驻地的实际建设连接到的居民委员会和其他区域；与政府驻地的实际建设不连接，而且常住人口在3 000人以上的独立的工矿区、开发区、科研单位、大专院校等特殊区域及农场、林场的场部驻地视为镇区，这是本书所提出的城镇化概念的第一层解构。

城镇化概念的第二层解构来自跨学科视野，地理学、经济学、社会学、政治学、生态环境学、建筑学等学科关注城镇化的方向千差万别，再一次增加了城镇化概念内涵的复杂性。

1. 人口空间集聚

人口流向城镇的过程也是城镇空间集聚的过程，这一现象更多地被地理学重点关注研究。人口的空间集聚改变了乡村人口的分散形态，为规模经济、建筑布局、生活方式变革、社会结构等深层次演化提供了重要基础。在国家尺度上，从黑龙江省原瑷珲市（1956年改称爱辉市，1983年改称黑河市）到云南省腾冲市连成的"胡焕庸线"建立了一条城镇化分界线，该线基本呈45°倾角，东南方36%国土居住着96%的人口，绝大多数城镇化水平高于全国平均水平（胡焕庸，1935）。这一规律持续存在。近年来，受市场规律支配，人口向城市聚集态势显著，形成了长三角、珠三角等以超大城市带动形成的巨型城市体系（都市圈和城市群）（陆铭，2016）。本书研究的山东省，同样存在着人口空间聚集的东、中、西差异，并随着时间推移出现了一些有规律的变化，具体数据可见本书第六章的分析。发端于地理学的地理信息系统（GIS）技术，能够直观呈现人口空间聚集的程度与速度，并逐渐被其他学科吸收运用。在城市内部的尺度上，城镇化带来的城市内部的空间正义，以及公共空间、私人居住空间、城市安全空间的安排，需要找到合理性的归依。研究人口空间集聚的规律，有助于城镇化的综合理解和治理策略有效落地。

2. 区域规模经济

在一定区域界限内，生产的单位成本与绝对量增加成反比，即单位面积内扩大规模可以降低平均成本，从而提高经济效率。按照"推拉"理论，区域规模经济的存在属于人口向城镇迁移的拉力因素。城镇规模经济的竞争力来自因人口聚集而降低的土地、建筑、安全、设施及人力资源成本等，也来自因人口聚集而扩大的消费市场、资本市场。区域规模经济的深化研究，有助于分析人口流动与产业发展之间的关系，正如20世纪经典城市化理论分析指出的，工业化与城市化之间存着诱致、反哺、互促的发展关系（钱纳里等，1995），并伴随不同发展阶段呈现不同的发展规律。这一思想对城镇化与产业之间关系的认识产生了深远影响，特别是通过政府治理的地方经济发展实践，进一步放大了工业对城镇化的推动效用。在数字化技术引领社会系统变革的今天，智慧产业的发展正在改变产业支撑城镇化的传统逻辑，需要在未来对就业产业匹配模式开展更深入、更系统的探讨，推动区域规模经济的认知转向。

3. 生活方式变革

城镇化不仅包含空间/土地城镇化、经济/产业城镇化，还包括与市民息息相关的人口市民化，以及农民转市民后的生活方式变革，或曰生活方式城镇化。芝加哥学派创始人之一路易斯·沃斯的"都市作为一种生活方式"这一经典议题贯穿于城镇化研究全过程，都市性变化的方向会改变城市，也会改变世界（沃斯，2007）。在中国，每年有大量农业人口迁入城镇，2020年全国农民工数量为2.86亿人（国家统计局，2021），比世界第四人口大国印度尼西亚人口总量还要多，第七次全国人口普查数据显示2020年全国流动人口总量（统计口径大于农民工）为3.76亿人，超过世界第三人口大国美国，"迁徙中国"的社会形态进一步确立（程梦瑶，段成荣，2021）。大量流动人口的存在，引发了有关"市民化"和城市劳动力为研究议题的一系列学术回应，焦点包括"半市民化"（王春光，2006）"流动人口社会融入"（王毅杰，史晓浩，2010）等。可以预见，未来15年"城乡中国"并行存续，城镇化引起的生活方式变革仍将继续。

4. 社会治理改革

城镇化的持续推进，引起了城市政府治理侧规划、建设、管理秩序的重构，以不断适应城市巨量的人口涌入。1987年，联合国提出"可持续发展"模式（联合国，1987），欧洲城市以紧凑发展为理念率先实践了可持续发展规划（Beatley，1999）。目前，我国自上而下推动的国土空间规划改革，也是以生态文明建设为指引，意在建立集约、高效、有序的生产、生活、生态（"三生"）空间，"三生"空间及其规划技术衍生的学术探讨方兴未艾。围绕以人为核心的城镇化建设这一主题，政府多措并举，致力于建立一种与人口流动相匹配的资源配置模式，极大促进了行政效率的提高。其中，开展以城市成长性与市民社会需求相结合的城市设计，为营造"精致、雅致、宜居、乐居"的城市提供了重要手段。"善治"模式融合了数字化技术革新，大大推动了智慧城市建设步伐，带来了"一网通管、一号通办"等办事便利。同时，因户籍制度存在而积累形成的城乡二元公共服务结构加快破除，公共服务均等化进程进一步提速。可持续治理模式的探索与发展，将伴随城镇化发展全过程。

5. 环境资源约束

无论城镇化推进到什么程度，生态资源系统一直作为一个具有约束发展上限的常量存在，决定了城镇人口承载的上限和模式。马克思经典地论证了人与自然界的关系，"人靠自然界生活，这就是说，自然界是人为了不致死亡而必须与之处于持续不断的交互作用过程的人的身体"（马克思，

1844)。在不同的时间阶段，城市与生态资源之间的紧张关系，曾成为城镇化道路的障碍，如工业革命初期的"伦敦雾"事件及中世纪的瘟疫大流行。伴随规划技术、城市市政设施水平的提高，城市问题得到系统性解决，能够产生一种积极乐观的城镇化后果——城市的胜利（格莱泽，2012）。说到底，我国当前如火如荼开展的"碳达峰、碳中和"的碳减排行动，将从城镇能源革命、生产减碳、交通减碳、建筑减碳、生活减碳等层面，建立符合生态资源要求的城镇化一揽子解决策略。也因如此，系统性建立绿色低碳发展模式，城镇化尚有多项议题有待深化研究。

三、城镇化的差异性后果

放眼全球，各国城镇化政策的不同组合，产生了迥异的城镇化后果。高城镇化率并不一定意味着繁荣，正确的城镇化道路可以实现高效率增长，而错误的城镇化道路则会产生严重的城市内部隔离和衰败。

（1）在国家尺度上形成了高水平的城镇化国家。按照《世界概况》2020年统计数据，当前城市化率（而非城镇化率）超过90%的国家有15个。美国是高城镇化率的大国代表，采用了狭域型市的空间管辖模式，城市的连续建成区实际上由一组大小不等、但在法律地位上彼此独立的市组成，形成跨界城市。各个基层政区往往保留各地原有的划分方法和管治方式，形成较为松散的城镇结构。代表城市为洛杉矶市，《洛杉矶市法案》赋予城市在制定市政附例和征收新税等方面更大的权力及自由度，并确保政府的运作具有透明度。按照美国统计局的算法，美国1960年城市人口占全国总人口的比重为70%（戴维斯，1965），2020年这一比例达到了82.7%。

（2）在城市尺度上成功塑造了全球城市。同为高城镇化率区域的日本（城市化率为91.8%），则产生了巨型的城市群，代表城市为东京。截至2020年年底，东京人口约1 396万人，东京都市圈总人口达3 700万人

（2016年），居日本各行政区之首，是全球人口最多的城市。东京采用统一型的设市模式，建立了适应高密度、大容量人口的城市治理模式，推动城市综合实力跃居亚洲第1位，多次被GaWC评为Alpha+级世界一线城市，与伦敦市、纽约市、巴黎市并称为全球城市。东京都市圈地区依托发达的地铁与轨道交通，以及出色的公交导向型城市建设模式（TOD），承载了大量通勤人员在东京都和邻近地区之间潮汐式移动，造成了城市日间、夜晚人口的巨大差距。

（3）在个体尺度上产生了大量城市贫民窟，成为失败城镇化的反面案例。拉美地区的城市化率从20世纪20年代的25%左右，到2010年的80%左右，众多人口聚集到城市，成为仅次于北美洲（同年度城市化率80.7%）城市化率第2位的地区。虽然同为高城市化率地区，拉美地区却饱受过度城市化的批评，出现城市贫困化和收入分配不公等社会性问题；同时，储蓄、住房补贴和抵押信贷等三种提升群众人居水平的手段，却从未在拉美地区成功地为提高居民购买住房能力做出明显的贡献，加上政府提供的公租房比重不足，低水平自建房在城市内部大规模生成，产生了广受诟病的贫民窟现象（郑秉文，2014）。这一现象并非个例，在南美洲、非洲、南亚等新兴的发展中国家普遍存在。

四、城镇化简史：山东发展历程回眸

山东省城镇化发展历程是全国城镇化发展的缩影。受国家战略、经济社会、自然环境等因素影响，山东省城镇化发展历程总体上经历了曲折探索、加速发展和内涵提升三个阶段，整体上遵循着"先慢速、后加快、再调整"的发展节奏，不同时期的制度安排塑造了城镇化的内在发展秩序。2020年，全省居住在城镇的人口为6 401.43万人，常住人口城镇化率达到63.05%，比1949年年末提高57.35%，年均提高0.81%。

第一阶段是1949—1978年，开始了低城镇化质量的曲折探索。新中国成立后的前30年，国民经济逐渐恢复，城镇化建设也随同国民经济发展在曲折中起步。1949年年底，全省城镇化率只有5.7%（未区分户籍城镇化率与常住人口城镇化率），低于全国（10.64%）4.94%。建国伊始，全省共有济南市、青岛市、潍坊市、烟台市、徐州市等五个城市，每个城市只管辖所属市辖区，城市职能并未完善。"一五"时期开始，国家集中力量进行工业化建设，并加快推进各经济领域的社会主义改造，山东省出现了首批以淄博（淄博工矿特区）为代表的工矿业城市。1961—1966年，国民经济快速恢复，一部分农业劳动力开始转移到城市工业部门，城镇人口小幅增加。1950—1960年，国民经济全面调整，行政区划也随着开始大调整，一大批新设置的市退回县建制，一部分地级市降为县级市，全省城市数调整为6个，区域协调性有所改善。进入20世纪60年代，人口流动受到户籍政策的严格控制，城镇化进程有所波动，1966年山东省人口城镇化率达到7.7%，比1949年提高了2.0%，但仍低于全国12.05%。总体而言，建国初期到改革开放前的30年间，在计划经济体制下，城镇人口受严格户籍管理制度的约束，人口流动受限制，城镇化发展动力单一，城镇化进程基本处于停滞状态，年均提高0.4%，到1978年全省城镇化率只有17.80%。

第二阶段是1978—2011年，实施兼顾城镇化质量的加速发展。1978年，党的十一届三中全会做出了实行改革开放的重大决策，改革重点很快转向城市，山东省城镇化进程开始加速。在山东省委、省政府的正确领导下，到2011年的33年间，全省城镇化进程逐步恢复、加速，城镇面貌日新月异，城镇人口加快集聚，现代化城市建设进一步提速，总体上转入健康发展阶段。1978—1990年，山东省城镇化进入恢复发展期，这一时期，经济迅猛发展，青岛市、烟台市、威海市等沿海城市陆续开放，户籍管理制度开始放松，农村人口快速向城镇流动，乡镇企业兴起，非农产业吸纳劳动力的能力增强，城乡人口流动频繁，城镇建设步伐和农村劳动力转移速度加快。农村"两步"改革的成功，使农村工业化、非农化得到了长足发展，加之城镇建制标准降低和实行市管县制度，城镇个数和城镇人口迅速增加，形成比较稳定的城市形态。到1990年，全省常住人口城镇化率达到27.3%，比1978年提高9.5%，城镇人口年均增长6.9%，是常住总人口增长率的5倍。进入20世纪90年代后，随着经济快速稳定发展，经济体制改革步伐逐步加快。1992年，邓小平视察南方谈话推动改革开放进入新阶段，大批农村剩余劳动力加速向第二、第三产业转移。1993年，设市标准放宽进一步促进了城镇化发展，山东省大量新兴小城镇组成的"工业化地区"有力促进城镇发展，对城镇化带动能力明显增强，城镇人口保持快速增长势头，山东省常住人口城镇化率由1990年的27.30%上升至2000年的38.15%，年均提高1.1%，全省城镇化进程进入30%~70%的快速发展区间。这一时期，小城镇与县域经济活力十足，一举筑牢了全省就地就近城镇化特色的产业基础。21世纪伊始，山东省委、省政府发布实施了《关于加快城镇化进程的意见》，把城镇化作为经济社会发展的四大战略之一，确立了未来10年城镇化率达到50%左右的目标。2002年，党的十六大提出科学发展观，要求"坚持大中小城市和小城镇协调发展，走中国特色的城镇化道路"，山东省提出"高起点规划、高标准建设、高效能管理"发展原则，积极推动山东半岛城市群建设，全省城镇化发展实现新突破。2001—2005年，山东省常住人口城镇化率由39.00%提高至45.00%，保持稳步提高态势。2006—2010年，山东省把提高城镇化质量作为城镇化战略的重点，常住人口城镇化率提升幅度由快趋缓，2010年为49.71%。2011年，山东省城镇化发展与全国同步，实现城镇人口过半，常住人口城镇化率达到50.95%，比2010年提高1.24%，略微落后全国0.32%，进入初级城市型社会。1978—2011年，山东省城镇化从恢复发展到逐渐提速，常住人口城镇化率年均增长1.0%，是城镇化快速发展稳定期，基本奠定了山东省城镇化总体格局及其在全国城镇体系中的重要地位。

第三阶段是2012—2020年，注重城镇化质量提升的内涵式积累。2012年，党的十八大提出"走中国特色新型城镇化道路"，山东省城镇化告别过去粗放发展模式，开始进入以人为本、规模和质量并重的内涵提升新阶段。2013年，党中央、国务院召开了第一次中央城镇化工作会议，对全国城镇化建设作出了总体部署。2014年，山东省印发了《山东省新型城镇化规划（2014—2020年）》，明确了全省新型城镇化的建设内涵，由稳步推进农业转移人口市民化、优化城镇化布局和形态、推动城乡发展一体化等7个方面组成。2012—2020年，山东省新型城镇化建设遵循速度服从质量的原则，以内涵提升为主攻方向，发展速度根据产业发展水平、国家政策安排等适时调整，常住人口城镇化率由52.34%增加到63.05%，年均增长1.19%。城镇化质量持续上升态势进一步凸显，是山东省城镇化发展质量提升最明显的一段时期，为下一阶段进入高质量发展期奠定了基础。

第四阶段是2021年以后，城镇化将进入以高质量发展为特征的稳定增长期。进入2021年，我国在全面建成小康社会的发展基础上，开启现代化建设新征程，山东省城镇化也进入了高质量发展新阶段。这一阶段，山东省城镇化将不断丰富上面所述的城镇化内涵，统筹解决好城镇化发展诸要素，特别是处理好城乡二元分割的关系。这一时期，山东省城镇化发展速度将有所放缓，为质量提升留足空间。这一阶段，需要重点破解因制度路径依赖产生的城乡二元分割顽疾，实现城乡融合发展。目前，山东省城乡二元结构分为半城半乡与局部弱融合的人口结构、稳定的城高乡低的收入结构、一体化制度下高低分异的基本公共服务结构和预算紧约束下差异化布局的基础设施结构。这一结构表象下，隐含着城乡一体化发展水平不高、要素流通不畅、资源配置不优、治理能力偏弱等深层次问题，为高质量发展提供了问题导向。

五、未来的战略选择

站在中华民族向全面建成社会主义现代化强国第二个百年奋斗目标迈进的历史起点，作为"四个现代化"之一的重要组成部分，行动主义的城镇化理应也能够有更多担当。目前，如何建立一种更有价值、更高效率的城镇化发展模式，成为关键议题之一。基于城镇化质量提升从量变到质变的关键节点考量，未来的战略选择是一条总体性高质量的城镇化之路。

总体性高质量的城镇化需要在全球坐标中找准定位。世界经济正经历百年未有之大变局，世界经济重心开始从大西洋两岸向太平洋两岸转移，世界政治格局从传统的 G7 统领世界向 G20 发挥作用与日俱增转变，全球化进程因部分国家利益受到挑战而出现局部逆全球化的调整，新科技革命浪潮催生出了一系列新产业、新业态、新模式。从全球发展态势分析，当前推进城镇化总体性高质量发展，处于重要的战略机遇期。山东省抓住新一轮战略机遇期，以新型城镇化建设为总抓手，持续推进新旧动能转换，发挥上合组织地方经贸合作示范区影响力，深入融入"一带一路"，顺势构建新的经济增长极，协同珠三角、长三角、京津冀等城市群，共同构筑太平洋西岸的高水平城镇连绵带。

总体性高质量的城镇化需要落实国家战略意图。《中华人民共和国国民经济和社会发展第十四个五年规划和 2035 年远景目标纲要》擘画了国家发展的宏伟蓝图，对山东省的要求是"发展壮大山东半岛""深入推进山东新旧动能转换综合试验区建设"，同时在深入实施区域协调发展战略中承担东部率先发展的重任，扬起沿黄河流域生态保护和高质量发展的龙头。城镇化是山东省落实国家战略的重要棋子，通过总体性高质量的城镇化发展，打造引领区域协调发展的山东半岛城市群，在济南市落子布局新旧动能转换起步区，带动沿黄河流域生态保护和高质量发展，从而起到平衡南北差距、协调东西发展的枢纽作用。

总体性高质量的城镇化需要立足当前城镇化发展阶段。按照国际上公认的经典城镇化增速曲线，在城镇化率超过 60% 以后达到了 S 形曲线的末段，增速将放缓。但是从国内珠三角和长三角地区的省域城镇化发展经验分析，城市群地区仍在快速吸引人口流入。2020 年，第七次全国人口普查数据显示，广东省（简称粤）、江苏省（简称苏）、浙江省（简称浙）常住人口城镇化率分别达到了 74.15%、73.44% 和 72.17%，分别高于山东省（简称鲁）11.10%、10.39%、9.12%。对比国际、国内类似地区情况，对中华人民共和国成立以来山东省城镇化增速建立变动函数定量化分析可知，山东省城镇化水平将低于上一个阶段年均 1.19% 的增速，维持稳速提升态势。总体性高质量的城镇化发展战略将在增速与质量之间达到新的平衡。

总体性高质量的城镇化需要为城乡平权的新型城乡关系打好基础。新一轮城镇化的难点之一在于如何破解城乡融合发展难题，实现以城带乡、城乡平权互促。山东省既是城镇大省，城镇人口超过 6 400 万人；也是农业大省，城镇化定型以后仍有约 2 500 万人生活在农村；还是人力资源大省，是全国唯一一个户籍和常住人口"双过亿"的省份。城乡融合发展是对接新型城镇化与乡村振兴两大战略的契合点，有利于将城市优势要素导入乡村，也有利于乡村资源创造更大价值。"十四五"时期，应从山东省实际出发，以城乡融合发展试验区引路，激活人口、土地、资本、技术等要素潜力，促进城镇地区高水平基础设施和公共服务向农村延伸，加快突破制约城乡融合发展的瓶颈。

总体性高质量的城镇化需要基于多层次的地方实践。总体性高质量的城镇化道路是省域层面的顶层设计，在具体实施过程中遵从市场主导与政府引导的路径安排，采取差异化的实施策略，不搞"一刀切"。纵向上，遵从动能转换、生态环境、基础设施、居民生活、社会治理、城乡融合等不同的发展规律，分领域推进，加快提升城市现代化治理水平。横向上，在市域层面，将总体性高质量城镇化模式分成增长极培育、低质量地区潜力挖掘、优势产业带动、资源枯竭型城市转型发展等类型，持续构建大、中、小城市协调发展的城镇体系。尊重基层首创精神，因地制宜，适宜行政区划调整的加快撤县设区激活空间动力，适宜优质生态引领的加快绿色转型做好生态文章，适宜收缩型发展的做好城乡要素统筹实现精明增长，推动以县城为重要载体、以重点镇为重要节点的县域城镇化，同步实现总体性高质量发展。

2021 年 8 月 31 日

参考文献

[1] Northam R M. Urban Geography [M]. New York: John Wiley & Sons, 1979: 65-67.

[2] 华金·阿郎戈. 移民研究的评析 [J]. 国际社会科学杂志（中文版），2001（3）.

[3] 国务院. 统计上划分城乡的规定（国函 [2008] 60号），2008-7-12.

[4] 胡焕庸. 中国人口之分布——附统计表与密度图 [J]. 地理学报，1935（02）.

[5] 陆铭. 大国大城：当代中国的统一发展与平衡 [M]. 上海：上海人民出版社，2016.

[6] Jenkins C. Push/Pull in Recent Mexican Migration to the U.S. [J]. International Migration Review, 1977, 11（2）.

[7] 迈克尔·波特. 内城经济发展新战略 [J]. 经济发展季刊，1997（1）.

[8] 钱纳里，鲁宾逊，赛尔奎因. 工业化和经济增长的比较研究 [M]. 上海：上海三联书店，1995.

[9] 路易斯·沃斯. 阅读城市：作为一种生活方式的都市生活 [M]. 上海：上海三联书店，2007.

[10] 国家统计局. 2020年农民工监测调查报告，网址：http://www.gov.cn/shuju/2021-04/30/content_ 5604232.htm

[11] 程梦瑶、段成荣. 迁徙中国形态得到进一步确认 [J]. 人口研究，2021（3）.

[12] 王春光. 农村流动人口的"半城市化"问题研究 [J]. 社会学研究，2006,（5）.

[13] 王毅杰，史晓浩. 流动儿童与城市社会融合：理论与现实 [J]. 南京农业大学学报（社会科学版），2010（2）.

［14］United Nations. Our Common Future：Report of the World Commission on Environment and Development［R］. 1987.

［15］Beatley T. Green Urbanism：learning from European cities［M］. Washington, D C：Island Press, 1999：491.

［16］蔡昉, 都阳, 杨开忠, 等. 新中国城镇化发展70年［M］. 北京：人民出版社, 2019.

［17］王建国. 21世纪初中国城市设计的理念辨析、实践特征和普适命题［J］. 城市规划学刊, 2012（2）.

［18］马克思. 马克思1844年经济学哲学手稿［M］. 北京：人民出版社, 2002.

［19］爱德华·格莱泽. 城市的胜利［M］. 上海：上海社会科学院出版社, 2012.

［20］金斯利·戴维斯. 人口城市化［A］//张庭伟, 田莉主编. 城市读本［M］. 北京：中国建筑工业出版社, 2013.

［21］郑秉文. 住房政策：拉丁美洲城市化的教训［M］. 北京：经济管理出版社, 2014.

［22］山东省住房和城乡建设厅, 山东省统计局. 2019山东省城镇化发展报告［M］. 济南：山东友谊出版社, 2020.

［23］山东省统计局, 山东省第七次全国人口普查领导小组办公室. 山东省第七次全国人口普查公报（第六号）：城乡人口和流动人口情况, 2021-5-21.

［24］史晓浩, 阚小静. 山东省城乡结构现状及"十四五"城乡融合发展对策［A］.//侯小伏主编. 山东社会形势分析与预测2021［C］. 北京：社会科学文献出版社, 2021.

［25］史晓浩, 高娟, 阚小静. 人口流动转向：从单向城镇化到局部弱融合［A］.//张清津主编：经济动态与评论（第10辑）［J］. 北京：社会科学文献出版社, 2021.

前 言

"十四五"时期是山东省加快新旧动能转换、推动高质量发展的关键五年。作为东部发达省份,山东省如何把握好在全球和全国发展格局中定位和方向,结合自身实际实现高质量的城镇化发展,成为山东经济社会发展中的重要议题。本书的成稿整合了近期山东省住房和城乡建设发展研究院的几个研究课题,全书嵌入了课题组常年开展的系列调研成果。全书主要内容如下。

第一章和第二章为研究综述。第一章系统梳理了有关城镇化发展质量、城镇化影响因素、城镇化模式的文献和成熟理论。在城镇化发展质量的研究方面,学者们对城镇化发展质量内涵的不断丰富和完善为今后的城镇化相关研究提供了理论基础;越来越多的学者采用综合指标、复合指标来测度城镇化质量的多维面向,但就人口发展质量、产业集聚程度、可持续发展等相关指标的研究仍显不够。在城镇化影响因素的研究方面,城镇化动力可归纳为产业创新发展、政府主体推动、基础条件支撑(含设施条件、自然环境容量等)、外源经济流动四大类,学者们使用了各种不同的计量方法以保证结果的合理性,但未充分提出具有针对性的对策。在城镇化模式研究方面,国外学者从城市或城市群的地理位置结构、发展演化规律、城镇化驱动力作用原理等角度来分析总结城镇化发展模式,我国学者注重从城镇化规模角度来探讨,总的来说现有的城镇化模式研究对"三农"因素考虑不够，更重要的是，从模式到可行的路径还需要充分考虑到各地特色和实际情况。

第二章从行政区划空间角度系统梳理了城市空间管理和调整的有关研究。世界各国有统一型、狭域型、广域型三种城市空间管辖模式。西方国家多采用前两种类型，我国则是采用的广域型管辖模式。广域型的好处是，发展空间充足，有利于城乡统筹协调发展。从20世纪50年代开始，大都市区管理体制在西方国家出现，多采取多中心的方式，即都市区内有相互独立的多个决策中心，这种方式难以避免治理碎片化的缺陷。国外的城市区划层级主要有英美为代表的扁平式和以东亚为代表的多级式两种模式。第二次世界大战后，政区合并是西方发达国家对政治制度空间和社会经济空间进行重新组合的主要趋势。近年来，我国通过撤市设区、撤县设区、撤县设市、镇改街道等行政区划调整的方式，扩大了城市市区人口规模和行政空间的范围，促进了各要素合理流动，提高了资源配置效率。2010年以来，我国提出以城市群作为城镇化主体形态，推进大中小城市协调发展，城市群内部各城市之间的跨域治理成为新趋势。

第三章至第八章为城镇化发展现状和形势的分析。第三章对山东省城镇化发展现状进行了总述。"十三五"时期，山东省城镇化规划体系引领作用明显，新市民同享市民待遇的制度建设更加完善，山东半岛城市群进一步发育成熟，新生中小城市培育效果明显，新型城镇化试点建设成果丰硕。同时也应该看到，山东省城镇化率增速放缓、中心城市引领作用不强、城市智慧水平不高、城乡融合发展短板明显等问题突出。

第四章论述了行政区划调整对城镇体系空间的影响。"十三五"时期，山东省共有行政区划调整86项，其中设区市合并1项、撤县改市1项、撤县（市）改区7项、撤乡改镇（乡镇合并）21项、乡镇改街道（街道合并）56项。通过这些调整，山东省行政区划空间格局得到优化，改善了城市分布体系，有利于资源要素的整合，有利于优化产业布局，进而促进了人口向城市聚集，提高了城市吸引力。同时也应看到，现有的行政区划设置仍有不适应城镇化发展趋势之处，存在较大的优化空间。

第五章将鲁、苏、浙、粤四省的城镇化发展状况进行了对比。与苏、浙、粤相比，山东省辖区面积在四省中位于第2位，低于广东省，高于江苏省和浙江省；地级以上市行政区划面积和人口规模在四省中位于第1位；市辖区占比偏低，县占比偏高，存在较大优化空间。与江苏省、浙江省和广东省相比，山东省城镇化水平及增速较低，经济发展与城镇化发展水平不匹配，经济发展水平不高，就业吸纳能力较弱，双核心城市青岛市、济南市实力不强。

第六章为城镇化质量的定量测度和评价。按照山东省城镇化高质量放在全国进行审视、设区市城镇化高质量放在全省进行审视的基本思路，从高价值动能支撑、高标准生态环境、高规格设施建设、高品质人民生活、高效能城市治理、高水平城乡融合六大领域分别构建山东省、设区市两级城镇化高质量发展评价指标体系。评价结果显示，全省六大领域发展质量均呈现正向增长趋势，具体到分维度指标，省域层面城镇化高质量发展呈现"总体质量提升、少数领域降低"的非均衡性较弱发展态势，其中城市治理和城乡融合是较为薄弱的领域。所有设区市城镇化发展质量均实现了正增长，并与发展基础呈正相关关系。空间上，现阶段山东省新型城镇化高质量发展水平呈现"沿海高、内陆低、双核心"的空间布局。

第七章为"十四五"时期山东省城镇化发展形势分析。黄河流域生态保护和高质量发展上升至国家战略，为全省新型城镇化实现高质量发展提供了重要的战略机遇和战略空间，"发挥山东半岛城市群龙头作用"成为主动融入和服务新发展格局的工作主线。伴随城市群成为城镇化主体形态这一大势，山东半岛城市群也将不断发展壮大，内部城市之间协作关系日益紧密，中心城市引领作用凸显，都市圈加速形成和成熟。经济从高速增长转向高质量发展，要求提高全要素生产率，促进产业链价值链向高端迈进，发挥创新的驱动发展新引擎作用；相应地，城镇化实现高质量发展，就要促进各类要素在更合理范围内配置，在开发区、产业园区等城市产业聚集区域实施深层次上的结构调整，发挥城市创新策源地的作用。此外，人口城乡结构、年龄结构以及居民诉求的变动都要求在推进城镇化建设的策略上进行回应。绿色低碳发展要求城镇化建设更加集约高效。

　　基于以上理论的梳理、现状分析和形势预测，第八章和第九章提供了城镇化实现高质量发展的思路、对策和指引，将未来之路聚集在6个"高"上。第十章对济南市作为个案进行详细剖析，在就城镇化高质量发展6个领域进行指标分析的基础上，着重总结了济南城镇化发展在制度建设上的突破，并指明未来济南市在动能转换、城乡融合、城市更新、现代化城市建设等重点领域如何实现城镇化的高质量发展。第十一章从人口市民化、城乡融合发展、行政空间调整方面选取了不同时期山东省城镇化建设的一些典型案例，既是对个案的现状描述，记录城镇化发展的关键节点，也是为了从市域、县域等不同尺度探索城镇化高质量发展的可能方向。

作　者

2021 年 8 月

Book Summary

The 14th Five-Year Plan period (2021-2025) is the key five years for Shandong Province to accelerate the transformation of old and new dynamics and promote high-quality development. As a more developed province in East China, how to find the place and grasp the direction in global and national development situation and realize high-quality urbanization has become an important issue. This book is a result of several research finished by Shandong Institute of Housing and Urban-Rural Development in recent years, and embeds a series of research results carried out by the research group throughout the years. The main contents are as follows:

At the beginning of the book, theories on urbanization quality, urbanization influencing factors, and urbanization patterns are systematically clarified. In terms of urbanization quality, the continuous enrichment and improvement of the connotation of urbanization quality by scholars provides a theoretical basis for future urbanization-related research. More and more scholars adopt comprehensive and composite indicators to measure multiple aspects of urbanization quality, but the research on population quality, industrial agglomeration degree, sustainable development and other related indicators is still insufficient. In the research on the influencing factors of urbanization, the driving force of urbanization can be summa rized into four categories: industrial innovation and development, government behavior, basic resource condition, and external economic flow. Scholars have used various measurement methods to ensure the rationality of the results, but have not adequately proposed targeted countermeasures. In terms of urbanization pattern research, western scholars analyze and summarize urbanization patterns from the perspectives of geographic structure or evolution laws of cities or urban agglomerations, or the perspectives principles of urbanization driving forces, while Chinese scholars pay more attention to discussing it from the perspective of urbanization scale. Generally speaking, the current urbanization patterns do not sufficiently take into account the factors of agriculture, rural areas and farmers. More importantly, there is a need to fully consider local characteristics and actual conditions.

This book also systematically sorts out the relevant studies on urban space management especially from the perspective of administrative adjustment. There are three types of urban spatial jurisdiction models in the world: unified, narrow, and wide. Western countries mostly adopt the first two types, while China adopts the wide area jurisdiction mode. The advantage of wide area type is that there is sufficient developmental space, covering urban and rural areas. Since the 1950s, the management system of metropolitan areas has appeared in western countries. It mostly adopts a multi-center approach, that is, there are multiple independent decision-making centers in a metropolitan area. This approach is difficult to avoid the defect of governance fragmentation. In terms of hierarchical management, two modes are more common: flat mode represented by Britain and the United States, and multi-level mode represented by East Asia. After World War II, the merger of administrative regions is the main trend of the recombining of political system space and socio-economic space in western developed countries. In recent years, through the adjustment of administrative divisions, China has rapidly expanded urban population and urban areas, promoted flow of various factors and improved efficiency of resource allocation. Since 2010, China has proposed to take urban agglomeration as the main form of urbanization to promote the coordination of large, medium and small cities. Cross regional governance among cities within urban agglomeration has become a new trend.

During the 13th Five-Year Plan period, the urbanization planning system of Shandong Province has played an obvious leading role, more new citizens has enjoyed the same citizenship, the Shandong Peninsula urban agglomeration has been further matured, some nascent prosperous small and medium-sized cities have been cultivated, and the pilot construction of new urbanization has been fruitful. At the same time, we should also notice the slowing urbanization, weak leading role of central cities, un-smart cities, and urban-rural imbalance.

The administrative division adjustment has an important impact on the space of the urban system. During the 13th Five-Year Plan period, there are 86 items of administrative division adjustments in Shandong Province, including merger of municipalities, county to city or district upgrading, townships to towns/township merger, and townships to sub-districts/sub-district merger. Through these adjustments, the urban distribution has been improved, which is conducive to the integration of resource and the optimization of industrial layout, as a result of more population gathering into cities and improvement of city attractiveness. At the same time, it should also be noted that current administrative division still does not meet the trend of urbanization, and there is still a large room for adjustments.

Compared with Jiangsu, Zhejiang and Guangdong, the area of Shandong Province ranks second among the four provinces, lower than Guangdong and higher than Jiangsu and Zhejiang. The administrative area and population scale of cities above prefecture level rank first among the four provinces. The proportion of municipal districts is low and that of counties is high, so there is a large room for adjustments. Compared with Jiangsu, Zhejiang and Guangdong, Shandong Province has a lower level and growth of urbanization, a mismatch between economy and urbanization, a lower economic scale, a weak employment absorption capacity, and a weak strength of the dual core cities, that is, Qingdao and Jinan city.

In this book, the quality of urbanization in Shandong Province and municipalities is examined. The evaluation index system of high-quality urbanization is constructed in six major fields, namely, driving force support, ecological environment, facility construction, people's life, urban governance and urban-rural integration. The result is that the quality of the six major fields in the province all shows a positive growth trend. In terms of sub-dimensional indicators, result shows a trend of overall improvement, a few areas decrease. Urban governance and urban-rural integration are the weaker areas. The quality of urbanization in all municipalities has achieved positive growth, and is positively correlated with the economic development. Spatially, the current urbanization in Shandong Province shows a spatial layout of "high coastal, low inland and double core".

The ecological protection and high-quality development of the Yellow River Basin has been upgraded to a national strategy, providing an important strategic opportunity and strategic space for the province's new urbanization to achieve high-quality development, and "playing the leading role of Shandong Peninsula Urban Agglomeration" has become the main line of actively integrating into and serving the national development. Along with the trend of urban agglomeration becoming the main form of urbanization, Shandong Peninsula Urban Agglomeration will also continue to grow, with increasingly close collaboration between internal cities, more prominent leading role of central cities, and accelerated formation and maturation of metropolitan areas. The shift of the economy from high-speed to high-quality requires improving total factor productivity, promoting the value chain of the industrial chain to the high-end, and playing the role of innovation as a new development engine. Accordingly, it is necessary to promote all kinds of factors in a more reasonable range of allocation, in development zones, industrial parks and other urban industrial gathering areas to implement deep structural adjustment. In addition, changes in the urban-rural structure and age structure of the population and the demands of the residents require a response. Green and low-carbon development requires urbanization construction to be more intensive and efficient. Based on above theoretical overview and analysis of current situation, this book provides ideas, countermeasures and guidelines to achieve high-quality of urbanization, focusing on the six "highs" for the future.

A detailed analysis of Jinan city is presented as a case study. In the case study, based on the analysis of indicators on six fields of high-quality urbanization, the breakthroughs of institutional construction are summarized, and more importantly, the measure suggestions are provided in key areas such as dynamic energy conversion, urban-rural integration, urban renewal, and modern city construction. This book also selects other typical cases of urbanization in Shandong Province in terms of citizenization of migrant workers, urban-rural integration, and administrative spatial adjustment, both to describe the current situation of the cases with record the key nodes of urbanization development, and to explore possible directions for high-quality urbanization from city and county scale.

目 录

第一章 城镇化质量研究理论分析 …………………………… 001
 一、关于城镇化发展质量的研究 ……………………………… 003
 二、关于城镇化影响因素的研究 ……………………………… 007
 三、关于城镇化模式的研究 …………………………………… 010
 四、文献评述 …………………………………………………… 012
 参考文献 ………………………………………………………… 014

第二章 国内外城市空间管理模式研究 ………………………… 019
 一、国外城市空间管理模式 …………………………………… 021
 二、国内城市空间管理研究 …………………………………… 026
 三、国内行政区划空间演变历程 ……………………………… 030
 参考文献 ………………………………………………………… 033

第三章 山东省城镇化发展现状和存在问题 …………………… 041
 一、城镇化建设现状分析 ……………………………………… 043
 二、城镇化发展存在问题 ……………………………………… 051

第四章 山东省城镇体系空间结构调整 ………………………… 055
 一、"十三五"时期山东省行政区划空间演进 ……………… 057

二、行政区划调整的空间优化效果 …………………………………… 062

三、行政区划空间对城镇化发展的制约 ………………………………… 069

第五章　山东省城镇化与苏、浙、粤对比分析 ………………………… 073

一、鲁、苏、浙、粤行政区划空间对比 ………………………………… 075

二、鲁、苏、浙、粤区域发展对比 ………………………………………… 077

第六章　山东省城镇化高质量发展测度与评价 ………………………… 081

一、新型城镇化高质量发展水平测度方法 ……………………………… 083

二、省域层面城镇化高质量发展评价分析 ……………………………… 089

三、设区市层面城镇化高质量发展评价分析 …………………………… 094

四、全省城镇化高质量发展的时空分异 ………………………………… 100

第七章　"十四五"时期山东省城镇化发展形势分析 …………………… 105

一、黄河流域生态保护和高质量发展上升至国家战略 ………………… 107

二、作为城镇化主体形态的城市群持续发展壮大 ……………………… 113

三、经济高质量发展对区域要素重组提出新要求 ……………………… 115

四、社会发展更加注重共建共治共享 …………………………………… 119

五、绿色低碳发展要求城镇化建设更加集约高效 ……………………… 125

参考文献 …………………………………………………………………… 127

第八章　新阶段山东省城镇化高质量发展思路与对策 ………………… 129

一、山东省城镇化实现高质量发展的总体思路 ………………………… 131

二、"十四五"时期山东省城镇化高质量发展对策建议 ………………… 137

第九章　山东省城镇化高质量发展指引：基于关键指标 ……………… 141

一、高质量发展实施路径 ………………………………………………… 143

二、建立高价值动能支撑 ………………………………………………… 145

三、打造高标准生态环境 ………………………………………………… 147

四、推进高规格设施建设 ………………………………………………… 148

五、营造高品质居民生活 ·· 151
六、实施高效能社会治理 ·· 153
七、促进高水平城乡融合 ·· 154

第十章 济南：一个市域城镇化典型样本分析 ························· 157

一、城镇化发展水平概览：基于关键指标分析 ······················· 159
二、城镇化建设工作支撑：制度框架及实践成效 ···················· 166
三、市域城镇化发展潜力：面向2035年的远景预测 ················· 181
四、市域城镇化推进方式：加快开启"十四五"规划建设
新征程 ·· 191

第十一章 山东省城镇化高质量发展典型案例分析 ···················· 201

一、青岛市：提升农业转移人口市民化质量（2017年） ············ 203
二、原即墨市：城乡一体化启航主城融入新征程（2016年） ······· 207
三、济南市章丘区：撤市设区为国家新型城镇化试点提速
（2018年） ··· 213
四、原莱芜市：发挥土地要素流转引擎作用释放发展空间
（2018年） ··· 220
五、商河县：统筹县域城与乡的进、退、合（2020年） ············ 225
六、滨州市沿黄河流域地区：城乡融合发展试验片区创建基础条件
（2020年） ··· 230
七、绿色基础设施建设的高唐县路径（2020年） ···················· 237
八、莒县：城市要素资源入乡的基层实践与探索（2020年） ······· 240

第一章 城镇化质量研究理论分析

墨子言曰：天下从事者，不可以无法仪。虽至百工从事者，亦皆有法。百工为方以矩，为圆以规，直以绳，衡以水，正以悬。无巧工不巧工，皆以此五者为法。巧者能中之，不巧者虽不能中，以放以从事，犹愈于已。

——［宋］李诫：《营造法式》，商务印书馆，1933年。

本章从"城镇化发展质量"的概念内涵出发，系统梳理了国内外有关城镇化发展质量、城镇化影响因素、城镇化模式的理论文献，目的是建立城镇化高质量发展研究的深厚理论基础。

一、关于城镇化发展质量的研究

"城镇化发展质量"这一概念是根据我国的基本国情以及城镇化建设进程而提出的概念。2019年，中央经济工作会议提出，新时代的发展必须坚定不移贯彻新发展理念，推动高质量发展。目前，我国正处于经济快速发展的转型时期，城镇化的持续推进以及城镇化的高质量发展都对我国城镇化新战略提出了具体要求。我国学术界对"城镇化发展质量"的研究，是由学者们在城镇化相关理论基础上结合中国发展的实际而提出的。

（一）国外学者研究

国外学者对于这一概念的直接研究较少，而是倾向于围绕城镇化建设相关的领域进行细分研究，这些研究方向与我国对城镇化发展质量的研究具有相同的内涵，具有重要的参考作用。

学者对城镇化质量的关注开始于城市生活环境与生态方面的研究。现代意义上的城镇化进程起始于英国为首的西方国家，工业革命的推进加快了西方国家城镇化发展进程，但也导致了一些问题的出现，最突出的便是城市环境的恶化。斯科特（A. J. Scott）从微观角度考虑了城市生活环境与生活质量问题，对影响居民生活品质的相关因素进行了界定和筛选，并通过定量分析测算了主要城市的居民生活环境水平和生活质量得分。斯威安（D. Swain）等的研究指出，生态健康型城市发展的关键是保持城市生态系统的合理和完善，在人与自然和谐相处的基础上进行城镇化建设。罗德里格斯·阿奎拉（Guil Lermo Rodríguez-Aguilar）等认为，生态城市的定义应当包含多个维度，如合理的社区规划、高绿色覆盖率的城市建设、健康和谐的社会生态环境等。

生态城市研究体现出人们的观念开始从一味推崇城市建设水平向追求城市与环境协同发展的方向转变,而城市可持续发展观点的诞生就是对这一理念的继承和进一步发展。亨德森(G. Henderson)提出了一种在城市层面表示可持续发展指数的理论,通过测算目标城市的生态环境评价指数来对该城市的可持续发展度进行衡量。霍尔顿(Holden)深入研究了生态健康和可持续发展的协调关系,提出生态化发展进程与城市建设不应当割裂。桑尼(Sunny)在集约型城市发展理论的基础上,以住房供应量为研究对象来分析城市发展可持续性。艾尔肯顿(Elkington)从经济增长、社会发展和环境保护等角度分析了城镇化建设的可持续性,提出城市应当从这三个方面着手进行可持续发展问题的思考。对于可持续发展问题,国外学者从总体上认为城市的建设者应当高瞻远瞩进行长远谋划,而不是为了短期的利益而牺牲未来的发展空间,必须要把可持续发展理念落实在城镇化建设的整个周期。

要对城镇化发展的质量进行评价,必须建立能够全面衡量城镇化高质量发展各个方面因素的评价指标体系。联合国人类住区规划署2006年版的评价指标体系相对比较完善,该套指标体系从城市发展指数和城市指标准则两个方面设计评价体系。其中,城市发展指数包含基础设施、垃圾处理、健康投入、教育经费和生产能力五个方面。城市指标准则从住房、社会发展与消除贫困、环境治理、经济发展和安全五个方面对人口居住环境进行评价。国外学者对于城镇化发展相关问题的研究根本上是为了提出促进城镇化发展朝向更加健康和可持续方向进步的对策,同时也体现了经济增长对于城镇化发展的支撑作用,这和我国城镇化建设的实际经验相吻合。

(二) 国内学者研究

近年来,我国城镇化建设速度逐渐加快,随之而来的发展问题也逐步凸显,城镇化发展质量越来越得到广泛关注,我国学者对于城镇化发展质量问题的研究主要集中于以下几点。

1. 关于城镇化发展质量的内涵

城镇化发展质量可以反映城镇化发展水平，我国较早关注该领域研究的学者叶裕民（2001）认为，制度创新是提高城镇化质量的重要路径，最直接的制度是户籍制度，城市现代化和城乡一体化都是城镇化质量的重要内涵。孔凡文（2005）将城镇化的本质内涵概括为城镇化质量和城镇化速度，城镇化质量主要体现在居民生活条件改善和城镇经济发展，而城镇化速度主要体现在人口城镇化率的提升。郭叶波（2013）认为城镇化发展质量内涵更应该考虑为建设城镇化所付出的相应代价，如牺牲环境、浪费土地资源等。朱鹏华（2017）认为应该从城镇化的结果和城镇化的过程两个方面界定城镇化质量，城镇化的结果主要关注城镇化发展质量和城乡协同程度，城镇化的过程主要关注城镇化发展效率。王滨（2019）将城镇化质量内涵分为三个维度，分别是城镇发展质量、城镇化效率和城镇化协调程度，并从城镇化质量的空间特征角度展开分析。张爱华（2019）认为城镇化质量不仅是经济发展水平，更体现在提高居民生活质量、提升科技水平以及市场化开放程度。

目前，对于城镇化质量还未有统一的定义，通过学者们的探索丰富了相关内涵，为今后的研究提供了理论基础。

2. 城镇化质量的综合评价

城镇化质量的综合评价都是从构建城镇化指标体系和测度城镇化水平指数两个方面来进行，将指标多维度划分，构建多层级体系。赵喜仓和吴继英（2002）的研究构建了结合经济、社会、人口和环境四个方面因素的区域城镇化水平评价指标体系，并通过因子分析法对江苏省区域城市化水平进行了评价。罗仲平（2006）对我国西部地区城镇化发展滞后的原因进行了分析，认为根本原因是西部地区的城镇化建设缺乏必要的资金支持。余晖（2010）对多种影响城镇化发展质量的因素进行了综合分析，认为其中影响城镇化水平的最主要因素是各要素间的相互协调。何平和倪苹

（2013）通过构建城镇化水平评价指标体系，对全国 31 个省份的城镇化发展质量进行了评价，结果表明全国的实际城镇化质量低于潜在城镇化率。汪丽（2014）运用层次分析法和综合评价法分析了西北五省省会城市的城镇化发展水平，认为人口、生态、社会和城乡交流四个方面是影响我国西北地区城镇化发展水平的主要因素。郝华勇（2012）以东部 10 个省份为主要研究对象，通过构建社会条件差异、经济绩效评价、空间集约程度等 31 个指标评价体系对东部 10 个省城镇化质量测度评价。陈莉（2017）通过运用主成分分析法对指标进行定量分析，按照系统、均衡、可比的原则，利用 GA—PSO—ACO 综合指数法对我国 33 个城市的城镇化质量水平进行评价。王滨（2019）通过城镇发展质量、城镇化效率、城镇化协调指标三个方面来构建，并通过熵值法进行测度分析。曾伟（2019）主要通过因子分析法对武汉市 2010—2016 年城镇化发展质量进行综合评价分析，构建五大层次体系 15 项指标衡量武汉市的城镇化发展质量。曹文明（2018）从人口指标、经济指标、环境指标、社会指标、城乡协调指标五个方面考量，利用因子分析法对湖南省的城镇化发展质量水平测度分析，并得出目前湖南省应以提升质量为主进行转型发展。

对于我国城镇化质量的评价，研究成果已经较为丰富，学者们主要围绕经济发展、基础设施、居民生活等方面进行探讨，但在建立评价指标体系中还存在不足。我国城镇化经过多年发展，所包含的内容更加全面，对于人口发展质量、产业集聚程度、可持续发展等相关指标的研究，目前涉及较少。

3. 城镇化质量的空间分析

杨璐璐（2015）以中部六省为研究对象，研究城镇化质量的空间格局分异，主要采用热点区分析方法以及 GIS 空间自相关分析方法，研究得出在区域性城镇化进程中，空间集聚分布是其主要特征。孟庆香（2015）采用系统聚类分析法研究福建省城镇化质量的空间差异，并对福建省城镇化质量进行评价，研究得出福建省各地市城镇化质量参差不齐，具有明显的空间差异特征。赵永平（2016）通过对我国城镇化发展水平测度研究，得出城镇化发展水平具有明显的时空分异特征，主要呈现东、中、西梯度递减的分布格局。曹飞（2017）主要运用空间面板模型，对2003—2013年我国31个城市的发展质量进行了相关研究，对空间效益和收敛性进行了分析。林琳（2018）通过采用空间自相关计量模型研究广东省城镇化质量空间格局，得出城镇化质量与市场开放度呈正比态势，城乡统筹发展存在滞后等。周敏（2018）通过建立空间计量模型，利用空间数据分析我国省域城镇化发展的空间集聚效应，研究认为我国城镇化的发展存在空间不平衡、"东高西低"的空间格局。

综上所述，对于城镇化质量的空间分析，学者们从国家、城市群、省域、地市等尺度开展专门分析，得出了丰富的理论成果，但针对城镇化发展质量的空间分异过程与结果的因果连续性解释，研究结论尚需进一步深化与推敲。

二、关于城镇化影响因素的研究

（一）国外学者研究

由于研究视角和历史发展阶段的不同，国际学术界对于城镇化影响因素的研究提出了各种不同的理论。

1. 国家尺度上的城镇化动因

纳科斯（Knox，2007）提出政治、经济、文化、社会、环境和地理等多方面的因素共同影响了一个国家的城镇化建设进程。部分学者认为，人口集聚是城镇化发展的根本动力。刘易斯（Lewis，2007）通过构建静态分析模型研究了欠发达地区的城乡二元结构问题，并且将城市和农村在劳动生产率上的差距纳入了城镇化驱动力模型的分析框架。保尔（Paul）同样通过构建静态模型分析城镇化影响因素问题，但他借助了动态演化方法来对模型的稳健性进行验证。亨德森（Henderson）通过对1996—2000年世界142个国家的相关数据进行实证分析得出人口的迁移带来了人才的集聚，进而导致了生产力水平的发展，从而在一定程度上促进了城镇化发展。

2. 产业对城镇化的作用方式

托德斯（Todes）总结了南非的城镇化模式并分析了其演变趋势，认为国家经济的持续增长和充分就业在城镇化发展中具有举足轻重的作用，并且会影响城市建设的规模和居民对住房以及基础设施的需求。还有人将城镇化水平提升的动力归结于产业发展，认为产业是促进城镇化的根本原因。斯科特（Scott）通过研究发现，在工业化发展的初级阶段，伴随着产业发展所形成的集聚效应为城镇化提供了初始动力。莱斯（Rice）基于供求模型对影响城镇化的因素进行了分析，并同时考虑了农业与工业发展对城镇化的促进作用。

3. 城镇化发展动因的综合观

随着相关研究的不断深入，更多观点认为综合因素才是分析城镇化动力机制的正确方向。道格拉斯（Douglass）认为经济发展是影响地区城镇化的最重要因素，尤其是外商直接投资和跨国公司的设立，在很大程度上加快了发展中国家城镇化的进程。琴奎娜（Zinkina）采用时间序列数据分析了美国的城市化发展趋势，认为人力资本的提升和经济增长两方面的因素对于城镇化发展具有一定的推动力。

（二）国内学者研究

随着城镇化进程的推进，城镇化质量的内涵更加丰富，城镇化质量的影响因素也在逐渐发生变化，国内学者的研究更进一步深入。

1. 最早提到城镇化影响因素的学者主要关注城镇化的动力机制

周一星（1999）认为我国城镇化发展所需要的动力从一元向二元甚至是三元的方向在逐渐转变。陈柳钦（2005）则主要从产业结构转型展开研究，认为一、二、三产业都是在城镇化发展过程中的主要动力机制，并将产业结构变化纳入重要影响因素中。杨贞（2006）以河南省城镇化发展质量为研究对象,通过构建指标体系衡量其影响因素,主要包括源动力、根本动力、持续动力三个方面。王发曾(2010)则分析了城市群的城镇化影响因素,通过运用灰色关联度方法进行分析,研究得出城市群的城镇化发展需要经济质量、政府决策、市场开放、生态保障等多个方面相互配合。苏素(2011)认为经济增长对于推进城镇化进程有重要作用,但并不是单一的,将其分为规模效应和结构效应,通过面板协整计量分析得出农业化率、城乡收入差距、城镇化率之间存在显著交互关系。孙沛瑄(2014)以江苏省城镇化动力为研究对象,采用向量自回归(VAR)模型研究得出工业现代化是城镇化进程中的主要动力,农业现代化的影响力则较为有限,而现代服务业的推动力还需要进一步加强。

2. 影响城镇化发展质量的综合观

陈晖涛(2014)利用主成分分析法对福建省城镇化质量的影响因素进行分析,最终得出农民人均纯收入是最重要的影响因素。李辉(2017)以西北民族地区为研究对象,运用固定效应模型对其城镇化质量的影响因素进行研究,得出存在明显的空间相关性,经济基础、产业结构、基础设施建设、社会保障是促进城镇化质量发展的重要影响因素。张振龙(2016)主要利用分位数回归模型对新疆维吾尔自治区城镇化发展进程中的动力因素进行分析,研究得出资本流动、产业发展、外部经济对城镇化发展具有促进作用。智荣(2017)主要以内蒙古自治区小城镇为具体研究对象,通过双对数模型,研究认为人口质量、产业结构、基础设施建设、经济基础都是影响城镇化发展质量的重要因素。韩立达(2015)主要研究四川省的城镇化质量影响因素,利用主成分分析法研究得出空间因素、结构因素、经济因素对四川省城镇化发展有重要影响。

通过上述关于城镇化发展质量的影响因素研究,中外学者们得出了丰富的理论成果,利用各种计量模型实证分析了城镇化发展的影响因素,在对影响城镇化发展质量的因素是综合的这一关上达成了一致。但是,针对微观层面的影响因素研究较少,所以很难提出具有发展城镇化针对性的建设性对策。

三、关于城镇化模式的研究

(一) 国外学者研究

外国学者主要将城镇化模式划分为静态模式和动态模式。

(1) 城镇化模式的静态理论侧重于从单个城市或城市群间的地理位置结构分析总结城镇化发展模式,结合区位理论、演变理论和人口理论进行研究。伯吉斯(Burgess)提出了著名的"同心圆"模型,即大部分城市的发展源于一个特定区位的圆心,并且以一定的经济距离为半径进行扩张,由此得出了"同心圆"模式可应用于北美地区的城镇化发展。巴勃考克(Babcock,1932)在伯吉斯"同心圆"理论的基础上,进一步分析了交通基础设施对城市建设的意义,将"同心圆"模式发展为"轴向—同心圆"模式。霍伊特(Hoyt)以美国100多个城市为研究对象分析了平均租赁价格和土地转让费,发现土地价格呈现出由中心地带向外围区域逐渐下降的特征,将其总结为城市发展的"扇形模式"。哈里斯(Harris)则认为随着社会分工的演变,城市中需要划分出特定的区域和空间来保证各项生产活动的顺利开展,而且城市规模的扩大和产业分工的进一步细化会对核心区域的设立提出更高的要求,由此认为应当推行"多核心"城市化发展模式。

(2) 与静态模式理论相比较,城镇化模式的动态理论主要从两个方面进行研究:一种是单一城市或城市群的发展演化规律;另一种是城镇化的驱动力作用原理研究,其中既包含了城市的发展趋势,也涵盖了城镇化建设的动态发展机制。埃里克森(Eriksen)也对城镇化的驱动因素进行了分析,认为城市功能区域的扩长会经历外向溢出—专门化、分层扩散—多元化、局部填充—多中心化三个发展阶段,将其总结为城镇化发展的要素流动模式。还有部分学者对比分析了不同国家城镇化发展的特点。伊丽莎白

(Elizabeth）指出，英国小城镇的发展源于第二次世界大战后工业化水平的快速进步，即英国的城镇化发展遵循工业化模式；美国的城镇化发展模式为自由市场模式，即首先在部分城市借助市场力量建设小城镇；日本通过"村镇综合建设示范工程"的推进来加快城镇化建设进而缩小城乡差距，这是一种依托行政力量的模式；此外，还有韩国的新乡村建设模式和拉丁美洲国家的外源动力模式，这些模式的实行都有效推进了城镇化建设的进程。

（二）国内学者研究

目前，国内学者们对于城镇化模式的研究，主要从城镇结构模式和城镇形态模式两个方面展开研究。

（1）关于城镇结构模式，形成了大城市优先发展、小城镇优先发展和协同发展模式的三种论调。最早关注该领域的学者李梦白（1984）通过梳理中华人民共和国成立以来我国城镇化的发展历程，提出大、中、小城市协同发展模式，并针对我国基本国情和发展需要得出一味将人口从农村引入城市从而盲目扩张大城市规模的发展模式是错误的。学者们主要将城镇形态模式分为动态模式和静态模式，动态模式主要与我国城镇化发展道路选择紧密联系，静态模式主要是从城镇具体因素来制定发展模式。顾朝林（2000）从城镇空间模式展开研究，根据城镇特色、规模以及区位差异将我国城镇模式进行划分为块状集中模式、放射片状模式、带状结构模式、多城结构模式、轴向填充模式。

（2）关于不同地区发展模式，形成了城镇化发展地域差异。周英（2006）以河南省为研究对象提出了城镇化模式研究的框架以及城镇化模式设计，主要对空间发展模式提出了相应的路径建议。郑德高（2013）认为，传统的城镇化发展模式已不再适应我国的发展需要，因此必须探索新模式，新模式主要是针对小城镇因地制宜发展具有人文特色城镇化模式，并且应该分层级、分区域发展城镇化。崔曙平（2013）主要以苏南地区城镇化发展为研究对象，研究认为"就地城镇化"对于苏南地区城镇化的发展具有重要作用，并以此得出各地应科学选择城镇化发展模式，以宜居宜业的小城镇和新农村同步协调发展为首选模式。龙奋杰（2016）通过对贵州省各地市区的特点和发展现状详细研究后提出了五种适合贵州省发展的模式，分别为宜居旅游模式、大都市模式、物流园区模式、农业现代化模式、工业产业模式。

（3）近几年学者们对于我国城镇化发展模式又提出了新的理论思想。夏柱智（2017）主要针对城乡二元结构的转型，提出了"以代际分工为基础的半工半耕"发展模式，该模式对于农村发展有着重要的影响，并为我国脱贫问题提出了相应的理论基础。李向前（2019）在研究我国城镇化模式时运用了复杂网络分析模型，并对城镇化模式的演进路径进行了相关研究，将城镇化模式分为协调持续、外部经济、内在动力、外力驱动、曲折路径、禀赋支持、滞后发展、简单推进 8 种模式。高春亮（2019）从人力资本和城市规模角度出发，通过建立人力资本积累模型，运用固定效应验证了人力资本对于城市规模的正向影响，从而提出了我国新型城镇化模式，最后得出大国大城是我国城镇化发展的必要途径。

综上所述，关于城镇化发展模式，一些学者针对不同地区、不同时间提出了不同的模式，既有总体发展模式又有具体城镇化模式，但在研究过程中，很少有学者将两者结合进行研究。

四、文献评述

通过对国内外的研究现状梳理并分析后可以得出，对于城镇化的发展质量，学者们主要通过城镇化内涵和城镇化发展水平综合评价来进行探讨，城镇化发展质量的内涵随着学者们不断深入研究，形成了丰富的理论体系，为后人的研究提供了丰富的理论基础。

对于城镇化质量的综合评价，主要体现在城镇化水平的测度，随着研究的不断深入，城镇化进程的不断推进，衡量指标从单一指标向综合指标发展，越来越多的学者采用复合指标来测度城镇化水平。城镇化质量包含多层次内容体系，涉及人口质量、经济发展、社会水平、生态环境等多个方面。根据所研究的地区不同、空间维度不同和数据获取的难易程度不同，所构建的水平测度指标体系各有千秋。关于城镇化质量水平测度的方法也是多种多样，主要有主成分分析法、熵值法、层次分析法等，这些方法根据所选指标不同各有所侧重。

关于城镇化影响因素的研究，主要是从驱动力方面展开探讨，从一元动力转变为目前的多元动力，所涉及的指标涵盖范围全面，多数以指标体系来表示，包括城市吸引力、三产发展水平、经济发展质量、外资流动水平、政府支持力度、城乡差异程度、产业布局结构等多个方面，总的归纳为产业创新发展、政府主体行为、基础条件水平、外源经济流动四大类。在研究的过程中，学者们使用了各种不同的计量方法以保证结果的合理性，主要有灰色关联度模型、固定效应模型、空间计量模型等各类回归模型。由于城镇化质量研究涉及范围较广，也有学者将多种模型结合来进行分析研究。

对于城镇化发展的模式，学者们主要是通过城镇化规模来进行探讨，同时涉及城镇特色发展体系和经济发展水平，对于城镇化模式提出较为单一，更多注重整体系统的模式发展，而未关注微观层面的影响因素，难以提出因地制宜的发展模式。在城镇化模式识别过程中，未注重我国目前的政策方针，对于农业、农村、农民（简称"三农"）问题的考虑较少，而"三农"问题目前是我国城镇化发展进程中的重要制约因素，不同城镇化发展道路中"三农"问题的作用机理各有不同。目前，城镇化模式主要研究涉及城镇规模的分级、城镇化道路和模式的描述性分析，并且主要将城镇化模式定义为大城市模式和小城镇模式，并未针对城镇化特色和考虑各地区实际情况提出适合的发展模式以及实现的可行性路径。

已有的研究成果虽然很丰硕，但是针对山东省城镇化模式识别研究的文献相对较少，留下了山东省城镇化系统研究的空白。因此，本书选取山东省为研究对象，对山东省的城镇化研究做一点微薄的贡献。此外，在城镇化影响因素的回归分析中,学者们选用单一指标如人口城镇化率来代表城镇化发展水平,并以此作为因变量。目前来看,基于综合性指标体系测算的城镇化水平在城镇化影响因素的回归分析中运用较少。同时,以往对于城镇化模式识别的研究仅限于主成分分析法、协整分析等,考虑空间因素的研究较少。因此,为了更好地衡量城镇化高质量发展,本书在构建指标体系时综合考虑了体现城镇化发展质量的多方面因素,并且在回归分析时考虑了各市城镇化发展的空间相关性,从而提出更加贴近山东省省情的城镇化高质量发展模式。

参考文献

[1] Allen J Scott. Globalization and the Rise of City-regions [J]. European Planning Studies, 2001, 9 (7): 813-826.

[2] Swain D, Roberts G J, Dash J, et al. Impact of Rapid Urbanizationon on the City of Bhubanes War, India [J]. Proceedings of the National Academy of Sciences, India Section A: Physical Sciences, 2017, 87 (4).

[3] Guil Lermo Rodríguez-Aguilar, Carmen Lorena Orozco-Lugo, Ivarleut, et al. Influence of urbanization on the occurrence and activity of aerialin sectivorous bats [J]. Urban Ecosystems, 2017, 20 (2).

[4] Henderson V. The Urbanization Process and Economic Growth: The So-What Question [J]. Journal of Economic Growth, 2009, 8 (1): 47-71.

[5] Injaian Allison S, Francis Clinton D, Ouyang Jenny Q, et al. Base line and stress-induced corticoster one level sacross birds and reptiles donotreflecturbanization levels [J]. Conservation physiology, 2020, 8 (1).

[6] Inkeles A. Becoming Modern: Individual Change in Six Developing Countries [J]. American Journal of Human Biology, 1974, 5 (Volume82, Number 2): 118.

[7] 叶裕民. 中国城市化质量研究 [J]. 中国软科学, 2001 (7): 28-32.

[8] 孔凡文, 许世卫. 论城镇化速度与质量协调发展 [J]. 城市问题, 2005 (05): 58-61.

[9] 郭叶波, 魏后凯. 中国城镇化质量评价研究述评 [J]. 中国社会科学院研究生院学报, 2013 (2): 37-43.

[10] 朱鹏华, 刘学侠. 城镇化质量测度与现实价值 [J]. 改革, 2017 (9): 115-128.

[11] 王滨. 城镇化高质量发展测度及其时空差异研究 [J]. 统计与决策, 2019, 35 (22): 46-50.

[12] 张爱华, 黄小舟. 新型城镇化质量评价与空间聚集效应检验 [J]. 统计与决策, 2019, 35 (17): 58-62.

[13] 赵喜仓, 吴继英. 江苏省区域城市化水平评价与分析 [J]. 江苏大学学报（社会科学版）, 2002 (4): 92-96.

[14] 罗仲平. 中国西部地区城镇化实证分析 [J]. 财政研究, 2006 (10): 75-77.

[15] 余晖. 我国城市化质量问题的反思 [J]. 开放导报, 2010 (1): 96-100.

[16] 何平, 倪苹. 中国城镇化质量研究 [J]. 统计研究, 2013, 30 (06): 11-18.

[17] 汪丽, 李九全. 新型城镇化背景下的西北省会城市化质量评价及其动力机制 [J]. 经济地理, 2014, 34 (12): 55-61.

[18] 郝华勇. 东部省域城镇化质量差异评价与提升对 [J]. 福建行政学院学报, 2012 (3): 94-98.

[19] 陈莉, 李姣姣. 基于GA-PSO-ACO综合指数的新型城镇化质量评估 [J]. 统计与决策, 2017 (22): 55-58.

[20] 曾伟, 严思湘, 田家华. 基于因子分析的武汉市新型城镇化质量评价 [J]. 统计与决策, 2019, 35 (2): 114-117.

[21] 曹文明, 刘赢时, 杨会全. 湖南新型城镇化质量综合评价研究 [J].

湖南社会科学, 2018 (2): 155-159.

[22] 杨璐璐. 中部六省城镇化质量空间格局演变及驱动因素——基于地级及以上城市的分析 [J]. 经济地理, 2015, 35 (1): 68-75.

[23] 孟庆香, 郭施宏, 吴升. 福建省城镇化质量空间差异评价 [J]. 中国农业资源与区划, 2015, 36 (7): 33-40.

[24] 赵永平, 徐盈之. 新型城镇化发展水平综合测度与驱动机制研究——基于我国省际2000—2011年的经验分析 [J]. 中国地质大学学报（社会科学版）, 2014, 14 (1): 116-124.

[25] 赵永平. 中国新型城镇化的经济效应：理论、实证与对策 [D]. 南京：东南大学, 2015.

[26] 赵永平. 新型城镇化发展水平测度及其时空差异分析 [J]. 西安电子科技大学学报（社会科学版）, 2016, 26 (5): 60-68.

[27] 曹飞. 中国省域新型城镇化质量动态测度 [J]. 北京理工大学学报（社会科学版）, 2017, 19 (3): 108-115.

[28] 孙叶飞, 夏青, 周敏. 新型城镇化发展与产业结构变迁的经济增长效应 [J]. 数量经济技术经济研究, 2016, 33 (11): 23-40.

[29] 曹广忠, 周一星, 杨玲. 中国城市经济增长多因素分析 [J]. 经济地理, 1999 (2): 32-38.

[30] Howlett Robert J, et al. Knowledge Based Intelligent information and Engineering Systems. Springer Berlin Heidelberg, 2007: 333-341.

[31] Luizade Oliveira Saad, Carlo Magenta Cunha, Karine Delevati Colpo. How molluskassem blages respondto different urbanization levels: characterization of the malacofaunain subtropical Brazilian mangroves [J]. Marine Biodiversity, 2019, 49 (2).

[32] Nobuhiro Okamoto. Spatialand institutional urbanization in China [J]. Asia-Pacific Journal of Regional Science, 2019, 3 (3).

[33] 陈柳钦. 产业发展与城市化 [J]. 中国发展, 2005 (3): 38-44.

[34] 杨贞. 城镇化动力因素的主成分分析——以河南为例 [J]. 河南农业

科学，2006（5）：5-7.

［35］王发曾. 中原经济区的新型城镇化之路［J］. 经济地理，2010，30（12）：1972-1977.

［36］苏素，贺娅萍. 经济高速发展中的城镇化影响因素［J］. 财经科学，2011（11）：93-100.

［37］孙沛瑄. 基于VAR模型的新型城镇化动力机制研究［D］. 重庆：重庆工商大学，2014.

［38］陈晖涛，郑传芳. 福建省城镇化影响因素的实证分析［J］. 福建论坛（人文社会科学版），2014（4）：142-146.

［39］张振龙，孙慧. 新疆城镇化的时空特征与动力因素研究——基于核密度与分位数模型的实证分析［J］. 新疆师范大学学报（哲学社会科学版），2016，37（4）：141-148.

［40］智荣，张建成. 城镇化影响因素的实证分析——以和林格尔县为例［J］. 经济研究参考，2017（43）：78-88.

［41］李梦白. 我国城市发展的基本方针［J］. 瞭望，1983（2）：24-25.

［42］顾朝林. 论城市管治研究［J］. 城市规划，2000（9）：7-10.

［43］周英. 城市化模式研究［D］. 西安：西北大学，2006.

［44］郑德高，闫岩，朱郁郁. 分层城镇化和分区城镇化：模式、动力与发展策略［J］. 城市规划学刊，2013（6）：26-32.

［45］Northam R M, Wiley J. Urbangeography［M］. New York，Wiley & Sons，Incorporated，Xu B，Watada J. An Alternative Measure：Chinese Urbanization［M］. John，1979.

［46］Subal C Kumbhakar. Do urbanization and public expenditure affect productivity growth? The case of Chinese Provinces［J］. Indian Economic Review，2017，52（1-2）.

［47］Yang X，Rice R. An Equilibrium Model Endogenizing the Emergence of a Dual Structure between the Urban and Rural Sectors［J］. Journal of Urban Economics，2014，35（3）：346-368.

[48] 崔曙平，赵青宇. 苏南就地城镇化模式的启示与思考 [J]. 城市发展研究，2013，20（10）：47-51.

[49] 龙奋杰. 基于空间维度的贵州新型城镇化发展路径与模式研究 [C] //2015 年贵州省社会科学学术年会论文集. 贵州省社会科学界联合会，2016：70-77.

[50] 夏柱智，贺雪峰. 半工半耕与中国渐进城镇化模式 [J]. 中国社会科学，2017（12）：117-137+207-208.

[51] 李向前，刘洪，黄莉，等. 我国城镇化模式与演进路径研究 [J]. 华东经济管理，2019，33（11）：172-177.

[52] 高春亮，李善同. 迁移动机、人力资本与城市规模：中国新型城镇化模式之争 [J]. 上海经济研究，2019（11）：120-128.

第二章 国内外城市空间管理模式研究

> 我们应当以这种方式,即以增强变革的前瞻性、回应性及公民参与的方式,管理公共组织和机构。
>
> ——[美]乔治·弗雷德里克森.《公共行政的精神》,中国人民大学出版社,2003年。

本章梳理了世界行政区划三种主要的建制模式，总结了统一型、狭域型、广域型三种空间管辖模式，结合当前都市圈培育的现实需要分析了大都市区多中心和单中心管理模式的优缺点，并对城市型政区层级和管辖幅度进行了简要回顾。为了能更深入了解我国城市空间管理改革现状，本章从行政区改革的动因、改革的形式、行政区划空间的演变历程方面进行了总结和梳理。

一、国外城市空间管理模式

（一）世界行政区划主要建制模式

从整体上看，行政区划的基本模式主要受人文因素制约，受到各自的历史发展进程和政治体制选择等因素的深远影响。各国的历史发展进程对一国的行政区划特征起关键作用；政治体制的选择则从某种程度上对行政区划现状起主导作用。从发生学和主导因素的综合观点出发，可将当代世界各国行政区划概括为三大模式，即英美模式、法德模式和苏联模式。

1. 英美模式：国家统领下的自由放任管理

英美模式是在英国政治体制和文化传统作用下形成的，并随着英国殖民扩张获得广泛传播。其主要特征就是自由放任，没有一套完整严格的界限划分方法，基层政区往往按惯例，保留各地原有领地的划分方法和管治方式。所以，英美模式国家的行政区划和管理体制呈现多样化特征。从历史的角度看，可将英国殖民地分为两类：一类是殖民者第一次移居时尚未有人占有或仅有尚处于文明发展早期、政治上尚未组织的土著人所占有，这些殖民地一般自动采用英国的政治体制；另一类殖民地包括其土地已由土著贵族或其他欧洲殖民国家所控制，他们又通过征服或割让而处于英国统治之下。在这类殖民地，英国一般并不立即取缔原先的制度，而是使这些地区的行政体制逐步变成几种制度交织的"混合"制度。

2. 法德模式：法治基础上的统一管治

法德模式也称为大陆模式，实际上是在大陆法系的基础上确立的。其特点是：有一整套严格的法律规范和划分标准，等级体系明确，管治方式划一。该模式主要为欧洲大陆各国所采用，并随着欧洲各国殖民扩张和大陆法系的广泛传播而为世界上多数国家所采用，甚至英美模式的国家于近现代以来也多有借鉴。法德模式既有武力征服的因素，也有因其自身优点而被其他国家接受的因素，故分布范围极为广泛，基本以欧洲大陆为中心，遍布全世界广大地区。

3. 苏联模式：社会主义意识形态下的刚性管制

苏联模式在形式上与法德模式趋同，差别主要在于其社会主义的意识形态以及由此而形成的相对全面而严密的管治方式。"十月革命"胜利后，按照列宁处理中央与地方关系的基本思想，确立了苏联的行政区划体制。列宁认为，中央与地方关系的基本原则是民主集中制。集中制能够保证政权和领导的统一，政策和法令的统一，保证把人力、物力和财力用于完成国家的首要任务上。同时，按照民主集中制的原则处理中央与地方的关系，还必须正确解决民族问题，并提出了民族区域自治理论。第二次世界大战后，东欧和亚洲等一些社会主义国家基本上仿照苏联模式，确立了自己行政区划体制。20世纪90年代以来，随着苏联和东欧国家的剧变，该模式中的大多数国家已重新回归法德模式。中国等其他社会主义国家则既受自身传统文化的深刻影响，也在探索新的发展道路。但无论哪种情形，苏联模式的痕迹犹存。

（二）城市空间管辖模式

在城市管辖空间设置上，与中国设市模式多为广域型不同，西方国家的设市模式主要有统一型、狭域型和广域型三种类型（表2-1）。

表 2-1　世界主要国家的设市模式比较

国家	类型	改革趋势	优点	弊端
中国	广域型	整县设市	发展空间足够，城乡统筹协调发展	城市数量偏少
美国	狭域型	地方政府兼并；大都市区的中心城区兼并郊区	美国有 19 000 个自治市，体现地方民主自治权	行政管理分散化、碎片化
英国	狭域型	重组大伦敦市，设立都市郡	每个郡划分为城市区和乡村区	城市发展空间受限
法国	广域型	城市联合，设立"城市共同体"	地方拥有较大的自治权	没有对城乡进行划分
德国	狭域型	城镇合并	小城镇数量多，城镇公共服务完善	市、镇无严格区分
日本	统一型	市町村合并	小城市数量多且基础设施完善	县管市，市的权力比较小
澳大利亚	统一型	市与周围乡镇合并	小城市数量多且公共服务完善	大都市区存在多个市政府，难以统一规划管理

统一型城市是指市的行政区域与城市连续建成区范围基本一致，或者前者略大于后者，差异部分作为城郊农业用地或城市发展备用地，也就是所谓的"城郊合治"。这种设市模式在理论上较为合理，在实践上便于进行横向比较。日本、澳大利亚等国主要采用该模式。

狭域型城市是指一个城市连续建成区实际上由一组大小不等、但在法律地位上彼此独立的城市组成，形成跨界城市。美国、加拿大等国采用这种模式，如洛杉矶—长滩城市连续建成区由 131 个市组成，总人口 1 300 多万人，其中人口最多的洛杉矶市有 400 多万人。

广域型城市属于城乡合治，城市的行政区域面积远远大于城市建成区面积，建制市范围内含有大量农村地带。丹提兹（Dantizg，1973）等最早提出了"紧凑城市"的概念，其后数十年紧凑城市的理念与模式受到了西方学者的追捧。但是，近年来西方国家有从城乡分治向城乡合治发展的趋势。

(三) 大都市区的行政区划组织模式

国际上对于大都市地区之间的协调机制一般有三种模式：即高度集权的都市区政府、松散的城市协调机构和城市联合政府。

国外学者主要侧重于大都市区的管理模式的研究。20世纪50年代开始，西方国家涌现了许多大都市区政府，其中，多伦多大都市区于1954年建立了北美第一个有效的双层制大都市管理机构，"城市政府+大都市区政府"的管理模式被公认为世界上大都市区政府体系的典范。

从大都市区管理体制上看，可分为单中心体制和多中心体制。单中心体制下有一个统一的大都市政府，多中心体制是指都市区内有相互独立的多个决策中心。西方国家多采用多中心体制，如北美洲的大都市区联合政府、法国的城市共同体、德国的城市区域管理组织。马祖琦等对纽约、伦敦、巴黎、东京等国际化大都市的管理体制进行了典型案例研究，重点分析和总结了国外大城市区级政区职能定位和大都市行政管理体制。多中心大都市区管理体制暴露了一些弊端，如联合政府松散而缺乏权威，不利于有效治理，碎片化现象严重。

(四) 城市型政区层级与管辖幅度调整

分级管理是城市型政区行政区划的一个重要原则。在城市型政区体系中，直辖市和地级市一般分为"市—市辖区—街道（镇）"三级，县级市一般是"市—街道（镇）"二级。西方国家的城市大多数属于自治市，无论城市规模大小，其法律地位比较平等，因而城市数量众多，并且大部分是小城市。但是，也有一些大城市下面设区，如纽约、巴黎、伦敦等。

国外的城市区划层级主要有两种模式：以英美为代表的扁平式和以东亚为代表的多级式（表2-2）。从国际上看，西方各国行政区划层级改革以减少层级为主。1888年，英国建立现代地方制度，实行新郡制，增设了一批郡级市。并且，在郊区化过程中进行了行政区划层级的压缩，由两层变成单层机构。此外，日本撤销"郡"这一层级，德国在州下面撤销了

"专区"这一层级,由州直管自由市。美国等发达国家都是"州直管县"。

表 2-2 世界主要国家的城市层级体系

国家	一级城市政区	二级城市政区	三级城市政区	四级城市政区
中国	直辖市	副省级市、地级市	市辖区、副地级市、县级市	街道、镇
美国	特区	独立市	市辖区、市、镇	无
日本	政令指定市	中核市	特例市	无
韩国	特别市	广域市	自治市	一般市、町洞(街道)、邑(镇)
德国	市州	市辖区、自由市	镇	无
英国	郡级市	市区、自治市	无	无
法国	直辖市	市辖区、市镇	无	无
俄罗斯	直辖市	州、共和国、边疆区辖市	区辖市、镇	无

与中国广域市模式不同,美国是狭域型城市模式,城市管理幅度一般较小,推崇"小政府"的理念,注重行政效率,如洛杉矶市的一个郊区(San Fernando Valley)要求脱离主城独立设市。英美不少学者还从理论上论证小城市的好处,而持相反看法的学者比较少。但是,城市管辖幅度太小导致美国大都市区多种建制、多个政区并存局面,甚至出现重叠的地方政府。

第二次世界大战后,西方发达国家对政治制度空间和社会经济空间进行了重新组合,主要趋势是政区的合并。例如,日本第二次世界大战后在城市化地区进行大规模基本行政单位合并,通过"市町村合并",减少了"町村"的数量使得"市"变大变强;在农村地区实行广域联合形式。第二次世界大战后,德国也进行了两次大规模的行政区合并。第二次世界大战后再城市化又导致了 20 世纪 70 年代至 90 年代几次大规模的行政区划改革。在 20 世纪 70 年代快速城市化后,韩国也进行了大规模的市郡合并。而加拿大等西方国家主要是对基层行政区划进行优化,将小政区合并,将大的基层行政区划小,使地方政府能更好地提供公共服务。英国从 20 世纪 60 年代以来,地方政府有四次重组,其中 1974 年地方政府的总数减少,许多地方政府特别是大都市区地方政府被合并，界定了新的行政边界。法国大革命后，实行高度的中央集权制，20 世纪 70 年代以前，在不到 55 万 km^2 的国土上，设置了 96 个省。1955 年，法国设置了 21 个计划大区，于 1982 年又将计划大区设为一级行政区，加上后来设置的科西嘉岛大区，现共有 22 个大区。

二、国内城市空间管理研究

目前，学术界对行政区划改革的研究众多，并出现了一系列具有代表性的研究，为能更深入了解我国城市空间管理改革现状，从行政区改革的动因、改革的形式方面进行总结和梳理。

（一）行政区划改革动力研究

学界中对于影响行政区划调整的主要动力的研究，总体上可以归纳为以下为四类。

1. 实现政治收益是行政区划调整的基本动力

张践祚等以近年来中国行政区划调整现状为基础，通过建构政府区划决策—收益、上下级间的方案"协商博弈"两个模型，解释了上下两级政府在区划改革中的博弈行为，指出上下级政府在区划改革过程中都会优先去实现自身更大的预期净收益，追求更多的预期净收益是推动两级政府进行行政区划改革的基本动力。叶林等通过撤市设区的案例，深入探讨在撤市设区过程中呈现出的上下级政府间谈判与博弈，发现撤市设区不仅是表面上的称谓改变，更是涉及了地方政府组织的整体性重组，因而诱发上下级进行协商谈判。在谈判过程中，下级政府不再处于言听计从的地位，而是综合运用自身的资源和策略同上级政府展开谈判，以争取最大的利益，并最终影响政府组织重构的格局，这种博弈现象在撤县设区的过程中表现得更为突出。

2. 促进经济发展是行政区划调整的直接动因

有些学者认为，行政区划改革与地方经济增长之间呈正相关，两者相互影响、相互促进，通过行政区划的调整，可以扩大城市市区人口规模和行政空间的范围，还能使各要素合理流动提高资源配置效率。魏衡认为，"行政区经济"是诱导行政区划改革的直接原因，地方经济利益的扩大发展意味着能够获取更大的政治利益，行政区划改革带来的不仅是空间的扩张、城市行政等级的提升，更是更多更大的发展机会。因此，地方政府总是特别热衷于关注行政级别的变动和行政区范围的扩大。游士兵、祝培标通过分析1997—2014年长江流域的县级市统计年鉴数据，发现"县改区"政策确实能够给县域经济注入活力，并且政策实施的时间越早，对经济促进作用越明显。然而，行政区划调整对区域经济增长的影响也并非总是正面的，原因在于行政区划调整既有收益也有成本，仅是表面的调整而无内部实质性的整合不会取得促进经济增长的效果。罗玉波，张静利用山东省2000—2015年县级以上行政区划调整，建立了与双重差分思想相结合的多水平模型，实证分析区划调整对山东省经济增长的影响，认为行政区划调整在带动经济增长的同时，也会产生一定的成本。因此，可以适当增加调整力度，通过区域辐射带动周围地区经济的发展。

3. 优化城镇布局形态是行政区划调整的阶段性因素

在快速城镇化进程中，积极的行政区划调整能够先导性地影响地区城镇化发展。刘云刚等以中山市为例，分析了行政区划改革的城市化效应；李郁、金中坤通过比较研究，对撤县设区对城市经济增长和服务业发展的影响进行了探究，认为提高城镇化水平的需求是行政区划改革的推动力。目前，国家正在推行中心城市计划，可以将国家中心城市或区域中心城市的近郊县改区，为城市发展保留腹地和财政来源，提高城市化水平，这样有利于加强某些重要资源的开发利用；反过来，通过行政区划调整，将某些拥有重要资源（港口资源、土地资源、旅游资源等）的县（市）改为区，有利于充分发挥中心城市较强的政治能力、投融能力、管理能力、招商引资能力、人才能力。此外,过去一段时间以来,各类国家级新区的设置,拓展了城镇化区域,提升了城镇化水平。郭松洋利用双重差分法对国家级新区拉动区域经济方面进行研究认为,不论是设立时间较长还是设立时间较短的国家级新区都能对区域经济发展起到显著的增长效应。但是,设立时间较短的国家级新区增长效应显著性水平较低,随着建设时间增加,显著性水平和影响作用会增加。

4. 依靠政策驱动是行政区划调整的内在推动力

行政区划改革的研究众多,有不少学者从政策层面来研究其是如何推动行政区划的改革,朱建华认为行政区划格局的变革受多种因素的影响,政策因素也是推动行政区划改革的重要驱动力之一(图2-1)。吴金群等以浙江省为例,构建"设置标准—行政指令—需求匹配"的政策驱动机制,通过其分析政策在镇(街)行政区划改革中的作用机制,发现镇(街)一级的行政区划改革实际上会受到省级政府政策的直接影响。

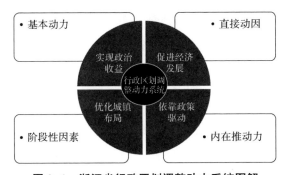

图2-1 浙江省行政区划调整动力系统图解

(二)行政区划改革方式研究

如何科学合理地进行行政区划改革,也是学者们研究的关注点。虽然,中国大部分城市都是广域型,但有学者认为中国具体的设市模式主要有三种:"切块设市""整县改市"以及"多中心组合"模式。此外,中国还有一些特殊的设市模式,如新疆生产建设兵团的"师部驻地设市"和边境口岸设市等。

1. 试点推进"镇改市"

近年来,不少学者提出学习中国台湾"县辖市",进行"镇改市"模式的尝试。例如,东莞市的虎门镇、温州市的龙港镇人口超过50万人,完全具备设市条件。镇改为县级市实质上属于"切块设市"模式,但更多的学者呼吁将镇改为"县辖市"或"镇级市"。针对县辖市,有学者专门探讨了其合理规模、管理体制及模式。有些学者对大陆地区"县辖市"的可行性进行了探讨与实证研究,并以温州市龙港镇为例,对大镇设市的行政管理体制创新进行了研究。近年来,民族地区的城市行政区划改革也受到关注,不少学者提出了设置"民族自治市"的建议。

2. 积极推进县级行政区划调整

柴保红认为"省直管县"改革是行政区划改革的一个新的历史趋势和潮流,"省管县"要在全国各地上下全方位实施,并且同步实施强县扩权和强权扩县,扩大县一级地方政府的相关权力。其实,我国宪法规定只有"省—县(市)—乡"三级。因此,学者们建议仿照海南省在全国普遍推行"省直管县"体制,主张适当划小省份,逐步撤销地级市这一层级,最终形成"省—县(市)—乡镇"三级地方行政体制。更多的学者是从财政体制等方面进行了分析,也有学者分析了省直管县后对城市与区域关系的影响。杨林、薛琪琪以山东省为例构建分析模型,进一步探讨撤县设区与撤县设市两者的取舍之道,结果显示,"撤县设区"适宜在县(市)与所属市的经济关联度及经济联系强度高时进行;"撤县设市"适合在县(市)与所属市经济关联度高但经济联系强度低时进行;而当县(市)与所属市经济耦合度低但经济联系强度高时宜维持原状。目前,江苏省、浙江省、吉林省等已经陆续开展了"省直管县(市)"试点工作,尤其是一些实力较强的县级市成为省直管试点后,自主权更大,发展更有活力。

3. 撤县设区推进都市圈建设

我国大都市区采取了"撤县(市)设区"的行政区划调整方式来解决"碎片化"的问题。殷洁等认为,在撤县(市)设区过程中,有时会出现区县合并的现象，即将被撤销的县（市）与中心城市原有的某个市辖区合并的行为。例如，上海市的宝山县、上海县，江苏省南京市的江浦县、六合县，宁夏回族自治区石嘴山市的惠农县，新疆维吾尔自治区的乌鲁木齐市代管的米泉市，重庆市的綦江县、大足县，山东省青岛市代管的胶南市等。出现这种情况一般是因为被撤的县（市）与某个市辖区空间位置邻近，而该市辖区的行政区域相对较小，出于减少行政单元数量的考虑而产生了合并的行为。实际上，区县合并与撤县（市）设区在行政区划调整后所面临的主要问题都是原县的体制与市辖区的体制接轨的问题。因此，在撤并后的行政管理体制改革方面两者并无本质区别。可以认为区县合并是撤县（市）设区模式的一种演变。

4. 新城新区建设拓展城市发展腹地

叶姮等以经济总量、交通区位、创新能力和经济外向性四个维度构建了国家级新区发展潜力评价指标，并提出了国家级新区母城的概念，并认为依托母城的支撑条件存在差异，国家级新区的定位也存在国际竞争型、全国中心型、区域中小型等的差异。彭建等把国家级新区依托城市的概念扩大到依托城市群，认为在战略导向和支撑区位考量下部分城市群具备设立国家级新区的优势条件，而部分城市群可以支撑建设两个城市群。从全国及全省新城新区建设的做法来看，总量上新城新区已达到过饱和状态，不再作为后续行政区划调整工作的重点推荐。

三、国内行政区划空间演变历程

改革开放以来，我国行政区划一直处于不断优化的动态过程，改革范围涉及省级、地市级、县级、乡镇级等各个层面。行政区划调整在我国城市化的发展进程中扮演了重要的角色。从新中国成立以来，中国的行政区划进行了多次调整，不同时期的行政区划调控政策和重点不同，其调整产生的资源效应具有一定的规律性和特殊性。总体来看，不同时期的行政区划调整和政策制定都是根据当时的社会经济发展和国家稳定安全的需要而制定的，大的历程可以划分为6个各具特点的发展阶段（表2-3）。

表2-3 我国行政区划改革历程一览表

发展阶段	行政区划发展导向	资源效应规律表征	运用行政区划手段进行的调控与引导
20世纪50年代	整合资源和保持社会稳定	多变性与灵活性	20世纪50年代初，全国划为华北、东北、华东、中南、西南、西北6个大行政区，作为中共中央的派出机构，既能分区推进，也有利于中央集权。1953年，形势稳定后撤销大区防止地方割据。行政驻地根据需要多变。根据实际需要进行省域边界的重组和行政区的撤并
20世纪六七十年代	疏散人口和减少城市资源保障压力	逆向性和约束性	三年自然灾害导致城市的粮食供给能力减弱，号召城市青年"上山下乡"，逆城市化，撤销了部分城市，恢复县的建制。"文化大革命"期间以阶级斗争为纲，停止行政区划调整审批
20世纪80年代	促进资源开发和发展计划经济	政策性与调节性	落实计划经济体制，实行"市管县"体制。推进地区向地级市转变，培育区域中心城市。促进改革开放，设立沿海开放城市和经济特区。新设部分县级市，优化区域城镇体系。如浙江省恢复了县级湖州市，设立绍兴、嘉兴市等，安徽省设立了县级宿州市
20世纪90年代	激发市场发展活力和耕地资源保护	无序化与保守化	发展社会主义市场经济，激活县域经济发展活力，设立县级市的步伐明显加快，一窝蜂的申报，仅1994年就设立了42个。为了保护耕地不减少，1997年冻结县改市的审批
21世纪初	引导资源集聚和区域空间格局优化	规模化与理性化	撤县设市冻结后，各地级市政府着力于扩容提质，将中心城区周边的县（县级市）设区。除了西宁市、拉萨市外，其他省会城市都进行了一轮以上的行政区划调整。地级市增设市辖区一方面是提升城市竞争力的需要；另一方面是应对"省直管县"改革的需要
2010年以来	区域协同发展和促进资源共享	规范化与科学化	《国家新型城镇化规划》提出，以城市群为推进城镇化的主体形态，构建大、中、小城市和小城镇协调发展的城镇格局。城市群的行政区划调整加速，制定了县级市和市辖区标准，制定了《行政区划管理条例》，解冻了撤县设市的审批

第一阶段是从整合资源和保持社会稳定出发,20世纪50年代的行政区划设置表现为多变性与灵活性,如6个行政区的设立与撤销,政府驻地的多变,省域边界的调整,都是为了服务于中华人民共和国建立初期的平稳过渡和社会安定。

第二阶段是从疏散人口和减少城市资源保障压力出发,20世纪六七十年代的行政区划调整表现为逆向性与约束性。为了减少城市人口的粮食供给,鼓励城市青年"上山下乡",将很多县级市撤销,恢复县的建制。

第三阶段是从促进资源开发和发展计划经济出发,20世纪80年代的行政区划设置表现为政策性与调节性,如推进地区设市,实行"市管县"体制,就是为了发挥中心城市的宏观调控和辐射带动作用。但是,该时期设市方式仍然主要沿袭传统的切块设市。与此同时,长三角作为沿海发达区域,被赋予治理体系改革先行先试的职能,进行了一系列行政区划调整的探索。如上海市开始着力打造国际大都市,设立了吴淞区;江苏省设立南通三区;浙江省建立海门特区来扩大对外开放水平。浙江省撤销温州地区、安徽省撤销池州地区为后续国家"撤地设市"的区划改革积累了宝贵经验。1982年,中共中央、国务院发出《关于省、市、自治区党政机关机构改革若干问题的通知》,明确了以经济发达的城市为中心,逐步实行市管县,促进城乡融合发展,撤地设市逐步开展。撤地设市激发了地区发展的动能。例如,撤销苏州地区而设立的苏州市(地级)不仅享受了更多的国家优惠政策、更大的管辖面积和行政权力,也为其协调各辖县发展、自主与上海市以及湖州市、嘉兴市等邻省城市建立合作关系奠定了基础。

第四阶段是从资源保护和激发市场发展活力出发,20世纪90年代的行政区划设置表现为无序化与保守化并存,主要表现为冒进式、一窝蜂地设市审批。1992年,党的十四大确定了建立社会主义市场经济体制的目标,更加重视发挥地方政府的主观能动性,地方政府拥有更多的权力组织当地经济发展和社会建设,撤县设市便成为地方政府获取政治权力和促进当地经济转型的主要手段之一。1997年,以保护耕地为理由冻结县改市的审批,由冒进转为保守。

第五阶段开始从做大中心城市和区域空间格局优化出发，21世纪初的行政区划设置表现为规模化与理性化，随着社会主义市场经济体制改革的不断完善，中国更加重视大城市对经济发展的核心带动能力，主要表现为中心城市的扩容提质，增设市辖区的做法非常普遍。这主要是立足于地级市的长远发展，增设市辖区不仅有利于提升总体竞争力，还有利于应对"省直管县"，及早将中心城区周边发展基础较好的县（县级市）改设为市辖区。

第六阶段是从区域协同发展和引导资源集聚出发，2010年以来的行政区划设置表现为规范化与科学化，主要表现为新型城镇化提出以城市群为主体形态，推进大、中、小城市协调发展。不仅制定了县级市、市辖区的设立标准，重新启动了县级市的审批，还制定了《行政区划管理条例》，不断推进行政区划管理的规范有序，同时也成为优化资源配置，构建国家治理体系的重要调控手段。

参考文献

[1] 刘君德，冯春萍，华林甫，等. 中外行政区划比较研究［M］. 上海：华东师范大学出版社，2002.

[2] 沈宗灵. 比较法研究［M］. 北京：北京大学出版社，1998.

[3] 安森东，胡庆平. 中外行政区划比较研究及其启示［J］. 行政管理改革，2004（3）：70-75.

[4] 浦善新. 中国设市模式探讨［J］. 建设科技，2004（16）：22-24.

[5] Burton E. Measuring urban compactness in UK towns and cities［J］. Environment and Planning B: Planning and Design，2002，29（2）：219-250.

[6] Mubareka S, Koomen E, Esterguil C, et al. Development of a composite index of urban compactness for land use modelling applications［J］. Landscape and Urban Planning，2011，103（3-4）：303-317.

[7] Dempsey N, Brown C, Bramley G. The key to sustainable urban development in UK cities? the influence of density on social sustainability [J]. Progress in Planning, 2012, 77 (3): 89-141.

[8] Gaigné C, Riou S, Thisse J -F. Are compact cities environmentally friendly [J]. Journal of Urban Economics, 2012, 72 (2-3): 123-136.

[9] 王开泳, 陈田. 国外行政区划调整的经验及对我国的启示 [J]. 世界地理研究, 2011. 20 (2): 57-64.

[10] Wheeler S M. The new regionalism: key characteristics of an emerging movement [J]. Journal of the American Planning Association, 2002, 68 (3): 266-278.

[11] Collin J P, Léveillée J, Poitras C. New challenges and old solutions: metropolitan reorganization in Canadian and U. S. city-regions [J]. Journal of Urban Affairs, 2002, 24 (3): 317-332.

[12] Feiock R C. Metropolitan governance and institutional collective action [J]. Urban Affairs Review, 2009, 44 (3): 356-377.

[13] Lightbody J. Council multiplicity and the cost of governance in Canadian metropolitan areas [J]. Canadian Journal of Urban Research, 1998, 7 (1): 27-46.

[14] 冯春萍. 国际大都市行政区划组织与管理模式 [J]. 上海城市规划, 1999. (3): 39-42.

[15] 马祖琦, 刘君德. 国外大城市中心城区区级政区职能研究 [J]. 城市规划, 2003 (3): 43- 48.

[16] Mitchell-Weaver C, Miller D, Jr R D. Multilevel governance and metropolitan regionalism in the USA [J]. Urban Studies, 2000, 37 (5-6): 851-876.

[17] Law G. Administrative subdivisions of countries: a comprehensive world reference, 1900 through 1998 [M]. North Carolina, NC: McFarland & Company, 1999.

[18] Goldsmith M. Local government [J]. Urban Studies, 1992, 29 (3-4): 393-410.

[19] Leach S. The local government review: from policy drift to policy fiasco [J]. Regional Studies, 1994, 28 (5): 537-543.

[20] Chisholm M. Reorganizing two - tier local government for regional assemblies [J]. Public Money & Management, 2004, 24 (2): 113-120.

[21] Tiebout C M. A pure theory of local expenditures [J]. Journal of Political Economy, 1956, 64 (5): 416-424.

[22] Ostrom V, Tiebout C M, Warren R. The organization of government in metropolitan areas: a theoretical inquiry [J]. The American Political Science Review, 1961, 55 (4): 831-842.

[23] Purcell M. Ruling Los Angeles: neighborhood movements, urban regimes, and the production of space in Southern California [J]. Urban Geography, 1997, 18 (8): 684-704.

[24] Purcell M. Metropolitan political reorganization as a politics of urban growth: the case of San Fernando Valley secession [J]. Political Geography, 2001, 20 (5): 613-633.

[25] Keil R. Governance restructuring in Los Angeles and Toronto: amalgamation or secession [J]. International Journal of Urban and Regional Research, 2000, 24 (4): 758-781.

[26] Dahl R A. The city in the future of democracy [J]. The American Political Science Review, 1967, 61 (4): 953-970.

[27] Sharpe L J. American democracy reconsidered: Part I [J]. British Journal of Political Science, 1973, 3 (1): 1-28.

[28] Phares D. Bigger is better, or is it smaller? Restructuring local government in the St. Louis area [J]. Urban Affairs Quarterly, 1989, 25 (1): 5-17.

[29] Newton K. Is small really so beautiful, Is big really so Ugly size, effectiveness, and democracy in local government [J]. Political Studies,

1992, 18 (2): 190-206.

[30] Ostrom V, Ostrom E. Public choice: a different approach to the study of public administration [J]. Public Administration Review, 1971, 31 (2): 203-216.

[31] Oakerson R J, Parks R B. Local government constitutions: a different view of metropolitan governance [J]. The American Review of Public Administration, 1989, 19 (4): 279-294.

[32] Wagner R E. Self-governance, polycentrism, and federalism: recurring themes in Vincent Ostrom's scholarly oeuvre [J]. Journal of Economic Behavior & Organization, 2005, 57 (2): 173-188.

[33] Wallis A D. The third wave: current trends in regional governance [J]. National Civic Review, 1994, 83 (4): 290-310.

[34] Sassen S. Globalization or denationalization [J]. Review of International Political Economy, 2003, 10 (1): 1-22.

[35] Muramatsu M, Iqbal F, Kume I. Local government development in post-war Japan [M]. New York: Oxford University Press, 2001.

[36] Jacobs A J. Federations of municipalities: a practical alternative to local government consolidations in Japan [J]. Governance, 2004, 17 (2): 247-274.

[37] Wollmann H. Local government modernization in Germany: between incrementalism and reform waves [J]. Public Administration, 2000, 78 (4): 915-936.

[38] Wollmann H. Local government systems: from historic divergence towards convergence Great Britain, France, and Germany as comparative cases in point [J]. Environment and Planning C: Government and Policy, 2000, 18 (1): 33-55.

[39] O'Leary B. British farce, French drama and tales of two cities: reorganizations of Paris and London governments 1957-1986 [J]. Public Admin-

istration, 1987, 65 (4): 369-389.

[40] Johnston R J, Pattie C J. Local government in local governance: the 1994-95 restructuring of local government in England [J]. International Journal of Urban and Regional Research, 1996, 20 (4): 671-696.

[41] Rose R, Shin D C. Democratization backwards: the problem of third-wave democracies [J]. British Journal of Political Science, 2001, 31 (2): 331-354.

[42] Park C M. Quality of local government and democratic citizenship [J]. Social Indicators Research, 2003, 62-63 (1-3): 291-319.

[43] Higgins D. The processes of reorganizing local government in Canada [J]. Canadian Journal of Political Science, 1986, 19 (2): 219-242.

[44] Skaburskis A. Goals for restructuring local government boundaries: Canadian lessons [J]. Environment and Planning C: Government and Policy, 1992, 10 (2): 159-172.

[45] Martins M R. Size of municipalities, efficiency, and citizen participation: a Cross-European perspective [J]. Environment and Planning C: Government and Policy, 1995, 13 (4): 441-458.

[46] Vojnovic I. The transitional impacts of municipal consolidations [J]. Journal of Urban Affairs, 2000, 22 (4): 385-417.

[47] 刘君德. 我国行政区划的理论与实践 [M]. 上海: 华东师大学出版社, 1996.

[48] 张践祚, 刘世定, 李贵才. 行政区划调整中上下级间的协商博弈及策略特征——以 SS 镇为例 [J]. 社会学研究 2016 (3): 73-99.

[49] 叶林, 杨宇泽. 行政区划调整中的政府组织重构与上下级谈判——以江城撤市设区为例 [J]. 武汉大学学报 (哲学社会科学版), 2018 (3).

[50] 张莉. 1997 年以来我国城市行政区划调整的特征与影响 [A]. 中国城市规划学会. 城乡治理与规划改革——2014 中国城市规划年会论文集 (11——规划实施与管理) [C] //中国城市规划学会, 中国城

市规划学会，2014.

［51］魏衡，魏清泉，曹天艳，等. 城市化进程中行政区划调整的类型、问题与发展［J］. 人文地理，2009（6）.

［52］游士兵，祝培标. 行政区划改革对地区经济发展影响的实证分析［J］. 统计与决策，2017（2）.

［53］高玲玲，孙海鸣. 行政区划调整如何影响区域经济增长——来自中国地级以上行政区划调整的证据［J］. 经济体制改革，2015（5）.

［54］刘云刚，靳杰. 区划调整的城市化效应——中山市的案例研究［J］. 地理科学进展，2014（8）.

［55］李郇，徐现祥. 中国撤县（市）设区对城市经济增长的影响分析［J］. 地理学报，2015（8）.

［56］金中坤，徐伟. 行政区划调整与区域服务业发展——基于拟合实验法的苏州、常州两市比较研究［J］. 经济地理，2015（12）.

［57］罗玉波，张静. 山东省行政区划调整对地区经济增长的影响［J］. 青岛科技大学学报，2017（6）：36-40.

［58］郭松洋. 设立国家级新区的增长与协同效应研究——基于双重差分法的实证检验［J］. 兰州学刊，2020（3）：120-130.

［59］朱建华，陈田，王开泳，等. 改革开放以来中国行政区划格局演变与驱动力分析［J］. 地理研究，2015（2）.

［60］吴金群. 基于省管县改革的行政区划调整［J］. 中共浙江省委党校学报，2013（5）.

［61］浦善新. 中国行政区划改革研究［M］. 北京：商务印书馆，2006.

［62］王开泳，陈田，虞虎. 设立三沙市的战略意义与城市发展的战略思路［J］. 中国名城，2013.（6）：4-7.

［63］马春笋. 我国小城镇发展存在的问题及其政策构思［J］. 城市问题，1998（1）：48-50.

［64］戴均良. 行政区划应实行省县二级制：关于逐步改革市领导县体制的思考［J］. 中国改革，2001.（9）：38-39.

[65] 罗小龙, 张京祥, 江晓峰. 苏南模式变迁中的小城镇发展及其思考 [J]. 城市规划汇刊, 2000. (5): 26-27, 40.

[66] 刘君德. 县下辖市: 尝试一种新的政区制度 [J]. 决策, 2005 (4): 34-35.

[67] 王克群. 谈谈强镇扩权改市的意义 [J]. 机构与行政, 2011 (2): 18-20.

[68] 顾朝林, 浦善新. 论县下设市及其模式 [J]. 城市规划学刊, 2008. (1): 57-61.

[69] 蒋荣. 中国大陆地区县辖市建制设置的可行性探讨 [J]. 浙江海洋学院学报 (人文社会科学版), 2005 (2): 118-123.

[70] 曲夫. 县域多中心格局与县辖市体制创新研究: 以江苏省吴江市为例 [J]. 经济师, 2007 (4): 15-17.

[71] 贺曲夫, 刘焱, 孙继英. 我国县下辖市的可行性探讨 [J]. 热带地理, 2010 (2): 167-172.

[72] 贺曲夫, 孙继英. 浙江省苍南县龙港镇发展与行政区划管理体制创新研究 [J]. 经济师, 2008 (6): 168-170.

[73] 鲍明. 中国民族区域自治的城市制度安排与制度创新 [J]. 民族研究, 2003 (1): 9-18.

[74] 朱玉福. 自治市法律地位刍议 [J]. 广西民族研究, 2005 (2): 19-22.

[75] 柴保红. 省直管县改革的现实困境与对策研究 [J]. 沿海企业与科技, 2016 (6).

[76] 贺曲夫, 刘君德. 省直辖县 (市) 体制实现的路径及其影响 [J]. 经济地理, 2009 (5): 741-745.

[77] 张京祥. 省直管县改革与大都市区治理体系的建立 [J]. 经济地理, 2009 (8): 1244-1249.

[78] 姜秀敏, 戴圣良. 我国"省直管县"体制改革的阻力及实现路径解析 [J]. 东北大学学报, 2010 (4): 343-347.

[79] 马兰. "省直管县": 我国行政体制改革的必然趋势 [J]. 管理观察,

2013（23）：127-128.

[80] 杨志勇. 省直管县财政体制改革研究：从财政的省直管县到重建政府间财政关系 [J]. 财贸经济, 2009.（11）：36-41.

[81] 陆军. 省直管县：一项地方政府分权实践中的隐性问题 [J]. 国家行政学院学报, 2010（3）：42-46.

[82] 骆祖春. 省直管县财政体制改革的成效、问题和对策研究：来自江苏省的调查报告 [J]. 经济体制改革. 2010（3）：118-122.

[83] 买静, 于涛, 江昼. 我国"省管县"体制改革对长三角地区城市区域关系的影响及对策 [J]. 城市发展研究, 2010（5）：80-85.

[84] 王开泳, 陈田. 国外行政区划调整的经验及对我国的启示 [J]. 世界地理研究, 2016（2）：57-63.

[85] 杨林, 薛琪琪. "撤县设区"抑或"撤县设市"？——基于市县经济关联度的视角 [J]. 山东社会科学, 2017（11）：132-138.

[86] 殷洁, 罗小龙. 从撤县设区到区界重组——我国区县级行政区划调整的新趋势 [J]. 城市规划, 2013（6）：9-15.

[87] 叶姮, 李贵才, 李莉, 等. 国家级新区功能定位及发展建议——基于GRNN潜力评价方法 [J]. 经济地理, 2015（2）：92-99.

[88] 彭建, 魏海, 李贵才, 等. 基于城市群的国家级新区区位选择 [J]. 地理研究, 2015（1）：3-14.

[89] 王国恩, 张媛媛. 城市增长边界的效能及对行政区划调整的影响 [J]. 规划师, 2012.（3）：21-27.

第三章 山东省城镇化发展现状和存在问题

> 实践不仅是检验真理的标准,而且是唯一的标准。
>
> ——《光明日报》,1978 年 5 月 11 日。

"十三五"时期,山东省委、省政府遵从城镇化发展规律,以规划为引领,以人的城镇化为核心,以区域协调为抓手,着力开展新型城镇化试点、新生中小城市培育、城乡融合发展试验区建设,新型城镇化建设取得显著成效。

一、城镇化建设现状分析

1. 强化规划引领,新型城镇化制度建设保障有力

山东省委、省政府深刻把握城镇化发展规律,印发实施《山东省新型城镇化规划(2014—2020年)》,明确了"十三五"时期省城镇化工作的发展目标、重点任务和政策措施。山东省城镇化工作领导小组办公室定期调度工作进展情况,组织完成规划实施评估,经评估,纳入规划评估的15项定量指标中,有12项达到或超过了规划预期目标,2项基本能够实现规划预期,占93.3%,规划总体目标实现度优良。

2017年年初,山东省政府批复实施《山东半岛城市群发展规划(2016—2030年)》,统筹推进空间布局、基础设施、产业发展、要素市场、公共服务、体制机制等"六个一体化"。2020年,抓住沿黄河流域生态保护和高质量发展上升为国家战略的历史机遇,加强跨省协作,成立黄河流域城市群联盟,在济南市举办了沿黄河流域城市供水水质保障联盟高峰论坛,开展了《山东沿黄地区新型城镇化布局和发展研究》,为山东省沿黄河流域生态保护和高质量发展提供了基础支撑。

2. 突出"以人为核心",人口市民化取得新进展

(1)实施路径科学有效。2016年,组织开展了"推进以人为核心的新型城镇化"重大课题研究,采取"解剖麻雀"的方法,深入山东省东、中、西部7个有代表性的县(市、区)开展蹲点调研,全面了解农业转移人口进城意愿和诉求,赴浙江省、广东省、四川省考察学习农业转移人口

市民化先进经验。在此基础上，山东省城镇化领导小组办公室编制实施了《山东省农业转移人口市民化发展规划（2016—2020年）》，设区市和城镇化试点县（市、区）全部编制了农业转移人口市民化发展规划，明确了农业转移人口市民化的时间表和路线图。

（2）公共服务均等化推进有序。把公共服务均等化作为农业转移人口市民化的核心任务，推进教育、医疗、养老、住房等基本公共服务常住人口全覆盖。①保障"学有所教"。颁布实施《山东省学前教育条例》，积极引导社会力量建设普惠性幼儿园。推行教育行政部门前置审核制度，保障新建居民小区与配套学校同步规划建设交付，全省累计新建改扩建中小学校3 800余所，新增中小学学位330万个，中小学"大班额"问题得到基本解决。②保障"劳有所得"。实施"山东省就业创业能力提升三项行动"（山东省高校大学生就业创业培训行动、山东省农民工职业技能提升行动、山东省企业职工岗前培训行动），创建"四型就业社区"（就业充分型、创业活跃型、平台智慧型、服务标准型），加强社区就业创业服务，实现更高质量和更充分就业。2020年年初，山东省政府制定了稳就业24条措施，多渠道提供适合农民工的就业岗位，最大程度降低了新冠疫情对就业的影响。③保障"病有所医"。深入实施《"健康山东2030"规划纲要》，推进47个国家级紧密型县域医共体试点建设，山东省远程医学中心省内联网医院达到300多家，基本实现县级以上医院全覆盖，乡镇卫生院及社区卫生服务中心覆盖率100%，人均基本公共卫生服务补助标准提高到74元，开通跨省联网定点医疗机构2 000余家。④保障"老有所养"。扎实推进医养结合示范省创建，山东省已建成示范性社区养老服务中心330多处，建设日间照料中心近5 000处，截至2019年年底，山东省各类养老服务机构和设施1.4万个，养老床位64.4万张。⑤保障"住有所居"。公布实施了《推进城镇住房保障家庭租赁补贴工作指导意见》，首次将城镇中等偏低收入住房困难群体、新就业无房职工和稳定就业外来务工人员纳入补贴范围。截至2020年9月底，山东省政府投资公共租赁住房已分配入住19.7万套，连续3年超额完成国家城镇住房保障家庭租赁补贴发放任务，21万户次家庭享受了住房租赁补贴。

3. 注重区域协调发展，山东半岛城市群龙头作用初显

"十三五"时期，山东省以城市群为主体形态，促进空间格局、城镇体系持续优化，进一步增强基础设施承载能力。2020年1月3日，习近平总书记主持召开中央财经委员会第六次会议提出，要发挥山东半岛城市群龙头作用，推动沿黄河流域中心城市及城市群高质量发展，山东半岛城市群建设首次进入国家战略。

（1）空间格局持续优化。山东半岛城市群人口总量较大、经济基础较好，是东部沿海地区重要城市群之一，"一带一路"参与度指数位居全国第二。随着山东半岛城市群进一步发育成熟，其内部一体化程度持续提高，外部影响力继续扩大，2017年山东半岛城市群发展规划将山东半岛城市群的范围拓展至全省，确定济南市、青岛市为城市群双核心城市，精心打造济南、青岛、烟威、东滨、临日、济枣菏六大都市圈（区）。2020年，山东省委、省政府贯彻落实习近平总书记重要指示要求和党中央、国务院决策部署，进一步优化山东半岛城市群空间结构，突出产业引领带动作用，聚力打造济南经济圈、胶东经济圈、鲁南经济圈，山东半岛城市群形成"一群、两心、三圈"的发展格局（图3-1）。

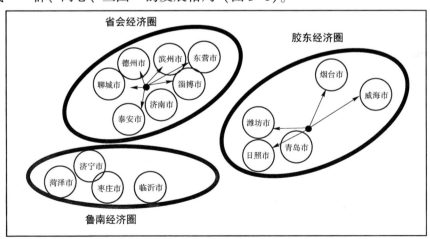

图3-1 山东半岛城市群"一群、两心、三圈"空间格局示意图

（2）城镇体系更加协调。近年来，山东省认真贯彻落实党的十九大精神和国家关于城市群建设的有关要求，以城市群为主体形态，做大做强县城，有重点地发展小城镇，形成了2个特大城市、9个大城市、8个中等城市、75个小城市、1 072个建制镇协调发展的城镇格局。完成了济南都市圈、青岛都市圈发展战略研究，提升济南市、青岛市核心城市能级，莱芜撤市设区划入济南市，青岛市即墨撤市设区，进一步拓展了城市发展空间，济南市、青岛市城市建成区人口超过500万人，迈入了特大城市行列。积极开展自贸试验区建设，济南市、青岛市、烟台市国际贸易水平再上新台阶，为山东省城镇体系协调发展注入了新动能。

（3）基础设施互联互通程度进一步提高。深入实施山东省综合交通网中长期发展规划，加快重大交通基础设施建设，开工建设济莱高铁、鲁南高铁菏泽至兰考段、济郑高铁和黄台联络线，高铁通车里程超过2 000 km，省内高铁成环运行；济青北线扩建完成，济泰高速全线通车，山东省高速公路通车里程超过7 000 km，实现县县通高速。组建山东港口集团有限公司，全省拥有3个过4亿t大港，沿海港口吞吐量突破15亿t，居全国第2位；烟台市蓬莱国际机场二期扩建工程和新建菏泽机场项目初步设计已获批复，青岛市胶东国际机场基本建成，现代化港口群、机场群向一流水平迈进。全面推进能源基础设施建设，电力、油气主干网加快完善，烟台市所属龙口市南山LNG接收站获得国家核准批复，新能源和可再生能源发电装机达到4 100万kW以上。加快信息基础设施建设，实现16个市城区5G网络全覆盖，136个县（市、区）主城区连续覆盖。

4. 发挥试点示范效应，新型城镇化建设取得新突破

"十三五"时期，山东省先后共有14个地区入选国家新型城镇化综合试点，数量全国最多；分三批确定了27个省级新型城镇化综合试点，覆盖了大、中、小城市和小城镇。各试点地区积极探索，大胆创新，13条经验和1个典型案例在全国推广，12条经验和3个典型案例在全省推广。

（1）深化户籍制度改革。山东省公安厅制定了户籍制度改革措施，全面实施居住证制度，有序放开放宽城镇落户限制，济南市成为全国第三个全面放开落户限制的省会城市。截至 2020 年年底，除青岛市部分主城区外，山东省城镇落户限制已全面放开。

（2）深化城镇化投融资机制改革。各地整合财政资金，引导社会资本参与城镇化重大项目建设，城镇化投融资渠道进一步拓宽。青岛市、德州市、郓城县、寿光市等地区通过直接融资、PPP 模式、发行债券、设立基金等多种方式，确保了城镇建设资金投入。

（3）深化行政管理体制改革。优化行政区划设置，"十三五"时期，莱芜市并入济南市，全省 7 个县（市）改区，1 个县改市（表 3-1）。深化放管服改革，下放行政管理权限，行政事项审批时限大幅缩减，营商环境持续优化。

表 3-1 "十三五"期间山东省县级行政区划调整统计表

年份	数量	县（市）改区、撤县设市
2016	3	菏泽市定陶县改定陶区、东营市垦利县改垦利区、济南市章丘市改章丘区
2017	1	青岛市即墨市改即墨区
2018	2	济南市济阳县改济阳区、滨州市撤销邹平县设立邹平市
2019	1	聊城市茌平县改茌平区
2020	1	烟台市所属蓬莱市、长岛县改蓬莱区

（4）创新发展路径。各地践行"绿水青山就是金山银山"理念，保护自然生态，传承历史文脉，建设宜居城市。青岛市大力推进全域绿色城镇化，威海市聚力打造精致城市，邹城市精心建设"人文邹城"，城镇化发展质量不断提高。在住房城乡建设部和科技部公布的 290 个智慧城市试点城市中，山东省数量最多，达到 30 个。2019 年，山东省确定了青岛市、淄博市、潍坊市、威海市、聊城市等 5 个城市以及 11 个县（市、区）作为 2019 年创建四星级新型智慧城市建设试点城市。建设生态城市，促进城市建设与自然环境和谐共生，鲁东丘陵生态区、鲁中南山地丘陵生态区、鲁西南平原湖泊生态区、鲁北平原和黄河三角洲生态区、近海海域与岛屿生态区与各级城镇间隔分布，全省形成 5 个生态区、31 个重点生态功能保护区的总体生态格局。

5. 培育新生中小城市，县域城镇化发展强劲

（1）新生中小城市培育效果明显。2016年，山东省政府办公厅印发了新的中小城市培育实施方案和特色小镇创建方案，公布了8个大城市、15个中等城市、15个Ⅰ型小城市、10个新生小城市、30个重点示范镇培育名单。经过3年培育，寿光市达到中等城市人口规模标准，县级中等城市增加至3个；莒县、乳山市、禹城市等达到Ⅰ型小城市人口规模标准；15个县（市）入选2020年全国经济百强县，数量居全国第3位（表3-2）；22个特色小城镇入选国家级特色小城镇，数量居全国第2位。

表3-2 2020年全国百强县山东省入围县市GDP统计表

城市	2019年GDP/亿元	2020年排名/位	2019年排名/位
胶州市	1 148	24	12
龙口市	1 075	29	10
荣成市	931	41	13
邹城市	808	49	45
寿光市	768	54	—
滕州市	748	56	34
肥城市	690	65	52
平度市	685	68	42
招远市	682	70	39
莱州市	664	72	43
诸城市	637	78	41
新泰市	630	79	51
广饶县	589	91	33
邹平县	554	98	77
青州市	549	100	67

（2）人口聚集能力实现新提升。县域50%以上人口在城镇生活，2019年山东省县域常住人口城镇化率为52.03%，比2013年提高7.93%；县域城镇常住人口3 034.08万人，占全省城镇人口的48.98%；41个县市常住人口城镇化率超过50%，占县市总数的51.25%；高密市、滕州市、诸城

市等13个县市的常住人口城镇化率超过山东省平均水平。

(3) 县域基础设施水平不断提高。2019年，山东省县域道路面积44 992.04 km²，较2013年增加5 548.72 km²，增长率为14.07%；供水管道长度和排水管道长度分别达到22 961.97 km和30 911.07 km；集中供热面积47 182.25万 m²，其中住宅集中供热面积40 278.29万 m²；有77个县（市）的污水集中处理率达到95%以上。

(4) 县域管理权限增大。山东省政府发布《关于深化省以下财政管理体制改革的实施意见》，加快建立权责清晰、财力协调、区域均衡的省与市县财政关系，将山东省财政直管县范围扩大到41个；确定了50个县（包括41个山东省财政直接管理县/市和9个经济发达县/市）作为山东省重点事权综合改革试点县，探索开展农业投资项目直报直管工作，进一步扩大县域发展自主权，破除制约县域经济发展的体制机制障碍。

(5) 小城镇建设提质增速。建制镇基础设施逐步完善，山东省1 073个建制镇中，燃气普及率达到100%的建制镇有209个，燃气普及率高于90%的建制镇有457个。重点镇龙头带动作用增强，199个重点镇镇均常住人口7.27万人，比全省建制镇平均水平高2.13万人。2019年，4个重点镇镇区常住人口超过10万人，分别为南村镇11.54万人、张村镇11.19万人、大王镇10.86万人、西岗镇10.02万人。全省国家千强镇数量过百，2019年山东省有112个建制镇入选全国千强镇，占据全国1/10以上，其中东营市广饶县大王镇、济宁市兖州区新兖镇和日照市岚山区虎山镇进入全国前100名。

6. 深化制度供给改革，城乡融合发展政策保障有力

(1) 市民化相关政策落地见效。2016年，山东省在全国率先做出统筹推进"三个市民化"工作部署，着力破除制约农业转移人口市民化的体制机制障碍，农业转移人口市民化进程明显加快，有力促进了区域协调发展。2016年，山东省委、省政府发布实施《关于加快推进农业转移人口市民化的实施意见》，统筹推进外来务工人员、城中村城边村原有居民、农村地区就地转移就业人口等"三个市民化"。围绕落实《关于加快推进农业转移人口市民化的实施意见》，发布实施《实施支持农业转移人口市民化若干财政政策的意见》和《关于进一步规范城乡最低生活保障标准制定和调整工作的指导意见》，发布了《进一步推动非户籍人口在城镇落户的通知》，制定了《山东省养老服务条例》等文件，形成了"1+N"政策体系，打出了一套推进农业转移人口市民化的"组合拳"。实施农业转移人口市民化与财政转移支付挂钩机制等财政激励政策，累计下达市民化奖励资金76亿元，安排城镇化试点专项资金6.3亿元。建设山东省城镇化数据信息平台，持续开展城镇化统计监测，青岛市、威海市等8个设区市被省政府授予"山东省适宜人居环境奖"。

（2）城乡融合发展政策逐步健全。2020年年初，山东省委、省政府批转了《贯彻〈中共中央、国务院关于建立健全城乡融合发展体制机制和政策体系的意见〉加快推进城乡融合发展的实施意见》（鲁发〔2020〕6号），为城乡融合发展提供了政策上的根本遵循。2019年年底，济青局部片区列入国家城乡融合发展试验区，2020年上半年，济南市、青岛市、淄博市先后制定试验区实施方案，成为山东省城乡融合发展的排头兵。2020年8月，山东省城镇化暨城乡融合发展工作领导小组办公室公布首批省级城乡融合发展试验区名单，范围覆盖除青岛市以外15设区市的39个区县，各试验地区共同完成城乡有序流动的人口迁移制度的一项共同任务，承担一项城乡融合方面的主要任务，并从实际出发探索不同地区城乡融合发展的差异化发展路径。城乡融合发展试验区中，济南市、青岛市、淄博市常住人口城镇化率均超过70%，户籍人口城镇化率均超过60%，均居山东省前3位。淄博市常住与户籍人口城镇化率差值全省最小，具备了在山东省率先开展城乡融合发展试验区创建的优越条件。

（3）城乡设施融合指导政策率先落地。2018年，从山东省城乡设施发展水平出发，在全国率先发布《山东省城镇化地区设施向农村延伸导则》。该导则为城镇化地区设施向农村延伸提供了目标遵循，目标是补齐村镇基础设施配置不充分、发展不均衡的短板，促进城乡基础设施互联、互通，实现城镇基础设施与农村基础设施的"无缝对接"，稳步提高城乡基本公共服务均等化水平，以设施延伸带动产、城、人协调发展，加快城乡一体化进程，实现城乡共兴共荣，进一步夯实就地就近市民化发展基础，最终建立起对新型城镇化与乡村振兴支撑有力、便捷高效的城乡设施融合发展新格局。

二、城镇化发展存在问题

目前，全面建设小康社会取得决定性胜利，在开启全面建设社会主义现代化国家的关键时期，对照 2035 年远景目标和国内先进地区，城镇化建设与人民群众满足美好生活新期待还存在一定差距，为下一步工作开展提供了问题导向。

1. 城镇化率增速明显放缓

（1）常住人口城镇化率偏低。2019 年，山东省常住人口超过 1 亿人，总数居全国第 2 位。全省常住人口城镇化率达 61.51%，列全国第 11 位，比人口总数排名落后 9 位，仍有巨大的城镇化发展潜力。截至 2019 年年底，上海市、北京市、天津市、广东省、江苏省、浙江省六省市常住人口城镇化率均突破 70%，北京市、上海市、天津市三大直辖市超过 80%。与全国整体城镇化率相比，山东省的领先程度越来越低，2017 年山东省城镇化率超过全国整体水平 2.1%，至 2019 年降为 0.9%（图 3-2）。

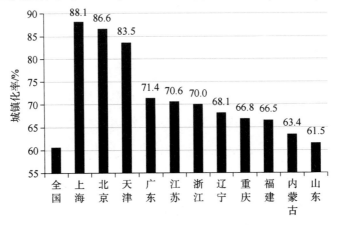

图 3-2　2019 年全国及主要省份常住人口城镇化率对比图

(2) 常住人口城镇化率增速在"十三五"后期下降过快。"十三五"时期，山东省常住人口城镇化率增速经历了缓慢上升到急速下降的过程。2016年增速达到最快，为2.01%。2019年，山东省常住人口城镇化率较2018年仅提高了0.33%。

(3) 流动人口总量下降。受产业支撑、城乡形态、设施承载、收入水平、户籍制度、落户意愿、社会文化等多重因素影响，山东省流动人口规模从快速增长转向基本稳定，城镇人口自然增长速度下降，从2017年开始常住人口城镇化率增速逐年下降，农业转移人口总量在2017年减至2 337万人，同比减少83万人，近两年下降幅度进一步扩大。

(4) 人口呈现净流出。2016年以来，山东省人口净流出规模有所变动，但总体维持净流出状态，2016—2019年，分别流出7.44万人、42.33万人、19.79万人、19.95万人。除青岛市、济南市和日照市之外，其余13个设区市的常住人口增长率低于人口自然增长率（按全省常住人口自然增长率计算），存在人口流出现象。

2. 中心城市引领作用不够

(1) "双核"城市实力较弱。中心城市，尤其是济南市、青岛市两大副省级城市，引领带动作用不够是近几年山东经济转型的一大问题。从城市结构来看，山东省以中小城市为主，城镇化率较低，中心城市的引领作用不明显。2019年，济南市占山东省的经济和人口份额分别为13.3%和8.8%，均为全国省会城市末位。

(2) 都市圈发育成熟度较低。目前，济南市、青岛市都市圈属于成长型都市圈，与上海市、北京市、深圳市等成熟型都市圈相比，差距较大。2019年，青岛都市圈和济南都市圈的发展潜力指数在全国24个都市圈中排名靠后，经济总量排名分别为第12位和第18位，都市圈内上市公司数量占比分别为2%和1%。

3. 城市智慧水平与现代化要求有差距

(1) 智慧基础设施支撑力不强。"十三五"时期，山东省智慧城市试点开始破题，城市云脑"一体贯通"、公共服务"一网通办"、社会治理"一网通管"、数字经济与实体经济"高度融合"的泛在、高水平智慧城市建设等领域开始试点，但居民对智慧城市的感知度和利用度不高，距离杭州、深圳等国内先进城市尚存差距。据2018年数据，全国移动宽带普及率达到93.1%，而山东省仅为81.6%，较全国平均水平低了11.5%，居全国第23位。

（2）县城智慧发展水平较低。山东省智慧城市建设成效较全国先进省份仍有一定的差距，"2020中国县域智慧城市百强榜"浙江省共有23个县域上榜，江苏省有22个，广东省有21个，而山东省仅有6个城市上榜，分别为威海市所属荣成市、枣庄市所属滕州市、威海市所属乳山市、青岛市崂山区、青岛市所属平度市、青岛市城阳区。"2020中国县域智慧城市百强榜"十强榜单中山东省无一个城市，排名最靠前的威海市所属荣成市仅列榜单第19位。

4. 城乡融合发展存在短板

（1）城乡收入绝对差距不断拉大。山东省农村居民的人均可支配收入不断提高，年增长率超过了城镇居民，但是城乡居民人均可支配收入的差值仍然在逐年增加，尤其是农村居民工资性收入和财产性收入偏低，与城镇居民的差距较大（图3-3）。近年来，山东省城乡居民收入的绝对值在持续加大，收入差值从2013年的16 196元扩大到2019年的24 554元。山东省新型城镇化调研发现，受新旧动能转换战略影响，全省产业积极转方式、调结构，对劳动力水平提出了更高要求，传统农村转移劳动力难以满足高精尖产业人才需求，导致部分农村地区劳动力"留不下"也"出不去"。2019年，山东省城乡居民人均可支配收入比2.38∶1，低于全国2.7∶1的平均水平，但距离发达国家1.7∶1的水平还有较大差距。

（2）农村资源难以变现。农村可流转的土地价值较大，土地经营权、住房财产权（简称"两权"）抵押贷款能盘活沉睡的土地资产，为农村地

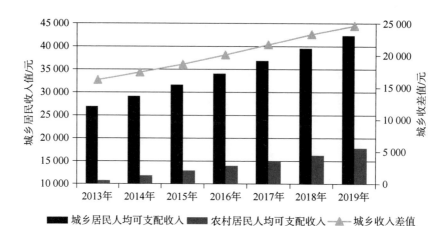

图 3-3　2013—2019 年城乡居民人均可支配收入差值增大趋势图

区的发展提供有效的支持。但是，现实中，城乡建设用地同地不同价，"两权"抵押物难以合理估值，城乡统一的农村产权流转交易平台尚未全面建立，农村土地经营权违约处置也缺乏政策及法律层面的明确规定，缺少以城带乡、以工促农的制度通道，造成大量宝贵的建设用地资源闲置浪费。城乡基础设施互联、互通程度不高，城乡要素流动还存在较多障碍，农村土地、宅基地等资源资产难以激活。

（3）城乡基础设施配套不充分。多数城市道路、供水、燃气、电力、通信等基础设施在农村还未实现全覆盖，城镇基础设施向农村延伸的缺口仍较大。2019 年，山东省城镇社区开通管道燃气用户的比重为 81.7%，城镇社区有集中供暖的用户比重为 77.7%，而农村社区两项比重分别仅为 15.9% 和 4.5%。全省尚有 14.4% 的农村社区不能便利地乘坐公共汽车，54.4% 的农村居民社区没有幼儿园，1.8% 的农村社区主要道路没有路灯。污水集中处理率不足 30%，城乡燃气普及率比率为 2.2∶1。

第四章 山东省城镇体系空间结构调整

为求使四大功能（居住、休闲、游息、交通——编者注）得到最合理的隔离与联系，我们吸收近十年来苏联欧美的经验，应当用四种不同的体形基础：（1）分区；（2）邻里单位；（3）环形辐射道路网；（4）人口面积有限度的自给自足市区。

——梁思成：《城市的体形及其计划》，《人民日报》，1949年6月11日。

行政区划调整是促进地区经济发展的重要方式之一，合理的行政区划调整有利于提高地区经济社会的发展速度，提升发展质量。本章所提的行政区划调整，是指山东省设区市、市辖区、县级市、县、街道办事处、乡、镇的设立、撤并和变更。

一、"十三五"时期山东省行政区划空间演进

（一）行政区划调整概况

"十三五"时期，山东省共有行政区划调整86项，其中设区市合并1项、撤县改市1项、撤县（市）改区7项、撤乡改镇（乡镇合并）21项，乡镇改街道（街道合并）56项。截至2020年年底，山东省设区市16个，比2016年年初减少1个；县级单位136个，减少1个；市辖区58个，增加7个；县级市26个，减少2个；县52个，减少6个；乡镇级单位1 822个，减少4个；街道办事处693个，增加57个；乡57个，减少18个；镇1 072个，减少43个（表4-1）。

表4-1 2016—2020年山东省行政区划调整表

时间	设区市	县级单位				乡镇级单位			
		总计	市辖区	县级市	县	总计	街道办事处	乡	镇
2016年年初	17	137	51	28	58	1 826	636	75	1 115
2020年年底	16	136	58	26	52	1 822	693	57	1 072
增减变动	-1	-1	7	-2	-6	-4	57	-18	-43

从时间分配来看，"十三五"时期山东省每年发生的行政区划调整数量差异性较大，其中2018年和2019年分别仅为8项和9项（图4-1）。2020年，全省行政区划调整事项出现大幅增加，全年共发生行政区划调整33项，占"十三五"时期山东省行政区划调整的比重为38.4%。

从地区分布来看，"十三五"时期山东省各设区市行政区划调整数量差异性较大，济南市行政区划调整数量最多，达到37项，占全省行政区划

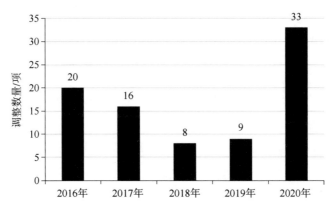

图 4-1 "十三五"时期山东省行政区划调整数量逐年变化图

调整事项的 43%；其次为菏泽市，共有 12 项调整事项，青岛市、日照市、临沂市、聊城市均为 5 项，其余地市行政区划调整数量均不足 5 项，威海市在"十三五"时期没有相应行政区划调整事项（图 4-2）。

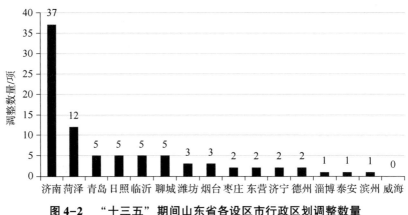

图 4-2 "十三五"期间山东省各设区市行政区划调整数量

（二）行政区划调整分类明细

1. 设区市合并

2019 年 1 月，山东省完成济南市、莱芜市重大区划调整。国务院批复同意山东省调整济南市、莱芜市行政区划，撤销莱芜市，将其所辖区域划归济南市管辖；设立济南市莱芜区，以原莱芜市莱城区的行政区域为莱芜区的行政区域；设立济南市钢城区，以原莱芜市钢城区的行政区域为钢城区的行政区域。

2. 撤县设市

2018年7月2日，经国务院同意后，民政部以民函〔2018〕105号文批复，同意撤销邹平县，设立邹平市。

3. 撤县（市）设区

"十三五"时期，山东省撤县（市）设区加速，共设立新城区7个（表4-2）。2016年4月，撤销定陶县，设立菏泽市定陶区。此后，山东省内设区市仅聊城市还只有一个区。2016年6月，撤销垦利县，设立东营市垦利区；2016年12月，撤销县级市章丘市，设立济南市第7个区章丘区；2017年9月，撤销即墨市，设立青岛市即墨区；2018年6月，撤销济阳县，设立济南市第8个区济阳区；2019年8月，撤销茌平县，设立聊城市茌平区，山东省正式告别"单区市"；2020年6月，撤销蓬莱市、长岛县，设立烟台市蓬莱区，以原蓬莱市、长岛县的行政区域为蓬莱区的行政区域。

表4-2　2016—2020年山东省撤县（市）改区统计表

年份/年	序号	县/市改区
2016	1	菏泽市定陶县改定陶区
	2	东营市垦利县改垦利区
	3	济南市章丘市改章丘区
2017	4	青岛市即墨市改即墨区
2018	5	济南市济阳县改济阳区
2019	6	聊城市茌平县改茌平区
2020	7	烟台市蓬莱市、长岛县改蓬莱区
合计：济南市2项、青岛市1项、烟台市1项、菏泽市1项、聊城市1项、东营市1项		

4. 撤乡设镇（乡镇合并）

山东省稳步推进撤乡设镇和乡镇合并，"十三五"时期山东省共有21项撤乡设镇（乡镇合并），其中撤乡设镇16项，乡镇合并2项，新设立镇1项，撤销镇2项，全省乡的数量由75个减少为57个（表4-3）。"十三五"时期山东省设区市中,菏泽市撤乡设镇(乡镇合并)调整事项最多,合计8项,其中撤乡设镇有7项,乡镇合并1项。

表4-3 2016—2020年山东省乡改镇(乡镇合并)统计表

年份/年	序号	乡改镇
2016	1	济南市沙河乡改沙河镇
	2	济南市张坊乡改张坊镇
	3	聊城市范寨乡改范寨镇
	4	烟台市新设莒格庄镇
	5	菏泽市李集乡改李集镇
2017	6	菏泽市黄集乡改黄集镇
	7	菏泽市张鲁集乡改张鲁集镇
	8	济南市撤销辛寨镇
	9	济南市撤销水寨镇
2018	10	临沂市南张庄乡改东蒙镇
	11	聊城市陈集乡改陈集镇
2020	12	德州市李屯乡并入莒镇
	13	临沂市花园乡改花园镇
	14	临沂市泉源乡改泉源镇
	15	菏泽市楼庄乡改楼庄镇
	16	菏泽市朱洪庙乡改朱洪庙镇
	17	菏泽市左营乡改左营镇
	18	菏泽市富春乡改富春镇
	19	菏泽市撤销桃源集镇并入庄寨镇
	20	聊城市韩集乡改韩集镇
	21	聊城市广平乡改广平镇
合计:菏泽市8项、济南市4项、聊城市4项、临沂市3项、烟台市1项、德州市1项		

5. 乡镇改街道

"十三五"时期,山东省共发生乡镇改街道办事处(街道办事处设立、合并)56项。5年间,山东省街道办事处从2016年年初的636个增加到2020年年底的693个;建制镇由2016年年初的1 115个降为2020年年底的 1 072 个，减少了 43 个（表 4-4）。

表 4-4　2016—2020 年山东省乡镇改街道办事处（街道撤并）统计表

年份/年	序号	乡镇改街道	年份/年	序号	乡镇改街道
2016	1	济南市大桥镇改大桥街道	2019	30	菏泽市张营镇改张营街道
	2	济南市桑梓店镇改桑梓店街道		31	菏泽市丁里长镇改丁里长街道
	3	济南市董家镇改董家街道		32	济南市唐王镇改唐王街道
	4	济南市仲宫镇改仲宫街道		33	济南市西营镇改西营街道
	5	济南市彩石镇改彩石街道		34	枣庄市常庄镇改常庄街道
	6	济南市柳埠镇改柳埠街道	2020	35	青岛市王台镇改王台街道
	7	济南市归德镇改归德街道		36	青岛市张家楼镇改张家楼街道
	8	济南市张夏镇改张夏街道		37	济南市口镇改口镇街道
	9	济南市万德镇改万德街道		38	济南市羊里镇改羊里街道
	10	济宁市万张镇改万张街道		39	济南市方下镇改方下街道
	11	东营市丁庄镇改丁庄街道		40	济南市雪野镇改雪野街道
	12	泰安市仪阳镇改仪阳街道		41	济南市颜庄镇改颜庄街道
2017	13	菏泽市皇镇乡改皇镇街道		42	济南市辛庄镇改辛庄街道
	14	济南市回河镇改回河街道		43	济南市孝里镇改孝里街道
	15	济南市孙耿镇改孙耿街道		44	济南市刁镇改刁镇街道
	16	济南市太平镇改太平街道		45	济南市黄河镇改黄河街道
	17	济南市崔寨镇改崔寨街道		46	济南市垛石镇改垛石街道
	18	济南市高官寨镇改高官寨街道		47	济南市曲堤镇改曲堤街道
	19	济南市白云湖镇改白云湖街道		48	枣庄市东沙河镇改东沙河街道
	20	济南市宁家埠镇改宁家埠街道		49	潍坊市凌河镇改凌河街道
	21	济南市曹范镇改曹饭街道		50	潍坊市辛寨镇改辛寨街道
	22	日照市陵阳镇改陵阳街道		51	潍坊市冶源镇改冶源街道
	23	日照市浮来山镇改浮来山街道		52	淄博市马尚镇改马尚街道
	24	日照市店子集镇改店子集街道		53	日照市阎庄镇改阎庄街道
	25	临沂市龙家圈镇改龙家圈街道		54	德州市坊子乡改德原街道
2018	26	青岛市胶莱镇改胶莱街道		55	济宁市南站镇改南站街道
	27	青岛市胶西镇改胶西街道		56	烟台市八角街道并入古现街道
	28	日照市高泽镇改高泽街道			
	29	临沂市金岭镇改苍山街道			
合计：济南市 30 项、日照市 5 项、青岛市 4 项、潍坊市 3 项、菏泽市 3 项、枣庄市 2 项、临沂市 2 项、济宁市 2 项、淄博市 1 项、烟台市 1 项、泰安市 1 项、东营市 1 项、德州市 1 项					

二、行政区划调整的空间优化效果

山东省原有的行政区划格局与经济发展和社会治理的新形势已不相适应,尤其是乡镇层级,呈现"数量多、规模小、密度大、实力弱"的突出特征,稀释了公共资源、降低了服务效能、增加了运行成本、制约了经济发展、影响了乡村治理,在一定程度上影响了山东省经济社会的全面高质量发展。"十三五"时期,山东省通过不断调整行政区划,使行政设置不断优化,县、市、区所辖乡镇数量以及乡镇平均人口逐年优化,基本构建起适应乡村振兴和高质量发展需要、经济实力和服务能力明显增强、社会治理水平明显提高的行政管理体制。

(一)行政区划设置全面优化,行政格局更加合理

截至2020年年底,山东省共设693个街道、1 072个镇、57个乡,平均每个县(市、区)辖5.1个街道(浙江省5.3,江苏省5.2,河南省4.2,广东省3.9,安徽省2.5,河北省1.8)、辖7.9个镇(浙江省6.8,江苏省7.5,河南省7.4,广东省9.1,安徽省9.2,河北省6.9),乡镇级区划单位平均常住人口5.53万人(广东省7.17万人,江苏省6.40万人,河南省4.45万人,浙江省4.30万人,河北省3.37万人,江西省2.96万人)。目前,省内济南市、青岛市两市县级政区辖街道平均数超过10个,其余由高到低依次为烟台市5.9个,威海市5.8个,潍坊市4.9个,济宁市4.5个,滨州市4.1个,日照市和聊城市4个,淄博市和菏泽市3.8个,枣庄市和泰安市3.3个,东营市3个,德州市2.6个,临沂市2.5个;其中,商河、台儿庄、山亭、乳山、沂南、郯城、费县、平邑、莒南、蒙阴、武城、庆云等12个县(市、区,涉及济南市1县、枣庄市2区、德州市2县、临沂市6县、威海市1市)辖1个街道,其余县级政区辖2个或以上街道。菏泽市、威海市、聊城市、泰安市县级政区辖建制镇平均数超

过10个，其余由高到低依次为临沂市10个，济宁市9.3个，日照市8.8个，德州市、滨州市8.3个，烟台市7.4个，枣庄市7.3个，淄博市7.1个，潍坊市4.9个，东营市4.6个，青岛市3.6个，济南市2.9个。

（二）城市能级全面提升，济南、青岛、烟台辐射带动作用加强

济南市资源整合能级提升，辐射带动能力增强。济南市、莱芜市合并为济南市整合区域资源、优化生产力布局、提升城市综合承载能力提供了更加广阔的空间，对做强省会城市、提高省会城市能级、扩大城市影响力起到了巨大的推动作用，有利于济南市城市空间布局优化，更好地发挥省会城市的带头作用。调整后济南市辖10区2县，区域扩大，经济壮大，拓宽了济南向南发展的方向，也为两个城市发展高度一体性提供了更好的便利，有利于更好发挥省会城市的带动、示范、辐射作用，助力京津冀多元互补、协调联动、合作共赢的产业体系和发展格局。从全省层面看，推动区划调整，进一步发挥济南市、莱芜市的比较优势，通过一体规划建设、科学分工协作，促进资源优化整合，形成发展合力，从而实现区域竞争力整体提升，为做大做强省会城市赋能，对打造山东省区域发展的重要增长极，让济南市在省会城市群经济圈中发挥龙头作用，在山东省东西协调发展中发挥带动作用，在全国区域发展大局中发挥更重要作用、产生重大影响。截至2019年年底，济南市常住人口890.87万人，比合并前增加了144.83万人；全市户籍人口796.74万人，比合并前增加了140.84万人；全年一般公共预算收入874.2亿元，比合并前增加了121.4亿元；全市地区生产总值9 443.37亿元，占山东省GDP比重为13.3%，比合并前提高了3%；全员劳动生产效率得到提高，达到19.1万元，比2018年的18.7万元提高了3 711元。2020年，晋升城区超500万人口的特大城市。

青岛市空间优化拉伸，综合承载力大幅提升。2017年，青岛市撤销即墨市，设立即墨区，以原即墨市的行政区域为即墨区的行政区域。区划调整后，青岛市现辖七区三市，七区包括市南区、市北区、李沧区、崂山区、城阳区、黄岛区和即墨区，三市为胶州市、平度市和莱西市。区划调

整后，青岛市陆海空间能量得到大释放，市区面积拉伸为 5 214 km^2，海岸带海域面积 2 711 km^2，"三湾三城"的海湾型城市空间布局逐步构建，以陆促海、以海带陆组团双向发展态势逐步形成。即墨市综合保税区获国务院批复，青岛国际城市战略纵深推进，与全球 102 个城市（机构）建立了经济合作伙伴关系，与 216 个国家和地区实现了经贸往来，开辟海上集装箱航线超过 170 条、陆上"齐鲁号"欧亚班列开行 346 列、空中国际及地区航线 37 条，2019 年对外贸易总额为 981 亿美元。行政区划调整加快推进新旧动能转换，一体发展引擎更加强劲，四区引领、多园突破、一带提升的格局加快推进，西海岸新区、青岛市蓝谷、青岛市高新区、胶东临空经济区等一批重点板块加速崛起，胶州湾北岸城区高端要素和高新技术产业集聚发展，胶州湾东岸老城区有机更新逐步展开，即墨市、平度市、莱西市入选国家城乡融合发展试验区。

烟台市区空间得到有效扩展，城市布局更加优化。烟台市作为山东省新旧动能转换三大核心区之一，肩负着新旧动能转换中建设国家海洋经济发展示范区的重任。通过实施区划调整，把蓬莱和长岛纳入市区范围，使新成立的蓬莱区成为新的城市副中心，促进城市沿海向西发展，强化北部滨海城市带，显著优化了烟台市的经济结构和空间布局，使中心城区向西延伸扩容，缩小了城市东西差距，提升了中心城区的集聚度、首位度，形成区域协同联动发展的良好格局，增强了中心城区的辐射带动作用，为烟台市高起点推进新旧动能转换创造了有利条件。近年来，蓬莱、长岛都在实施全域旅游发展战略，都存在优势和短板，通过区划调整，进一步整合了丰富的陆海生态资源，促进了蓬莱—长岛协作联动发展，将蓬莱—长岛组团打造成为以文化旅游、生态和海洋经济为主的特色功能区，创建国家全域旅游示范区，把烟台市建设成为国际知名的旅游目的地。烟台市是山东新旧动能转换的"主战场"之一，着力打造先进制造业强市、现代物流中心、健康养生胜地、文化旅游名城，加快建设创新开放包容、宜居宜业宜游的现代化国际滨海城市，将以发展休闲度假业和文化旅游业为特色产业的蓬莱和长岛，以发展先进制造业为方向的臧家庄镇纳入市区范围，在产业发展上统筹规划、合理布局，使资源要素集中集约使用、产业企业集聚集群发展，对全域经济产生更大示范引领、辐射带动作用，有效提升了烟台整体实力。

（三）城镇人口吸引力提升，城镇化水平显著提高

山东省通过行政区划调整，扩大了已有城市的规模，改善了山东省的城市分布体系，从规模经济的角度来讲，有助于促进人口向城市聚集，有利于提高城市人口吸引力，带来常住人口、户籍人口和城区人口的增长，最终促进人口城镇化水平的提高。如日照市莒县店子集、陵阳、浮来山和五莲县高泽撤镇设街道后，发展重心从农业向第二、第三产业转移，第二、第三产业的发展带来了更多的就业岗位，带动当地群众就业，提高了城市的人口凝聚力。截至2019年年底，山东省常住人口和户籍人口"双过亿"，6 194.19万人常年在城镇享受优质生活，常住人口城镇化率达到61.51%，高于全国0.9%，较2016年年初提高了4.5%，年均提高1.13%，16个设区市常住人口城镇化率均超50%。"十三五"时期，山东省常住人口从2016年年初的9 847.16万人增长到2019年年末的10 070.21万人，增长了223.05万人，同比（2011—2014年）增多了118.49万人，是"十二五"时期常住人口增长数量的2.13倍，开创了山东省城镇化快速发展的新时代。"十三五"时期，山东省城市数量不断增加，大、中、小城市发展齐头并进，形成了2个特大城市、9个大城市、8个中等城市、75个小城市、1 072个建制镇协调发展的城镇格局。

撤县设区（市）对人口集聚带来的效用更加明显，行政区划调整后，县、区（市）之间的市场融合、行政壁垒和资源分配等问题可以得到改善，政府效率提高和区域市场融合促进了城市企业生产率的提升，进一步推动企业的扩张和新企业的进入，并促进当地就业量的上升，最终形成人口集聚。以邹平市为例，从2018年撤县设市后，邹平市人口集聚能力提高，不论是人口规模还是常住人口城镇化水平，都比2017年年底有较大幅度的提高。截至2019年年底，邹平市常住人口80.35万人，户籍人口

74.63万人，人口净流入5.72万人；常住人口城镇化率达到65.59%，比2017年提高了1.44%，较全省常住人口城镇化率高4.08%，领先全省的优势进一步加大。城区人口增速大幅提高，截至2018年年底，邹平市城区人口38.12万人，比2017年增加了3万人，增长率为8.6%，同比提高了6.62%（图4-3、图4-4）。

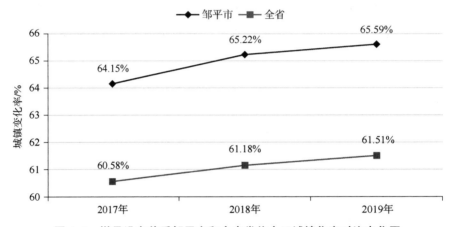

图4-3　撤县设市前后邹平市和全省常住人口城镇化率对比变化图

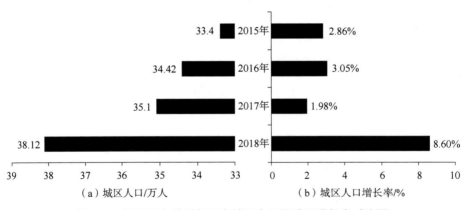

图4-4　撤县设市前后邹平市城区人口及城区增长率对比图

（四）基础设施短板全面补足，城乡建设统筹推进

行政区划调整后，城市可以按照更高标准来组织基础设施建设，带来

城市基础设施的改善，增加医疗、教育、养老、交通、社保等方面的便利。至2019年年底，山东省人均城市道路面积达24.52 m^2、人均公园绿地面积17.31 m^2；城市（区市县合计）供水普及率、燃气普及率、污水处理率、生活垃圾无害化处理率分别达到99.57%、98.72%、97.65%、99.94%；高铁通车里程突破2 000 km，实现省内高铁成环运行，郑济高铁、鲁南高铁等项目加紧推进；高速公路通车里程预计突破7 400 km，实现县县通高速；济泰高速、枣菏高速、济乐高速南延线、文莱高速等建成通车，济泰、济聊、济齐等8条城际公交开通运营；青岛市胶东国际机场基本建成，现代化港口群、机场群向一流水平迈进；信息基础设施建设加快，实现16设区市城区5G网络全覆盖，136个县（市、区）主城区连续覆盖。

乡镇合并、撤乡设镇及镇改街道行政区划调整后，城市城区面积拓展，为城市规划发展预留了持续发展的空间，乡镇和街道能更好地依托主城区的辐射带动作用，基础设施建设日臻完善。乡镇行政区划调整后，虽然垂直或派出机构保持原有的隶属关系，但是相比于乡，镇政府的城镇规划和建设职能更强，不仅助力于农村经济社会的发展，更大力推动了本地城镇化建设，更加重视城镇基础设施的完善以及非农产业的发展。2016—2019年，全省建制镇建设投资额合计3 263.61亿元，平均每年每个建制镇的建设投资额由2016年的7 480.7万元增长到2019年的7 981.1万元。建设投资的增加带来建制镇基础设施水平的提高，建制镇燃气普及率与城市（县城）燃气普及率之间的差距进一步缩小，由2015年的30%降低为2019年的26.8%。泰安市仪阳镇在2016年年初改为仪阳街道，通过行政区划调整融入城市核心区，累计投入490多万元完成沿河爱心通道修建、老仪过路仪阳段和仪兴街升级改造；铺开凤山大街南延，并启动吉山大街南延的征地工作，不断完善基础设施建设，提升城市服务功能，新型城镇化建设框架全部拉开。2017年，日照市空港经济开发区在后村镇设立，莒县店子集、陵阳、浮来山和阎庄四个镇处在莒县城市外延的关键区位，撤镇设街道后进一步加快了莒县中心城区周边的城市化进程，对莒县构建中等城市框架起到至关重要的作用。

(五) 产业布局全面改善,经济发展更具活力

撤县改市(区)行政区划调整后,原有县可以按照城市的定位来制定发展规划,有利于扩大招商引资的领域和范围,进一步加快推进山东新旧动能转换综合试验区和中国(山东省)自由贸易试验区建设。全省产业结构实现优化升级。"十三五"时期,山东省产业结构实现两次历史性转变,一次是在2016年,第三产业比重首次于超过第二产业,实现历史性转变;另一次是在2018年,第三产业比重首次超过50%,实现历史性转变。截至2019年年底,全省的三产结构为7.2∶39.8∶53.0,4年间第一产业占比下降了1.7%,第二产业下降了5.1%,第三产业占比提升了6.8%。动能转换提质加速。2019年"四新"经济(新技术、新产业、新业态、新模式)增势强劲,实现增加值占比达到28%,投资占比达到44.8%;高新技术产业产值占规模以上工业比重为40.1%;十强产业中,新一代信息技术制造业、新能源新材料、高端装备等产业增加值分别增长5.5%、5.7%和9.3%;光伏电池、智能电视、服务器和光电子器件等新兴工业产品产量分别增长32.3%、25.5%、16.6%和13.4%。海洋新兴产业快速发展,海洋生物医药、海水淡化与综合利用产业增加值居全国首位。山东省共有国家级海洋牧场示范区44处,占全国的40%。设立了"中国蓝色药库"开发基金50亿元,建成现代海洋药物、现代海洋中药等6个产品研发平台。

以邹平市为例,2018年撤县设市后,扩大了邹平市主城区面积,壮大主城区经济实体,强化了其作为滨州市经济增长的主要节点的作用。2019年,邹平市引进世界500强项目3个,年末外商投资企业达到35家,实际使用外资7 028万美元,引进县外资金89亿元,总额位居滨州市第1位。截至2019年年底,邹平市实有市场主体62 294户;新增高新技术企业14家,总量达到38家;高新技术产业产值占规模以上工业的比重为20.34%,比2018年提高1.03%;第一、第二、第三产业结构由2018年的5.8∶

55.6∶38.6 调整为 5.5∶52.6∶41.9，产业结构更加优化。

三、行政区划空间对城镇化发展的制约

（一）县市级行政区划调整占比较低

"十三五"时期，山东省行政区划调整共计 86 项，其中乡镇级行政区划调整 77 项，占比达到 90%；县市级行政区划调整有 9 项，占比仅为 10%。5 年间，全省县（市）改区共有 7 项，其中 2016 年有 3 项（2016 年全国共有 31 项，山东省占比 9.7%），2017—2020 年，每年仅有 1 项；5 年间，县改市合计仅有 1 项（"十三五"时期，民政部审核呈报国务院批准设立了 38 个县级市，山东省占比 2.6%）。撤县设市或撤县设区，能改变城市地位和价值，影响人口流向，进而影响城市经济活跃度。县级市（区）和县相比，拥有更大的管理权限和地方自主性，能吸引更多的人口迁移和投资进入，同时还能获得更多的来自上级政府的转移支付和专项扶持资金，对城镇化和区域经济的发展都有重大影响。目前，山东省部分地区依然存在县级管理体制与高速发展的经济形势不相适应的问题，甚至成为经济发展的体制瓶颈。例如，泰安市目前具有两个市辖区：泰山区、岱岳区，是 1985 年在县级泰安市的基础上成立的，经过 30 余年的建设发展，泰山区和岱岳区发展空间受限，严重影响了泰安市本级及泰山区和岱岳区经济产业布局调整和发展；东营市当前有 5 个县区，40 个乡级政区，常住人口 217 万人，面积 8 243 km^2，平均每个县区人口 43 万，面积 1 648 km^2，城区街道数量少、面积小，城区范围小，没有拉开城市发展空间，社会经济发展的辐射作用受限严重。通过县、市、区行政区划的调整，将会给这些地区带来经济和社会的全面发展。

（二）镇村"规模小、实力弱"的问题依然存在

在国家全面推进乡村振兴战略的大背景下，基层治理能力欠缺、治理

需求持续得不到满足的局面亟须改善。

"十三五"时期,山东省乡镇行政区划调整力度较大,共有乡镇级行政区划调整77项,占比达到90%,其中撤乡改镇(乡镇合并)21项,乡镇改街道(街道合并)56项。乡镇行政区划的调整对山东省乡村空间向城镇空间转换、乡村文化向城镇文化转变具有重要的推动作用,但是乡镇规模小、密度大、实力弱的问题尚没有得到彻底解决。截至2019年年底,山东省尚有近五成建制镇建成区常住人口不足万人。建成区常住人口在5万人以上的大镇有44个,占比为4%;建成区常住人口不足1万人的建制镇有514个,占比48%(图4-5)。按照《山东省设立镇标准》,拟设镇的乡辖区常住人口不低于3.5万人,建成区常住人口不低于0.6万人,当前全省建成区常住人口不足0.6万人的建制镇尚有257个,占比为24%;当前全省有244个建制镇的建成区面积小于1.5 km²,占比为22.7%。乡镇政府作为国家治理体系农村地区的最后一级政府治理能力弱化。取消农业税后,乡镇政府的财权、人事权被进一步弱化,乡村振兴战略中人才、产业、文化、组织、生态等五大振兴的重担全部压到乡镇政府头上,但乡镇政府在这些方面的专业人员严重不足或缺失,即财权、事权出现了严重不匹配。

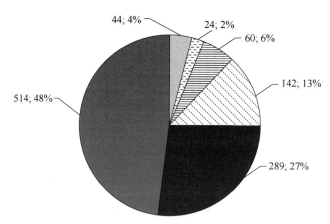

图4-5 建制镇建成区常住人口规模分布

同时，山东省农村数量多，规模小，布局散，密度高。全省行政村数量6.95万个，数量居全国第1位，平均人口530人，在全国倒数第2位。如东营市，有大约1/3的乡级政区，其面积偏小、人口偏少，农村、农业资源没有得到较好的整合；目前泰安市有6乡、62镇、20街道。近年来随着经济社会的快速发展以及新型城镇化发展，乡改镇、镇改街道的要求越来越迫切。

（三）部分行政区划调整降低了地方公共服务水平

合理的行政区划调整可以降低行政管理成本，促进资源科学、合理的配置，减少基础设施重复建设，增强中心镇和重点镇的辐射能力。但是，实际发展中，往往会出现一些现实问题，如被撤并乡镇的衰落和蜕化，行政资源空间布局结构不合理，公共服务能力反而被弱化等。临沂市经开区管理体制改革后，其所代管的乡镇、村居回归行政区划所属县区管理。原本在开发区中已融合在一起的区域被割裂开，导致沟通成本上升，企业负担加重，生活便利性下降，引发群众不满，矛盾问题多发，治理难度增大。经济技术开发区所属凤仪社区改革后回归三个不同镇街管理，企业更新生产线要经三个镇街审批，同时原本可以共享资源的创城、创卫、基层组织建设等工作现在也需要政府大量重复地投入资源。莒南县经济开发区所属五个村居改革后回归两个乡镇管理，由于线路管网问题，电费和水费要到不同的乡镇去缴纳，群众意见很大。行政区划调整应站在政策承受者的角度，以公众为导向，以积极推进和实现基本公共服务均等化为目标，着力优化政府职能，提升公共服务质量。

第五章 山东省城镇化与苏、浙、粤对比分析

> 逻辑分类的观念是久经锤炼才最终形成的。其原因就在于,逻辑分类乃是概念的分类。概念就是历历分明的一组事物的观念,它的界限是明确标定的。
>
> ——[法]爱弥儿·涂尔干,马塞尔·莫斯:《原始分类》,上海人民出版社,2000年。

从全国范围来看，山东省（简称鲁）经济总量位于全国第3位，但城镇化率位列全国第11位，城镇化长期滞后于经济发展。本书选取江苏省（简称苏）、浙江省（简称浙）、广东省（简称粤）为对标省份，分析四省在城镇化发展方面的差异，为促进山东省城镇化高质量发展提供参照框架。

一、鲁、苏、浙、粤行政区划空间对比

在行政区划定位上山东省属于沿海大省。从辖区面积来看，山东省所辖面积15.79万km²，在四省中位于第2位，低于广东省，高于浙江省和江苏省。从辖区人口来看，山东省常住人口超过1亿人，同样低于广东省，高于浙江省和江苏省（表5-1）。

表5-1　鲁、苏、浙、粤四省行政区划概况

省份	行政区划概况
山东省	总面积15.79万km²，省会济南市（山东省政府驻济南市历下区省府前街1号）。全省常住人口10 070.21万人（2019年年末）。全省辖16个地级市，58个市辖区、26个县级市、52个县（合计136个县级行政区划单位）
广东省	总面积17.98万km²，省会广州市（广东省政府驻广州市越秀区东风中路305号）。全省常住人口11 521万人（2019年年末），其中城镇人口8 225.99万人。辖21个地级市，65个市辖区、20个县级市、34个县、3个自治县（合计122个县级行政区划单位）
江苏省	总面积10.72万km²，省会南京市（江苏省政府驻南京市鼓楼区宁海路街道北京西路68号）。全省常住人口8 070.0万人（2019年年末）。辖13个地级市，55个市辖区、21个县级市、19个县（合计95个县级行政区划单位）
浙江省	总面积约10.18万km²。省会杭州市（浙江省政府驻杭州市西湖区省府路8号）。2019年年末，全省常住人口5 850万人。截至2020年6月，全省辖11个地级市，37个市辖区、20个县级市、32个县、1个自治县（合计90个县级行政区划单位）

数据来源：根据行政区划网2020年数据汇总整理

山东省地级以上市行政区划面积和人口规模在四省中位于首位。从所辖地级以上市数量来看，山东省共有16个地级以上市，广东省、江苏省、

浙江省分别为 21、13、11 个。鲁、苏、浙、粤平均每个地级以上市所辖面积分别约为 0.99 万 km^2、0.86 万 km^2、0.82 万 km^2、0.93 万 km^2。从地级以上市所辖人口来看，山东省地级以上市人口规模位居四省第 1 位，其次为江苏省（表 5-2）。

表 5-2　鲁、苏、浙、粤地级以上市比较

省份	地级以上市/个	总面积/km^2	总人口/万人	市均面积/km^2	市均人口/万人
山东省	16	15.79	10 070.21	0.99	629.39
广东省	21	17.98	11 521	0.86	548.62
江苏省	13	10.72	8 070	0.82	620.77
浙江省	11	10.18	5 850	0.93	531.82

山东省县级行政区划存在较大优化空间。从全国层面分析，截至 2020 年 7 月全国共有 2 844 个县级行政单位，包含 1 312 个县，388 个县级市，973 个市辖区，117 个自治县，49 个旗，3 个自治旗，1 个特区，1 个林区。全国层面市辖区、县级市及其他县级行政单位的比例分别为 34.21%、13.64%、52.14%。从沿海鲁、苏、浙、粤四省层面分析，山东省县级行政区数量最多，2020 年，全省有 136 个县级行政区，在四省中所占比例最高。其中，市辖区 58 个，县级市 26 个，县 52 个，所占比例分别为 42.65%、19.12%、38.24%，所占比例高于全国，但在沿海四省比较市辖区所占比例偏低，县所占比例偏高，存在较大优化空间（表 5-3，表 5-4）。

表 5-3　鲁、苏、浙、粤行政层级数量比较

单位：个

省份	地级市	县级行政区	市辖区	县级市	县（自治县）
山东省	16	136	58	26	52
广东省	21	122	65	20	37
江苏省	13	95	55	21	19
浙江省	11	90	37	20	33
全国	333	2 844	973	388	1 483

表 5-4 鲁、苏、浙、粤县级行政单位比例统计表

省份	市辖区占比/%	县级市占比/%	县（自治县）占比/%	合计/%
山东省	42.65%	19.12%	38.24%	100%
广东省	53.28%	16.39%	30.33%	100%
江苏省	57.89%	22.11%	20.00%	100%
浙江省	41.11%	22.22%	36.67%	100%

二、鲁、苏、浙、粤区域发展对比

与经济体量同一方阵的苏、浙、粤相比，全省区域发展既有竞争优势，也有明显短板，亟须扩大优势，对标先进，精准发力，加快赶超，为全面建成小康社会、加快新旧动能转换提供重要支撑。本章采用2018年的统计数据（表5-5），对比鲁、苏、浙、粤区域发展情况，以对未来区划调整提供可比较、可借鉴的参照对象。

山东省城镇化水平相对较低，增速低于苏、浙、粤。2018年，山东省城镇化率61.18%，排名全国第11位，与江苏省（第5位）、浙江省（第6位）、广东省（第4位）尚存在较大差距，城镇化水平有待提升。从城镇化率增速来看，山东省城镇化率增速低于全国平均水平0.46%，分别低于江苏省、浙江省、广东省0.55%、0.30%、0.25%，追赶速度有所放缓，与城镇化率最高的广东省差距由2017年的9.27%增加到9.52%（图5-1）。

山东省经济发展与城镇化发展水平不匹配。2018年山东省实现地区生产总值76 469.67亿元，全国排名第3位，仅低于广东省和江苏省，高于浙江省，与苏浙粤同属GDP"第一梯队"，高于城镇化率排名8个位次，工业化水平与城镇化水平匹配度较低。从常住人口城镇化率与工业化率比值来看，山东省仅为1.39，低于全国1.46的平均水平和国际公认的1.4~2.5合理区间。

山东省经济质量与苏、浙、粤存在一定差距。2010年以来，山东省

表 5-5 2018 年全国及鲁、苏、浙、粤四省主要指标一览表

指标	常住人口城镇化率		GDP			人均 GDP		城镇居民人均可支配收入		农村居民人均可支配收入	
	数值/%	全国位次/位	数值/亿元	全国位次/位	增速/%	数值/元	全国位次/位	数值/元	全国位次/位	数值/元	全国位次/位
全国	59.58	—	900 309.5	—	6.9	64 644	—	39 251	—	14 617	—
山东省	61.18	11	76 469.67	3	6.4	76 267	8	39 549	7	16 297	8
江苏省	69.91	5	92 595.4	2	7.2	115 168	4	47 200	4	20 845	4
浙江省	68.90	6	56 197.15	4	7.8	98 643	5	55 574	3	27 302	2
广东省	70.7	4	97 277.77	1	7.5	86 412	7	44 341	5	17 168	7

数据来源：山东省城镇化数据库、各省国民经济和社会发展公报

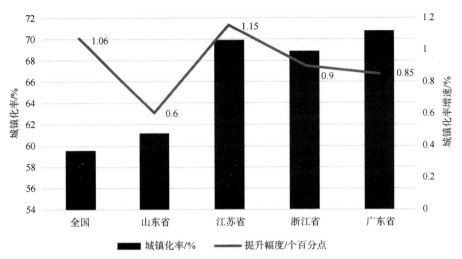

图 5-1 2018 年全国及鲁、苏、浙、粤常住人口城镇化率及增速示意图

经济呈现持续平稳增长，经济总量连续跨上几个大台阶，GDP 总量与苏、浙、粤同处第一梯队，是国民经济的重要组成部分。从 GDP 增速来看，2018 年山东省 GDP 比 2017 年增长 6.4%（按可比价格计算），分别低于江苏省、浙江省、广东省 0.3%、0.7%、0.4%，经济总量与广东省的差距由 2008 年的约 5 860 亿元扩大到 2018 年的 20 808 亿元，与江苏省的差距由 50 亿元扩大到 16 125 亿元，与浙江省的差距正在逐渐减少，前有标兵后有追兵，经济发展尤为紧迫。从一般公共预算收入来看，山东省与广东省差距由 2008 年的约 1 350 亿元扩大到 2018 年的约 5 619.86 亿元，与江苏省的差距由 770 亿元扩大到 2 144.76 亿元。从人均 GDP 来看，山东省为 76 267 元，在四省中最低，分别比江苏省、浙江省、广东省少 38 901 元、22 376 元、10 145 元，山东省尚有 6 个地级市（菏泽市、临沂市、聊城市、德州市、济宁市、枣庄市）人均 GDP 低于全国平均水平（64 644 元）。

山东省就业吸纳能力有待提高。从产业结构看，山东省主营业务收入排前列的轻工、化工、机械、纺织、冶金多为资源型产业，能源原材料产业占 40% 以上，而广东省、江苏省第一大行业均为计算机通信制造业。2018 年，山东省第一、第二、第三产业结构分别为 6.5%、44.0%、49.5%，与江苏省、浙江省、广东省相比，山东省第一产业增加值所占比例相对较高,农业比重较大,沉淀劳动力偏多,农业现代化水平有待进一步提高;第二产业增加值所占比例高于浙江省、广东省,工业结构偏重,重工业附加值占规模以上工业增加值比重较高,就业拉动能力趋弱;第三产业增加值占比低于江苏省、浙江省和广东省,是四省中唯一一个第三产业比重未超过50%的省份。从第一、第二、第三产业增速来看,2018年山东省第三产业增加值增速为8.3%,高于江苏省(7.9%)、浙江省(7.8%)、广东省(7.8%),服务业增加值占地区生产总值比重有所提高,但就业吸纳能力仍然不足,生产性服务业发展滞后,制约了企业创新发展和产业转型提升(图5-2)。

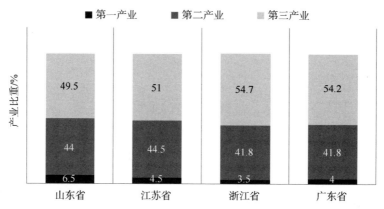

图5-2 2018年鲁、苏、浙、粤第一、第二、第三产业比重对比示意图

从山东省内特大城市实力分析,山东省双核心城市青岛市、济南市比广州市、深圳市,南京市、苏州市,杭州市、宁波市差距较大。2020年,广东省GDP突破11万亿元,而广州市、深圳市早已突破2万亿元,合计占广东省经济总量的40%以上,如果算上广佛肇、深莞惠两大都市圈,合计占广东省经济总量超过70%;江苏省GDP规模超过10万亿元,南京市、苏州市GDP规模均超过2万亿元;杭州市、宁波市都是万亿元GDP城市,杭州市GDP超过1.6万亿元,宁波市超过1.2万亿元,两市经济规模占全省40%左右;济南市、青岛市GDP规模略高于1万亿元,占山东省GDP总量的30%,从经济总量和辐射带动能力上,均存在明显差距。

第六章 山东省城镇化高质量发展测度与评价

> 新建筑是由理性决定的，新建筑是历史注定的，新建筑代表着征服历史，新建筑代表着时代精神，新建筑是治疗社会的良药，新建筑是年轻的，并且不断地自我更新，它永远不会落伍于时代。
>
> ——［美］柯林·罗，弗瑞德·哥特：《拼贴城市》，中国建筑工业出版社，2003年。

本章根据城镇化高质量发展的内涵,借鉴近年来国内外城镇化发展、高质量评价等领域指标体系的研究成果及实证案例,基于指标选取的科学性、综合性、层次性、可比性、可获得性、可操作性等原则,按照山东省城镇化高质量放在全国进行审视、设区市城镇化高质量放在全省进行审视的基本思路,分别构建山东省、设区市城镇化高质量发展评价指标体系。根据这个指标体系,利用2010—2019年指标数据分别进行了测算,从纵向上和横向上分别对全省和各设区市新型城镇化发展质量提升情况做了对比。

一、新型城镇化高质量发展水平测度方法

(一) 指标体系的确定

根据指标体系构建的方法,形成了山东省、设区市城镇化高质量发展评价指标体系(表6-1、表6-2)。

表6-1 省级新型城镇化高质量发展评价指标体系

目标层	准则层	序号	三级指标	目标值	指标性质	单位	权重[①]
山东省新型城镇化高质量发展	高价值动能支撑	1	常住人口城镇化率	68	正向	%	6
		2	人均GDP	120 000	正向	元	5
		3	规模以上工业增加值	240 000	正向	亿元	5
		4	固定资产投资	65 000	正向	万元	3
		5	第三产业增加值占GDP比重	60	正向	%	4
		6	R&D经费支出占GDP比重	2.5	正向	%	4
		7	外贸依存度	50	正向	%	4
		8	地均GDP	2	正向	亿元/km²	4
		9	公共财政预算收入	9 000	正向	万元	5

续表

目标层	准则层	序号	三级指标	目标值	指标性质	单位	权重[①]
山东省新型城镇化高质量发展	高标准生态环境	10	空气优良天数	100	正向	%	4
		11	工业固体废物综合利用率	100	正向	%	3
		12	万元GDP主要污染物排放强度	0.5	正向	t/亿元	5
		13	人均公园绿地面积	12	正向	m²	1
	高规格设施建设	14	路网密度	8	正向	km/km	2
		15	高速公路通车里程	10 000	正向	km	3
		16	轨道交通公里数	1 000	正向	km	2
		17	港口货物吞吐量	17 200	正向	万t	2
		18	海绵城市建设面积占建成区面积比重	75	正向	%	2
		19	地下管廊密度	0.1	正向	km/km²	2
	高品质人民生活	20	城镇居民人均可支配收入	55 000	正向	元	5
		21	万人拥有图书馆藏书量	1.2	正向	万册	2
		22	万人拥有医生数	35	正向	人	4
		23	万人拥有卫生机构床位数	80	正向	张	4
		24	医疗保险覆盖率	100	正向	%	3
		25	城镇居民年末人均住房建筑面积	39	正向	m²	1
		26	互联网宽带接入户数比例	100	正向	%	1
	高效能社会治理	27	公共安全支出占一般公共预算支出比重	10	正向	%	2
		28	教育支出占一般公共预算支出比重	26	正向	%	2
		29	社会保障和就业支出占一般公共预算支出比重	20	正向	%	2
		30	医疗卫生和计划生育支出占一般公共预算支出比重	14	正向	%	2
		31	一般公共服务支出占一般公共预算支出比重	12	正向	%	2
	高水平城乡融合	32	城乡居民收入差异度	1	负向		1
		33	城乡居民人均消费性支出之比	1	负向		1
		34	城乡基础设施差异度	1	负向		1
		35	城乡基础设施资金投入差异度	1	负向		1

注：①为便于计算，权重值取整数

表 6-2 设区市新型城镇化高质量发展评价指标体系

目标层	准则层	序号	三级指标	目标值	指标性质	单位	权重
设区市新型城镇化高质量发展	高价值动能支撑	1	常住人口城镇化率	75	正向	%	7
		2	人均 GDP	200 000	正向	元	5
		3	规模以上工业主营业务收入	13 000	正向	亿元	3
		4	万人国内发明专利授权量	65	正向	件	4
		5	第三产业增加值占 GDP 比重	70	正向	%	3
		6	R&D 经费支出占 GDP 比重	3	正向	%	5
		7	外贸依存度	50	正向	%	3
		8	地均 GDP	2	正向	亿元/km²	4
		9	公共财政预算收入	2 000	正向	亿元	3
	高标准生态环境	10	空气优良天数排名	1	正向	%	5
		11	工业固体废物综合利用率	100	正向	%	2
		12	万元 GDP 主要污染物排放强度	0.5	负向	t/亿元	4
		13	人均公园绿地面积	12	正向	m²	1
	高规格设施建设	14	路网密度	9	正向	km/km²	3
		15	高速公路通车里程	800	正向	km	4
		16	轨道交通公里数	200	正向	km	3
		17	海绵城市建设面积占建成区面积比重	75	正向	%	2
		18	地下管廊密度	0.4	正向	km/km²	2
	高品质人民生活	19	城镇居民人均可支配收入	55 000	正向	万元	4
		20	万人拥有图书馆藏书量	1.2	正向	万册	1
		21	万人拥有医生数	60	正向	人	3
		22	万人拥有卫生机构床位数	100	正向	张	3
		23	医疗保险覆盖率	100	正向	%	1
		24	居民人均工资性收入	150 000	正向	元	2
		25	互联网宽带接入户数比例	100	正向	%	1

续表

目标层	准则层	序号	三级指标	目标值	指标性质	单位	权重
设区市新型城镇化高质量发展	高效能社会治理	26	公共安全支出占一般公共预算支出比重	10	正向	%	2
		27	教育支出占一般公共预算支出比重	26	正向	%	2
		28	社会保障和就业支出占一般公共预算支出比重	25	正向	%	2
		29	医疗卫生和计划生育支出占一般公共预算支出比重	14	正向	%	2
		30	一般公共服务支出占一般公共预算支出比	12	正向	%	2
	高水平城乡融合	31	城乡居民收入差异度	1	负向	—	3
		32	城乡居民人均消费性支出之比	1	负向	—	3
		33	城乡基础设施差异度	1	负向	—	3
		34	城乡建设资金投入差异度	1	负向	—	3

（二）确定目标值

目标值的确定方法主要采用：①先进目标拟定法，基于地区发展愿望和竞争需要对现有社会资源基础上可实现的合理性判断，主要参考发达国家各指标的现状值，并结合山东省省情和未来发展趋势进行一定的调整，突出引导性和可操作性，该类指标多为总量指标；②理想值逼近法，依据指标设计思路选择其理想值（100%）作为目标值，该类指标多为比例指标。

新型城镇化高质量发展评价指标目标值设定分为以下几类。

1. 根据标准、规律及制定的目标

（1）人均公园绿地面积：国家园林城市规定，人均公园绿地面积不低于 12 m²；

(2) 外贸依存度：中等收入城市外贸依存度 30%～50%；

(3) 海绵城市：根据各市海绵城市建设目标；

(4) 轨道交通公里数：根据山东省交通运输厅发布《我省城市轨道交通建设扎实有力推进》；

(5) 高速公路通车里程："十四五"时期末山东省高速公路通车里程超过 1 万 km；

(6) 港口货物吞吐量："十四五"时期末全省港口货物吞吐量 1.72 亿 t；

(7) 第三产业增加值占 GDP 比重：工业化后期，第三产业占比 60%以上；

(8) R&D 经费支出占 GDP 比重：全国 2020 年目标是 2.5%；

(9) 路网密度：根据《中共中央国务院进一步加强城市规划建设管理工作的若干意见》，2020 年城市建成区平均道路网密度提高到 8 km/km^2；

(10) 教育支出占一般公共预算支出重：教育支出占 GDP 比重为 4%，通过计算，山东省教育支出占一般公共预算支出比重约达到 26%。

2. 根据年平均变化率

(1) 人均 GDP：按每年增长率 10%；

(2) 常住人口城镇化率：每年增长 0.8%；

(3) 万元 GDP 主要污染物排放强度：每年降低 5%；

(4) 规模以上工业增加值：按每年增长率 10%；

(5) 固定资产投资：按每年增长率 4%；

(6) 公共财政预算收入：按每年增长率 6%；

(7) 居民人均工资性收入：年均增长约 10%；

(8) 万人拥有医生数：按照每年 4%增长；

(9) 万人拥有卫生机构床位数：按照每年 4%增长；

(10) 城镇居民人均可支配收入：按照每年 7.5%的增长率。

3. 对照国内先进城市

(1) 地均 GDP：南京市 2.13 亿元/km^2，苏州市 2.22 亿元/km^2，济南市 1.18 亿元/km^2，青岛市 1.04 亿元/km^2；

(2) 万人拥有图书馆藏书量：对照江苏省万人拥有图书馆藏书量 1.2 万；

(3) 万人国内发明专利授权量：对照南京万人发明专利拥有量是 68 件；

(4) 地下管廊密度：雄安新区未来规划是 0.2~0.46 km/km^2；

(5) 社会保障和就业支出占一般公共预算支出比重：发达国家占比在 30%~50%，每年增长 1%；

(6) 医疗卫生和计划生育支出占一般公共预算支出比重：世界卫生组织（WHO）于《2010 年世界卫生报告》中提倡的卫生支出目标为，广义政府卫生支出占 GDP 的比重不低于 5%，每年增长 0.85%。

（三）指标权重确定

依据美国学者 T. L. Saaty 教授提出的层次分析法（AHP），结合熵值法对各指标对评价目标的贡献率大小进行定量表达。首先，邀请省内外从事城镇化研究的知名专家填写《城镇化高质量发展评价指标判断矩阵表》，计算出每个专家矩阵表的最大特征根、特征向量，并对判断矩阵进行一致性检验，计算得出每级指标的平均权重。其次，采用熵技术对使用层次分析法确定的指标权重进行修正，最终分别确定各级指标权重。

（四）数据标准化

由于指标体系涉及指标较多，各指标之间的度量单位不一致，为消除量纲影响，需要将数据进行目标值标准化处理，以反映各地在城镇化推进过程中的优势和不足，从而促进城镇化健康、协调发展。本课题采用标准值标准化，并根据阿特金森模型，分段计算超出目标值部分的"贡献"。

对于正向指标，即指标值越大，对系统的贡献越大，则

$$\overline{x_{ij}} = \begin{cases} 1, & x_{ij} \geq x_{0j} \\ x_{ij}/x_{0j}, & x_{ij} < x_{0j} \end{cases}$$

对于逆向指标，即指标值越大，对系统的贡献越小，则

$$\overline{x_{ij}} = \begin{cases} 1, & x_{ij} \leq x_{0j} \\ x_{0j}/x_{ij}, & x_{ij} > x_{0j} \end{cases}$$

式中：$\overline{x_{ij}}$ 表示第 i 个城市第 j 项指标的标准化值；x_{ij} 表示第 i 个城市第 j 项指标的实际值；$\overline{x_{0j}}$ 表示第 j 项指标的目标值。

（五）综合评价测算

城镇化质量发展指数是综合反映某地城镇化发展质量的评价指标，城镇化发展质量指数越高标明城镇化综合发展水平越高。

城镇化质量评价指标体系共设三级指标。第三级指标即基本评价指标，通过统计部门或社会实地调查、遥感信息提取等方式直接获取。

对于二级指标而言，其指数计算公式为

$$y_{iN} = \sum_{n=1}^{m} a_{ij} \overline{X_{ij}}$$

式中：y_{iN} 表示第 i 个城市第 N 项二级指标的要素指数；a_{ij} 表示第 i 个城市第 j 项三级指标的权重；m 表示第 i 个城市第 N 项二级指标所包含的三级指标个数。

对于一级指标而言，其值分别等于要素指数与其权重乘积之和，即

$$y_{iq} = \sum_{n=1}^{5} A_{ij} Y_{iN}$$

式中：y_{iq} 表示第 i 个城市的城镇化发展质量指数；A_{ij} 表示第 j 项二级指数的权重。

二、省域层面城镇化高质量发展评价分析

1. 山东省城镇化高质量发展总体分析

"十三五"时期是山东省城镇化高质量发展的历史性节点。2010—2019 年数据测算显示，10 年间山东省城镇化分为两个相互联系、前后顺承的阶段，2013 年之前，全省城镇化发展处于城镇化中等水平阶段，从 2015 年开始迈向中高水平阶段（表 6-3）。

表 6-3　2010—2019 年山东省新型城镇高质量发展指数一览表

年份/年	高质量发展指数	高价值动能支撑指数	高标准生态环境指数	高规格设施建设指数	高品质人民生活指数	高效能城市治理指数	高水平城乡融合指数
2010	48.62	21.72	6.21	3.61	8.58	6.88	1.62
2013	58.23	27.33	6.80	4.06	11.12	6.76	2.16
2015	64.67	30.43	7.66	4.24	13.30	6.66	2.38
2017	69.81	31.76	8.80	5.14	14.74	7.14	2.24
2019	74.43	32.12	9.93	6.38	16.42	7.27	2.31

山东省城镇化六大领域发展质量随着时间拉长均呈现正向增长趋势。10 年间，山东省高质量发展指数从 48.62 增长到 74.43，增长 53.09%，详见图 6-1。

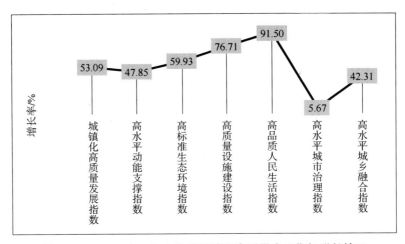

图 6-1　2010—2019 年山东省城镇化高质量发展指标增长情况

2. 全省城镇化高质量发展六维度分析

通过细分维度各指标的详细梳理，可以发现，省域层面城镇化高质量发展呈现"总体质量提升、少数领域降低"的较弱非均衡性发展态势。

（1）高价值动能支撑指标中的常住人口城镇化率增长 23.74%，人均 GDP 增长 98.47%，规模以上工业增加值增长 77.77%，固定资产投资增长126.14%，第三产业增加值占比增长47.36%，R&D经费支出占比增长4.34%，地均GDP增长25.68%，公共财政预算收入增长137.39%（图6-2）。外贸依存度下降2.01%，表明对外开放对城镇化高质量发展的支撑能力不够稳定。

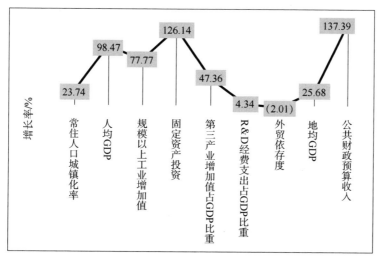

图6-2　2010—2019年山东省高价值动能支撑指标增长情况

（2）高标准生态环境方面，空气质量指数增长61.35%，万元GDP主要污染物排放强度增长432.43%，人均公园绿地面积增长18.76%。工业固体废物综合利用率降低5.64%，表明生态资源的循环利用方面还有较大提升空间（图6-3）。

（3）高规格设施建设方面，高速公路通车里程增长50.46%，轨道交通通车里程增长217.7 km，港口货物吞吐量增长86.37%（图6-4）。其中，路网密度降低14.05%，是制约高质量发展的明显短板。

（4）高品质人民生活方面，城镇居民人均可支配收入增长112.22%，万人拥有图书馆藏书量增长72.88%，万人拥有医生数增长67.55%，万人拥有卫生机构床位数增长58.02%，医疗保险覆盖率增长228.48%，城镇居民年末人均住房建筑面积增长15.74%，互联网宽带接入户数比例增长206.19%（图6-5）。

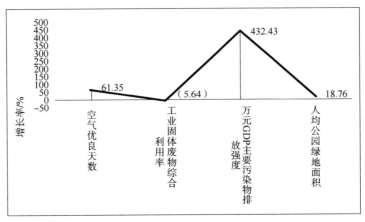

图 6-3　2010—2019 年山东省高标准生态环境指标增长情况

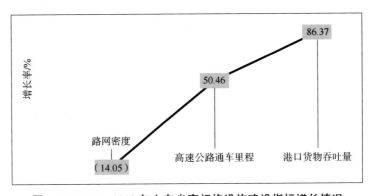

图 6-4　2010—2019 年山东省高规格设施建设指标增长情况

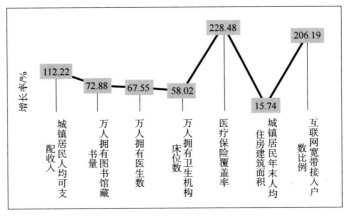

图 6-5　2010—2019 年山东省高品质居民生活指标增长情况

(5) 高效能城市治理方面,公共安全支出所占比例增长 0.17%,教育支出所占比例增长 8.02%,社会保障和就业支出所占比例增长 33.83%,医疗卫生和计划生育所占比例增长 40.33%(图 6-6)。值得引起重视的是,一般公共服务支出所占比例降低 24.68%,一般公共服务支出的大幅降低将较明显地拉低高效能城市治理水平。

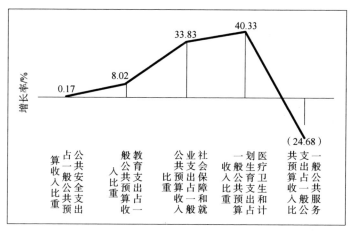

图 6-6　2010—2019 年山东省高效能社会治理指标增长情况

(6) 高水平城乡融合方面,城乡居民收入差异度增长 19.89%,城乡居民人均消费性支出之比增长 25.76%,城乡基础设施差异度增长 108.53%,城乡建设资金投入差异度增长 22.30%(图 6-7)。由于城乡融合类指标均为负向指标,说明处于起步阶段的全省城乡融合发展,仍需要下大力气缩小城乡二元结构之间的差距,扭转城乡融合发展的颓势。

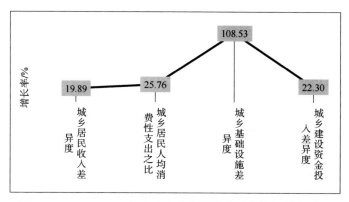

图 6-7　2010—2019 年山东省高水平城乡融合指标差距增大

三、设区市层面城镇化高质量发展评价分析

1. 设区市城镇化发展质量总体分析

设区市层面，除济宁市外，15个设区市城镇化发展质量均出现正增长，2019年济宁市城镇化发展质量出现下降。济南市、青岛市作为山东半岛城市群的核心城市，城镇化发展质量最高。难能可贵的是，所有设区市城镇化发展质量均实现了正增长，并与发展基础呈正相关关系，2010年城镇化高质量发展指数越高，总体城镇化发展质量提升越快。截至目前，尚有菏泽市、聊城市、枣庄市的城镇化高质量发展指数未达到50，主要集中在鲁西、鲁南地区，意味着未来城镇化发展质量提升的潜力有待进一步激发，以支撑实现省域层面更加协调的发展（表6-4）。

表6-4 2010—2019年山东省设区市新型城镇化高质量发展指数一览表

城市	2019年	2015年	2010年
济南市	65.58	58.11	44.12
青岛市	77.30	72.21	49.65
淄博市	56.62	54.48	41.44
枣庄市	48.79	48.85	33.72
东营市	59.16	59.42	43.18
烟台市	58.47	58.55	46.35
潍坊市	60.66	58.67	44.04
济宁市	49.97	50.50	35.48
泰安市	50.54	49.94	35.78
威海市	60.73	60.28	49.57
日照市	57.92	48.77	41.61
临沂市	52.56	52.60	35.48
德州市	51.18	50.22	32.66

续表

城市	2019 年	2015 年	2010 年
聊城市	47.91	45.24	32.18
滨州市	50.27	48.87	36.71
菏泽市	45.47	45.28	33.30

2. 设区市城镇化高质量发展六维度分析

（1）高价值动能支撑方面，青岛市、济南市、东营市、淄博市、烟台市、威海市支撑指数超过20，日照市、潍坊市、滨州市、泰安市、德州市支撑指数为15~20，其余五市支撑指数为11~15（表6-5）。

表6-5 2019年山东省16市高价值动能支撑质量指数情况一览表

城市	高价值动能支撑指数	常住人口城镇化率指数	人均GDP指数	规模以上工业主营业务收入指数	万人国内发明专利授权量指数	第三产业增加值占GDP比重指数	R&D经费支出占GDP比重指数	外贸依存度指数	地均GDP指数	公共财政预算收入指数
济南市	21.58	6.65	2.66	1.02	1.11	2.73	4.17	0.71	0.74	1.80
青岛市	27.21	6.92	3.11	2.43	1.40	2.69	4.44	3.03	0.83	2.36
淄博市	20.65	6.72	1.94	1.78	0.44	2.03	5.05	1.45	0.49	0.75
枣庄市	13.90	5.53	1.08	0.64	0.25	2.08	3.12	0.52	0.30	0.40
东营市	21.46	6.46	3.35	1.36	0.47	1.66	4.05	3.35	0.29	0.46
烟台市	20.46	6.11	2.68	2.31	0.39	2.26	2.83	2.28	0.45	1.16
潍坊市	18.74	5.80	1.52	1.73	0.39	2.23	3.72	1.88	0.29	1.17
济宁市	14.24	5.57	1.31	0.90	0.16	2.13	2.22	0.63	0.31	1.00
泰安市	15.62	5.79	1.18	0.83	0.20	2.22	4.12	0.38	0.27	0.62
威海市	20.39	6.41	2.62	0.99	0.43	2.20	3.98	2.84	0.41	0.51
日照市	18.99	5.69	1.66	0.45	0.21	2.15	4.90	3.24	0.29	0.40
临沂市	14.99	4.92	1.08	1.07	0.12	2.35	3.08	1.09	0.21	1.07
德州市	15.24	4.95	1.31	0.91	0.14	2.11	4.23	0.69	0.23	0.66
聊城市	14.28	4.92	0.93	0.94	0.14	2.22	3.20	1.09	0.21	0.64
滨州市	17.52	5.43	1.57	0.87	0.25	2.13	4.36	2.13	0.21	0.57
菏泽市	11.77	4.73	0.97	0.58	0.07	2.11	1.31	0.85	0.22	0.93

（2）高标准生态环境方面，青岛市、济南市环境指数超过10，日照市等7市环境指数为5~10，东营市等7市环境指数为2~5（图6-8）。

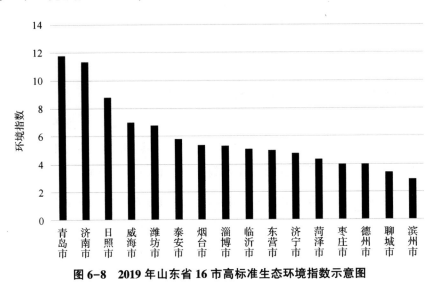

图6-8　2019年山东省16市高标准生态环境指数示意图

（3）高规格设施建设方面，青岛市建设指数最高，为11.10，潍坊市、临沂市、济南市、烟台市、德州市5市建设指数为5~10，其余各市建设指数为3~5（表6-6）。"十四五"时期，山东省大力提升交通基础设施水平，淄博市、烟台市、潍坊市、济宁市、威海市、临沂市、枣庄市、菏泽市编制完成轨道交通线网规划。这意味着，除了已经进入"地铁时代"的济南、青岛市外，淄博市、烟台市、潍坊市、济宁市、威海市、临沂市、枣庄市、菏泽市也将有自己的地铁。

表6-6　2019年山东省16市高规格设施建设指数一览表

城市	高规格设施建设指数	路网密度指数	高速公路通车里程指数	轨道交通通车里程指数	海绵城市建设面积占建成区面积比重指数	地下管廊指数
济南市	6.68	2.48	2.44	0.72	0.26	0.79
青岛市	11.10	2.87	4.13	2.64	0.40	1.05
淄博市	4.43	2.55	1.03	0.00	0.38	0.46
枣庄市	4.03	2.33	0.82	0.00	0.38	0.50

续表

城市	高规格设施建设指数	路网密度指数	高速公路通车里程指数	轨道交通通车里程指数	海绵城市建设面积占建成区面积比重指数	地下管廊指数
东营市	3.50	1.78	1.09	0.00	0.23	0.41
烟台市	6.28	2.55	3.03	0.00	0.35	0.34
潍坊市	6.80	2.80	2.82	0.00	0.69	0.49
济宁市	4.99	2.54	1.64	0.00	0.29	0.52
泰安市	4.61	2.63	1.19	0.00	0.43	0.36
威海市	4.31	2.41	0.82	0.00	0.39	0.68
日照市	4.93	2.52	1.07	0.00	0.25	1.09
临沂市	6.71	2.44	2.58	0.00	0.39	1.31
德州市	5.01	2.08	2.38	0.00	0.29	0.26
聊城市	4.14	2.14	1.55	0.00	0.25	0.20
滨州市	4.01	2.07	1.40	0.00	0.40	0.14
菏泽市	3.78	1.57	1.59	0.00	0.26	0.36

（4）高品质居民生活方面，济南市居民生活指数最高，达到 14.31，青岛市等 12 市居民生活指数超过 10，菏泽市、聊城市、德州市居民生活指数为 9~10（表 6-7）。

表 6-7　2019 年山东省 16 市高品质居民生活指数一览表

城市	高品质居民生活指数	城镇居民人均可支配收入指数	万人拥有图书馆藏书量指数	万人拥有医生数指数	万人拥有卫生机构床位数指数	医疗保险覆盖率指数	居民人均工资性收入指数	互联网宽带接入户数比例指数
济南市	14.31	3.78	0.65	3.68	2.80	0.89	1.34	1.18
青岛市	13.98	3.96	0.71	3.41	2.39	0.93	1.37	1.20
淄博市	12.47	3.29	0.55	3.15	2.54	0.91	1.05	0.98
枣庄市	10.39	2.47	0.37	2.42	2.29	0.97	0.94	0.93
东营市	13.69	3.72	1.18	3.13	2.28	0.82	1.34	1.24
烟台市	11.91	3.49	0.76	2.45	2.23	0.89	1.10	0.99
潍坊市	11.79	3.03	0.66	2.75	2.52	0.93	1.00	0.90

续表

城市	高品质居民生活指数	城镇居民人均可支配收入指数	万人拥有图书馆藏书量指数	万人拥有医生数指数	万人拥有卫生机构床位数指数	医疗保险覆盖率指数	居民人均工资性收入指数	互联网宽带接入户数比例指数
济宁市	10.74	2.70	0.28	2.60	2.38	0.97	1.00	0.81
泰安市	10.21	2.74	0.26	2.36	2.21	0.95	0.91	0.78
威海市	13.30	3.57	1.08	3.01	2.62	0.90	0.95	1.17
日照市	10.22	2.60	0.37	2.29	2.05	0.95	1.06	0.91
临沂市	10.47	2.76	0.28	2.20	2.43	0.99	1.02	0.79
德州市	9.29	2.08	0.28	2.42	1.84	0.91	0.96	0.82
聊城市	9.30	2.12	0.21	2.16	2.10	0.94	0.99	0.77
滨州市	10.79	2.72	0.37	2.47	2.13	0.97	0.98	1.15
菏泽市	9.45	2.06	0.17	2.30	2.25	1.06	0.88	0.72

（5）高效能城市治理方面，枣庄市、临沂市城市治理指数分别为8.46、8.22，其余14市城市治理指数为6~8（表6-8）。从2010—2019年变化来看，除济南市、淄博市、菏泽市外，其余各市城市治理指数均呈现增长趋势。

表6-8 2019年山东省16市高效能社会治理指数一览表

城市	高效能城市治理指数	公共安全支出占一般公共预算收入比重指数	教育支出占一般公共预算收入比重指数	社会保障和就业支出占一般公共预算收入比重指数	医疗卫生和计划生育支出占一般公共预算收入比重指数	一般公共服务支出占一般公共预算收入比重指数
济南市	6.79	1.10	1.04	1.82	1.06	1.78
青岛市	6.86	1.20	1.16	1.65	0.90	1.95
淄博市	7.30	1.35	1.36	1.57	1.25	1.78
枣庄市	8.46	1.29	1.48	2.11	1.70	1.88
东营市	6.96	1.13	1.25	1.23	1.26	2.09
烟台市	7.36	1.23	1.11	2.12	1.22	1.68
潍坊市	7.37	1.08	1.59	1.77	1.38	1.56

续表

城市	高效能城市治理指数	公共安全支出占一般公共预算收入比重指数	教育支出占一般公共预算收入比重指数	社会保障和就业支出占一般公共预算收入比重指数	医疗卫生和计划生育支出占一般公共预算收入比重指数	一般公共服务支出占一般公共预算收入比重指数
济宁市	7.85	1.19	1.49	1.70	1.68	1.79
泰安市	7.54	1.00	1.32	2.06	1.70	1.46
威海市	7.16	1.04	1.61	1.60	1.29	1.62
日照市	7.82	1.18	1.39	1.94	1.62	1.70
临沂市	8.22	1.12	1.60	2.00	1.95	1.55
德州市	7.74	1.29	1.20	2.07	1.63	1.55
聊城市	7.91	1.13	1.34	1.79	1.78	1.87
滨州市	7.25	1.04	1.09	2.03	1.54	1.55
菏泽市	7.83	0.78	1.24	2.47	1.97	1.37

（6）高水平城乡融合方面，德州市、潍坊市、聊城市、东营市、威海市、菏泽市、枣庄市城乡融合指数超过8，滨州市、青岛市、淄博市、烟台市、济宁市、泰安市、日照市、临沂市城乡融合指数为6~8，济南市城乡融合指数最低，为4.86（表6-9）。

表6-9　2019年山东省16市高水平城乡融合指数一览表

城市	高水平城乡融合指数	城乡居民收入差异度指数	城乡居民人均消费性支出之比指数	城乡基础设施差异度指数	城乡建设资金投入差异度指数
济南市	4.86	1.12	1.10	2.32	0.31
青岛市	6.36	1.24	1.27	2.68	1.17
淄博市	6.46	1.32	1.50	2.27	1.37
枣庄市	8.00	1.48	1.66	2.33	2.54
东营市	8.58	1.12	1.40	2.85	3.22
烟台市	7.13	1.33	1.45	2.51	1.84
潍坊市	9.21	1.47	1.52	2.86	3.36
济宁市	7.35	1.43	1.54	1.83	2.56

续表

城市	高水平城乡融合指数	城乡居民收入差异度指数	城乡居民人均消费性支出之比指数	城乡基础设施差异度指数	城乡建设资金投入差异度指数
泰安市	6.76	1.48	1.60	2.14	1.54
威海市	8.57	1.36	1.30	2.83	3.08
日照市	7.16	1.45	1.26	1.94	2.50
临沂市	7.10	1.19	1.55	1.96	2.41
德州市	9.90	1.68	2.19	1.93	4.09
聊城市	8.91	1.52	1.89	2.12	3.39
滨州市	7.81	1.40	1.47	2.09	2.84
菏泽市	8.30	1.50	1.86	1.82	3.12

四、全省城镇化高质量发展的时空分异

为了更加直观地展示各地区城镇化高质量发展的空间分异，利用李克特五级量表，以城镇化高质量发展指数10分为一个分类节点，运用Arcgis10.2绘制2010年、2015年、2019年山东省各市城镇化高质量发展水平的空间分布图，将山东省16个市城镇化高质量发展水平由低到高划分为五个类型：

（1）较低水平地区（指数得分30.1~40）；

（2）中低水平地区（指数得分40.1~50）；

（3）中等水平地区（指数得分50.1~60）；

（4）中高水平地区（指数得分60.1~80）；

（5）较高水平地区（指数得分>80.1）。

1. 2010年：中低水平上的二等分异

2010年，山东省城镇化高质量发展水平表现为中低水平上的二等分异格局（图6-9）。山东省16个市城镇化高质量发展水平分化为两大阵营，原山东半岛城市群的济南市以东8市为中等水平地区，剩余以鲁西、鲁南为主的8市为较低水平地区。济南市以东8市是山东省城镇化高质量发展

空间分异的基础性空间，未来城镇化高质量发展空间分异将在此基础上持续推进。

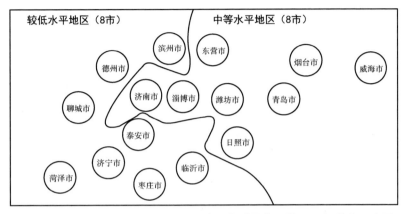

图 6-9　2010 年山东省 16 市新型城镇化高质量发展情况区间分布示意图

2. 2015 年：形成由沿海向内陆质量递减的三个梯度

2015 年，青岛市、威海市迈向中高水平发展区，成为山东省高质量发展的突变性区域，构成了引领山东省城镇化高质量发展的第一梯队。鲁南地区的济宁、临沂摆脱较低水平的羁绊，跨进中等发展水平地区，实现了山东省城镇化高质量发展的格局重构。至此，山东省城镇化高质量发展形成了中高、中等、较低水平的三个梯度，并大致上呈现自东向西、由沿海向内陆质量递减规律（图 6-10）。

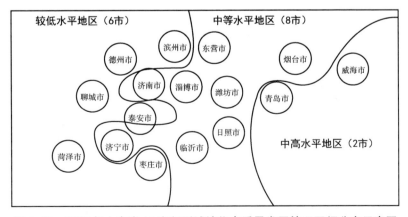

图 6-10　2015 年山东省 16 市新型城镇化高质量发展情况区间分布示意图

3. 2019年：济南、青岛"双核心"形成

2019年，山东省城镇化高质量发展区域在原有梯级分布基础上，逐步形成了以济南市、青岛市为核心的高质量发展区域。济南市周边，德州市、泰安市、滨州市新晋为中等发展地区；青岛市周边，高质量向稳向好发展态势明显，潍坊市、威海市处于中高发展区间，日照市、烟台市处于中等发展区间，成为山东省相邻城市中首个告别较低发展水平的设区市。鲁南四市中，济宁市城镇化发展质量出现波动，临沂市是唯一一个中等城镇化质量发展区。总体而言，城镇化高质量发展水平的空间分布，与山东省委、省政府确定的济南、胶东、鲁南经济圈发展战略，在空间上得到了验证，与山东省同时代区域发展格局基本相符（图6-11）。

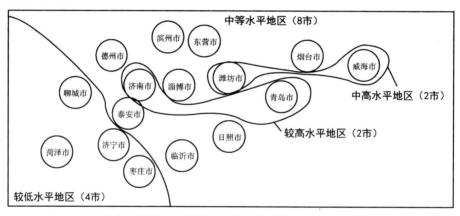

图6-11　2019年山东省16市新型城镇化高质量发展情况区间分布示意图

4. 山东省城镇化高质量发展的时空分异规律

时间上，从2010—2019年的10年变化来看，山东省城镇化高质量发展呈现由较低水平向中高水平演进。随着时间推演，除个别地区出现小幅波动，总体上较低水平地区由初始8市逐步减为4市，较高地区从无到有，逐步增至4市，形成了当前"四高、四低、八中等"的区域分布，中等及以上区域成为主要空间，城镇化高质量发展成效明显，向更高层级演进基础较好（图6-12）。总体判断，"十四五"时期是山东省城镇化高质量发展向更高层级演进的关键阶段，是实现突破"较高水平地区"和消灭"较低水平地区"的窗口期。

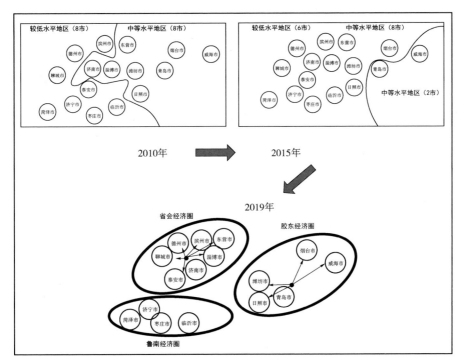

图 6-12　2010—2019 年山东省新型城镇化高质量发展时空分异图

空间上，现阶段山东省新型城镇化高质量发展水平呈现"沿海高、内陆低、双核心"的空间布局。滨州市、东营市、潍坊市、烟台市、威海市、青岛市、日照市等沿海 7 市已不存在较低发展水平，全部发展成中等及以上水平；其他非沿海城市也出现新的演化动向，济南市周边成为中等发展质量的主要集中区；以济南市为核心的省会经济圈、以青岛市为核心的胶东经济圈城镇化发展质量达到了历史高位，推动山东省城镇化高质量发展具备了更广阔的空间支撑。顺应空间分异变化，山东省城镇化高质量发展需要采取差异化发展策略，围绕济南市、青岛市快速打造城镇化高质量发展增长极，构建形成引领带动全省城镇化高质量快速提升的主体空间，积极补足鲁南、鲁西地区城镇化质量低位徘徊的短板，最大限度释放全省城镇化高质量发展的空间潜力。

第七章 "十四五" 时期山东省城镇化发展形势分析

人类有能力促进可持续发展,确保在满足当代人需求的同时,又不以损害后代人需求能力满足为前提。

——United Nations: Our Commen Future: Report of the World Commission on Environment and Development, 1987.

"十四五"时期是山东省发展进程中极为重要的时期。在完成全面建成小康社会的历史任务后,我国开启了全面建设社会主义现代化国家新征程,向实现中华民族伟大复兴的目标迈进。在这个重要的历史节点,世界正经历百年未有之大变局。大变局之"变",既包括生产力层面的新一轮科技革命和产业变革,成为影响全球变局和大国兴衰的重要变量;也包括生产关系层面的全面深化改革,它正在重塑全球产业分工格局和治理体系。

一、黄河流域生态保护和高质量发展上升至国家战略

(一) 谋定国家战略新方位

习近平总书记十分关心重视山东省的发展,2008年以来三次考察山东省,多次作出重要指示批示,提出了"走在前列、全面开创"的总要求总定位,为山东发展提供了根本遵循。

黄河流域生态保护和高质量发展上升为重大国家战略,进一步完善我国区域发展布局和顶层设计,对沿黄河流域各省区转型发展提出了新要求(图7-1)。2020年1月3日,习近平总书记主持召开中央财经委员会第六次会议提出,要发挥山东半岛城市群龙头作用,推动沿黄河流域中心城市及城市群高质量发展。这既是山东省必须坚决扛起的重大政治责任,也是山东省加强生态保护和高质量发展的重大历史机遇,对山东省加快建设新时代现代化强省具有深远意义。

黄河流域生态保护和高质量发展战略为山东省发展提供了重大历史机遇。2019年11月,山东省委书记刘家义在《求是》杂志发表署名文章《地处黄河下游 工作力争上游》,要求全省扛起主体责任,主动担当作为,努力"让黄河成为造福人民的幸福河",在黄河流域崛起的伟大事业中贡献山东省力量。2020年,山东省省政府工作报告指出,扬起黄河流域

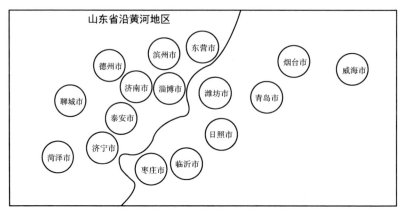

图 7-1　山东省沿黄河流域市区范围示意图

生态保护和高质量发展龙头，抓住重大历史机遇，扛牢重大责任使命，高水平编制规划实施方案，统筹谋划、协同推进一批重大事项。同年 4 月，山东省委书记刘家义主持召开黄河流域生态保护和高质量发展专题会议时强调，要自觉服从和融入国家战略，突出山东省特色和优势，因地制宜、分类施策；要坚持立足山东、跳出山东，在国家战略中找准山东定位，以山东省高质量发展推动国家战略落实落地；5 月 18 日，省委书记刘家义主持召开黄河流域生态保护和高质量发展第二次专题会议指出，要深度融入国家战略，把黄河流域生态保护和高质量发展同融入"一带一路"建设、京津冀协同发展、雄安新区建设等统筹谋划、一体推进。2020 年 5 月 22 日，济南市召开贯彻落实习总书记关于黄河流域生态保护和高质量发展重要讲话精神座谈会，会议指出要充分认识济南市在实施黄河流域生态保护和高质量发展战略中的地位作用，主动融入、主动引领黄河流域生态保护和高质量发展，咬定"大强美富通"现代化国际大都市目标不动摇，为山东省新旧动能转换趟出路子、为山东半岛城市群建设当好引领、为黄河流域生态保护和高质量发展做出示范。

山东半岛城市群在黄河流域中的龙头地位，是影响山东省新型城镇化实现高质量发展的战略遵循，也为下一步统筹谋划山东省工作确定了新方位。

（二）融入和服务新发展格局

党的十九届五中全会提出，积极构建以国内大循环为主体、国内国际双循环相互促进的新发展格局。山东省委十一届十二次全体会议提出，积极融入以国内大循环为主体、国内国际双循环相互促进的新发展格局，着力提升济南市、青岛市双核心战略能级，加快"11个"强省建设，力争在综合实力、发展质效、治理效能等7个方面走到全国前列（专栏7-1）。

专栏7-1

山东省经济社会发展远景目标与"十四五"时期主要目标

1. 2035年基本建成新时代现代化强省的远景目标

经济实力、科技实力、综合竞争力大幅跃升，人均生产总值达到中等发达经济体水平，建成高水平创新型省份和科教强省、人才强省；基本实现新型工业化、信息化、城镇化、农业现代化，率先形成现代产业体系，建成先进制造业强省、新能源新材料强省、数字强省；基本实现治理体系和治理能力现代化，平安山东建设达到更高水平，基本建成法治山东、法治政府、法治社会；文化软实力全面增强，国民素质和社会文明程度达到新高度，成为世界文明交流互鉴高地，建成文化强省、健康强省、体育强省；绿色生产生活方式广泛形成，碳排放达峰后稳中有降，生态环境根本好转，人与自然和谐共生的美丽山东建设目标基本实现；建成改革开放新高地，市场化法治化国际化营商环境全面塑成，参与国际经济合作和竞争新优势明显增强；城乡融合、陆海联动发展水平显著提高，乡村振兴齐鲁样板全面形成，建成现代农业强省、海洋强省、交通强省；城乡居民人均收入迈上新的大台阶，城乡区域发展差距和居民生活水平差距显著缩小，基本公共服务实现均等化；人民生活更加美好，人的全面发展、人民共同富裕取得更为明显的实质性进展，充分展示现代化建设丰硕成果。

2. "十四五"时期经济社会发展主要目标

主要领域现代化进程走在全国前列,新时代现代化强省建设取得突破性进展。**综合实力走在前列**,山东省生产总值迈上新台阶,山东半岛城市群在黄河流域生态保护和高质量发展中的龙头作用凸显,成为国内大循环的战略节点、国内国际双循环的战略枢纽,成为国家新的经济增长极;发展质效走在前列,新技术、新产业、新业态、新模式"四新"经济占比大幅提升,新动能成为引领经济发展主引擎,现代产业体系初步形成,产业链产品链迈向中高端;**科技创新走在前列**,自主创新体系更加完善,科技战略支撑和引领作用持续增强,高水平创新型省份基本建成;**改革开放走在前列**,重点领域关键环节改革取得更大突破,市场化法治化国际化营商环境持续优化,更高水平开放型经济新体制基本形成;**生态建设走在前列**,生产生活方式绿色转型成效显著,主要污染物排放总量大幅减少,生态系统稳定性明显增强,生态环境持续改善;**治理效能走在前列**,平安山东、法治山东、诚信山东建设深入推进,防范化解重大风险体制机制不断健全,治理体系和治理能力现代化水平持续提升;**民生改善走在前列**,实现更加充分更高质量就业,居民收入增长和经济增长基本同步,基本公共服务均等化水平大幅提高,人民生活品质明显改善。重点在**科教强省、文化强省、健康强省、现代农业强省、先进制造业强省、海洋强省、数字强省、新能源新材料强省、交通强省**建设上实现重大突破。

资料来源:《中共山东省委关于制定山东省国民经济和社会发展第十四个五年规划和2035年远景目标的建议》

放眼全球,GDP排名前十大的城市有四个位于东亚地区,即东京市、首尔市、上海市和北京市。山东省是距离这四大城市最近的区域。随着朝鲜半岛局势走向稳定、逐步开放,平壤市这座大城市距离山东半岛也不算远。2019 年,山东省外贸进出口总值实现 2.04 万亿元人民币,首次突破 2 万亿元,占全国的 6.5%,居全国第 6 位。东盟与欧盟取代日、韩,成为山东省最大的贸易伙伴。2020 年上半年,青岛市港超越韩国釜山港成为东北亚吞吐量第一大港口。随着山东省经济越来越深地嵌入全球经贸格局,外资涌入与鲁资外投并举,山东省的头部城市应当在全球城市体系中谋划并占据一席之地。2020 年 11 月 15 日,第四次区域全面经济伙伴关系协定(RCEP)正式签署,覆盖 22 亿人、15 个成员国、区域贸易额达 10.4 万亿美元的全球规模最大的自由贸易体即将正式形成,人员、货物、投资和企业经营的自由范围进一步扩大。

为此,要将济南市、青岛市两大中心城市打造成为错位互补发展的双引擎。进一步强化济南市对周边地区的辐射带动作用,利用其连通京沪、济青两大交通大动脉的优势,打造具有国际竞争力和区域带动力的现代产业集群和经济共同体。充分发挥青岛市在海洋产业集聚程度、海洋科技创新能力、海事专业服务能力方面的独到优势,提升开放创新能力,支持其朝向全球海洋中心城市稳步迈进。要全面对接黄河流域生态保护和高质量发展战略,发挥山东半岛城市群龙头作用,做好全方位的排头兵。要以三大自贸片区为载体,打造我国对外开放的新高地、对日韩开放合作的"桥头堡",推动国际化科技合作与成果转移转化,开拓山东省服务贸易、投资贸易新蓝海。

(三)积极利用战略机遇和战略空间

黄河流域生态保护和高质量发展上升至国家战略对山东省新型城镇化实现高质量发展提供了重要的战略机遇和战略空间。山东省及沿黄河流域 9 市(表 7-1),将抢抓此轮战略机遇,加速推进生态保护和高质量发展,进一步深化与沿黄河流域省份交流合作,探索建立区域协作机制,构建便捷的出海大通道,成为黄河流域对外开放的桥头堡和高质量发展的排头兵。

表 7-1 2019 年山东省沿黄河流域行政区划概况统计表

沿黄河流域城市	总面积/km²	2019年末常住人口/万人	所辖市、县、区 沿黄河流域	所辖市、县、区 非沿黄河流域
济南市	7 998	890.87	平阴县、长清区、槐荫区、天桥区、历城区、章丘区、济阳区	历下区、市中区、莱芜区、钢城区、商河县
淄博市	5 965	469.68	高青县	淄川区、张店区、博山区、临淄区、周村区、桓台县、沂源县
东营市	8 357	217.97	东营区、河口区、垦利区、利津县	广饶县
济宁市	11 311	835.6	梁山县	任城区、曲阜市、兖州区、邹城市、微山县、鱼台县、嘉祥县、泗水县、金乡县、汶上县
德州市	10 327	563.5	齐河县	德城区、乐陵市、禹城市、陵城区、宁津县、庆云县、临邑县、平原县、夏津县、武城县
泰安市	7 762	574.85	东平县	岱岳区、泰山区、新泰市、肥城市、宁阳县
聊城市	8 717	609.83	东阿县、阳谷县	东昌府区、临清市、冠县、高唐县、茌平县、莘县
滨州市	9 600	392.3	滨城区、惠民县、博兴县、邹平市	阳信县、无棣县、沾化区
菏泽市	12 255	878.17	牡丹区、东明县、鄄城县、郓城县	成武县、巨野县、定陶区、曹县、单县
合计	82 292	5 432.77	数量：25 个	数量：50 个

二、作为城镇化主体形态的城市群持续发展壮大

2017年,山东省制定《山东半岛城市群规划》,将城市群区域范围拓展至全省,形成了城市群与行政区范围一致的独特空间形态。新一轮产业技术革命和经济全球化背景下,受到区域一体化、交通高速化、信息互联化的共同影响,山东半岛城市群发展呈现出新的特征。

(一) 城市群辐射范围加速扩张

伴随现代交通、信息互联、互通的极大便利化,城市群内部空间联系成本和交易成本大幅降低,"扩散"和"集聚"效应更加明显。"1小时生活圈"的辐射半径,高速公路时代为100 km,辐射面积3.14万 km^2;动车时代为200 km,辐射面积12.56万 km^2;高铁时代进一步达到300 km,辐射面积28.26万 km^2,呈指数级增长。高铁带来的"同城化"效应,使得人们的时空观念、通勤方式发生改变,城市空间拓展更加迅速,并催生新的城市群空间结构。长三角城市群由最初上海经济区的10个城市,到如今涵盖"三省一市"26个城市,交通基础设施在其中发挥了重要作用。

(二) 内部协作关系日益紧密

城市群内部是否形成合理的区域分工体系,是衡量城市群发育成熟程度的核心指标。纽约、伦敦、东京等城市群内各城市,根据自身基础而承担不同的职能,在分工协作、优势互补的基础上发挥集聚优势,形成整体的区域竞争力。尤其是在大数据、云计算、平台、移动互联等技术的影响下,资源要素可以在更大范围内实现优化整合,城市群内部的依存度越来越高,产业分工与协作关系日益紧密。合作层次由低级向高级不断递进,合作领域由单一方面向经济、社会、行政资源全方位拓展,合作关系由低频松散向紧密频繁演进,形成横向错位发展、纵向分工协作的发展格局。

(三) 中心城市地位日趋重要

中心城市是城市群的核心和枢纽，发挥着协调、控制和引领作用，辐射带动周边城市发展。世界城市群发展经验表明，城市群通常有一个或两个中心城市，而且中心城市经济总量占城市群的50%以上，如东京担负着全日本行政和金融中心功能的70%。在城市群形成初期，中心城市以集聚效应为主；当能量聚集到一定程度后，扩散效应将占据主导地位，并通过人才、投资、信息、技术等的流动实现效益外溢。中心城市扩散效应的形成与发挥，将成为城市群发展壮大、迈向世界级城市群的关键。

济南市、青岛市为山东半岛城市群确定的"双核"城市，在"十四五"时期，将承担更多中心城市功能。按照山东省委、省政府总体安排，济南市将争创国际中心城市，创建辐射淄博市、泰安市、德州市、聊城市、滨州市、东营市的省会都市圈中心城市，引领黄河流域加速崛起；青岛市将建设全球海洋中心城市，引领胶东半岛经济圈极化发展，承担更多对外开放职能。

(四) 都市圈培育发展加速推进

目前，山东省委、省政府提出加速建设省会经济圈、胶东经济圈、鲁南经济圈，构建形成"一群两心三圈"的城镇发展格局。"十四五"时期，都市圈成为联系中心城市与城市群之间的重要空间单元。省会都市圈、青岛市都市圈被国家发展和改革委员会列入培育发展型都市圈，都市圈发展进入快速发展期。未来五年，都市圈辐射范围内的行政区划调整将快于一般地区，以更好承接中心城市产业转移、设施带动与功能扩散。

(五) 综合立体交通体系加快构建

随着经济社会发展和人均收入水平进一步提升，时间成本越来越高，人民对更高更快的交通设施需求将更加旺盛，城际公交化、航空运输大众化将成为交通趋势。铁路客运运距逐年降低，出行距离由长距离向中距离转变，出行目的也日益商务化，城市群、都市圈联系将更加紧密，枢纽功能将更加复合化。

为此，要依托国家综合运输通道，大力强化济南市、青岛市与国内外重要城市的快速联系，构建连通内外、高效便捷的高铁和航空网络，提升山东省对外互联、互通水平。以轨道交通为骨干，公路为基础，水运、民航为支撑，以济南市、青岛市为中心，烟台市、临沂市、潍坊市、菏泽市等为节点，打造轨道上的山东半岛城市群和济青都市圈。积极推动重大交通枢纽与城市融合发展，充分发挥高铁、航空、港口、轨道站点对社会经济发展的带动和引导作用，科学有序发展枢纽经济，打造现代流通新业态、新模式。

三、经济高质量发展对区域要素重组提出新要求

进入新发展阶段，经济发展最重要的特征就是转向高质量发展阶段。转向高质量发展阶段关键是"转"，这既是发展阶段的转换，更是发展方式和发展特征的转变。

（一）从"数量追赶"转向"质量追赶"

改革开放以来，山东省从短缺经济起步，经过40多年的高速增长和生产能力的迅猛扩张，"数量缺口"基本填满。经济总量连续跨越几个大的标志性台阶，40年实现百倍增长。1988年GDP迈上千亿元台阶，2002年首次突破1万亿元大关，2006年达到2万亿元之后，经济总量攀升速度明显加快，2017年达到72 678.2亿元，是1978年的322倍，经济总量占全国的比重由1978年的6.2%提高到2017年8.8%。人均GDP达到世界中高收入国家水平。1978年全省人均GDP为188美元，处于世界低收入国家平均水平起步阶段；1999年达到1 025美元，提前实现到20世纪末人均GDP达到1 000美元的目标，跃升至世界中下等收入国家的平均水平；

2008年达到4 742美元，跃升至世界中等收入国家的平均水平；2015年人均GDP突破1万美元，达到世界中高收入国家人均水平；2017年达到10 790美元，是1978年的57.4倍。而随着居民收入水平提高和中等收入群体扩大，消费结构加快向高端化、服务化、多样化、个性化方向升级，居民对产品质量、品质、品牌的要求日益提高，"质量缺口"仍然较大，"好不好"的矛盾更趋突出。如果说填补"数量缺口"是高速增长阶段经济增长的动力源泉，主要任务是实现"数量追赶"，那么，进入高质量发展阶段，填补"质量缺口"将成为经济发展的动力所在，主要任务是要实现"质量追赶"，以显著增强全省经济发展的质量优势为主攻方向。

推动高质量发展，核心任务之一是要提高全要素生产率。在经济增速放缓和要素成本提高的背景下，只有提高全要素生产率，才能对冲劳动力成本上升，投资的边际产出才能稳定增长，企业才能提高盈利水平，积累的风险才能有效释放，资源环境压力才能逐步减缓。提高全要素生产率，实现向高效增长的跃升，是转向高质量发展的主旋律（王一鸣，2020）。

如果山东省到2035年基本实现现代化时，全要素生产率达到韩国的水平，也就是达到美国的60%左右，就要以比美国更快的速度提高全要素生产率。若将美国2015—2035年全要素生产率年均增速分别设定为0.76%（美国2000—2014年全要素生产率年均增速为0.76%）和1%（若剔除2008年和2009年美国金融危机时全要素生产率增速为负和为零的数据，美国2000—2014年全要素生产率年均增速为0.93%），那么，2015—2035年山东省全要素生产率年均增速要分别达到2.5%和2.7%，才能在2035年达到美国60%左右的水平（张文魁，2018）。

受新旧动能转换"空窗期"影响，山东省全要素生产率尤其是第二产业全要素生产率增速明显放缓，近年来增速虽有所回升，但仍不足2%（高睿璇，等，2019）。从经济增长的趋势看，随着人口总量增速放缓和老龄化加剧，劳动力数量对经济增长的贡献将逐步减弱并逐步转为负的贡献。人口年龄结构和消费行为变化、传统制造业进入平台期、房地产需求趋于饱和、大型基础设施投资空间收窄等，资本形成对经济增长的贡献将不断下降。技术逐步接近国际前沿和资源再配置空间收窄等因素,将导致技术进步和效率提升速度放慢,但下降幅度低于其他要素,对经济增长的贡献仍将不断提升。根据国务院研究中心测算,"十四五"时期我国国内生产总值年均增速将下降至 5.5% 左右。如果 2021—2035 年全要素生产率年均增速要达到 2.5% 或 2.7%,则意味着"十四五"时期全要素生产率对经济增长贡献要达到 45%~50%。从以往的经验看,这并非易事。这也表明,提高全要素生产率必须打一场硬仗。城镇化实现高质量发展将有利于各类要素在更合理的范围内配置,释放全要素生产率的潜力。

(二)从"规模扩张"转向"结构升级"

在高速增长阶段,经济发展主要依靠生产能力的规模扩张,而随着石化、钢铁、煤炭、纺织等传统产能陆续达到市场需求峰值,传统产业大规模扩张的阶段已基本结束。根据国务院发展研究中心课题组测算,传统纺织和食品行业已达峰值,增速和占比将持续下降,中长期会保持稳定;钢铁、煤炭等行业的比重在 2015 年(11 000 国际元)左右就已达到峰值,其中钢铁达峰时间差不多和高速增长阶段结束的时间基本重合;化工、机械达峰时间约在 2020 年(15 000~20 000 国际元),之后增速和所占比例也将不断下降。再像过去那样搞大规模产能扩张的路子越来越走不下去了,发展模式必须从"铺摊子"为主转向"上台阶"为主,着力提升产业价值链和产品附加值,推动产业由加工制造向研发、设计、标准、品牌、供应链管理等高附加值区段转移,迈向全球价值链中高端。"上台阶"不仅要从生产低技术含量、低附加值产品转向生产高技术含量和先进智能产品,满足市场对产品品质和质量的需求,更重要的是要实现生产要素从产能过剩领域向有市场需求的领域转移,从低效区域向高效区域转移,进而提高资源配置效率。

从产业结构变动趋势看,2019 年山东省第一、第二、第三产业增加值比例为 7.2∶39.8∶53.0,同全国产业结构类似。预计"十四五"时期,山东省农业比重将继续下降,工业、服务业比重持续上升。应该看到,过去一个时期服务业所占比例的迅速提高，在相当程度上是房地产和金融业快速膨胀的结果，"十四五"时期制造业所占比例过快下降的态势将得到扭转，服务业扩张速度会有所放缓。从产业内部结构看，传统制造业在陆续达到峰值后所占比例将持续下降，高技术制造业和战略性新兴产业所占比例将持续提升，大数据、物联网、人工智能的广泛应用，互联网支撑的水平分工和跨产业链融合继续深化，要素精细化配置和产业数字化、智能化转型加快，移动支付、电子商务、平台经济、工业互联网等新技术、新产业、新业态、新模式快速发展，将为提升产业链现代化水平和迈向全球价值链中高端创造条件。

"十四五"时期，产业结构变革将深刻影响城镇空间布局，开发区、产业园区等城市产业聚集区域将在更深层次上调整，以适应产业结构变化，同时为产业结构升级提供更精细化的治理服务保障。

（三）从"要素驱动"转向"创新驱动"

随着山东省劳动年龄人口逐年减少，土地、资源供需形势变化，生态环境硬约束强化，"数量红利"正在消失，依靠生产要素大规模高强度投入的"要素驱动"模式已难以为继。支撑经济发展的主要驱动力已由生产要素大规模高强度投入，转向科技创新、人力资本提升带来的"乘数效应"，这个阶段的瓶颈主要是创新能力和人力资本不足，必须把创新作为第一动力，依靠科技创新和人力资本投资，不断增强经济创新力和竞争力。

近年来，山东省创新驱动战略取得积极成效，2019年研发经费投入强度为2.2%，超过欧盟15个国家的平均水平。根据世界知识产权组织发布的《2019年全球创新指数报告》，我国创新指数世界排名已升至第14位，成为排名前20位中唯一的中等收入经济体。山东省在空天信息、载人深潜、超级计算机等战略高技术领域取得一批重大创新成果。但是，也要看到，山东省创新能力仍不适应高质量发展要求，原创技术和战略高技术供给不足，高端芯片、基础软件、工业母机、基础材料等关键核心技术受制于人的局面尚未得到根本改变。在美国对我国技术封锁持续升级的背景下，若在关键核心技术领域不能取得重大突破，将陷入更加被动的局面。"十四五"时期，要把提升原始创新能力摆在更加突出的位置，加快科技自立自强，在建设科技强国道路上迈出更加坚实的步伐。

创新是城市的本质，城市是创新的策源地。不同知识背景的人，在城市交流思想、碰撞观念、相互启发，能够为创新提供源源不断的动力。"十四五"时期，人才在更加高效的城市特别是济南市、青岛市等大城市加速聚集，将为科技创新插上腾飞的翅膀。

四、社会发展更加注重共建共治共享

（一）更加注重共同富裕

当前社会主要矛盾已经转化为人民日益增长的美好生活需要和不平衡不充分的发展之间的矛盾。高质量发展的最终目的是满足人民日益增长的美好生活需要，促进人的全面发展，实现全体人民共同富裕，这是中国特色社会主义的本质要求。高质量发展不仅要有高效率的生产体系，更要形成共享包容的分配体系，建设高品质生活。这就要求创造更为充分的就业机会，形成基本合理的收入分配结构，努力使居民收入增长快于经济增长，不断扩大中等收入群体，逐步实现教育、医疗、养老、社会保障等基本公共服务均等化。

目前，我国发展不平衡不充分问题仍然突出，城乡收入差距近年来虽有所缩小，但进一步缩小的难度加大。山东省地区发展差距2015年后再次扩大，而且呈现东、中、西分化的新特征，省会经济圈、胶东经济圈、鲁南经济圈之间差距较大，区域分化态势短期内难以缓解。2019年，"三圈"万人拥有公交车数量为16台左右，万人拥有医院床位数基本持平（胶东经济圈为49.43张、省会经济圈为48.33张、鲁南经济圈为 45.55 张），人均拥有公园绿地面积均值相差不大（省会经济圈为 18.22 m²、胶东经济圈为 19.11 m²、鲁南经济圈为 16.63 m²），人均拥有城市道路面积均值差别较小（省会经济圈为 27.38 m²、胶东经济圈为 26.80 m²、鲁南经济圈为 28.14 m²），此外，"三圈"在供水率、建成区路网密度、污水处理厂集中处理率指标相差不大。总体来看，"三圈"人均基础设施与公共服务平均水平相差不大，胶东略占优势，而青岛市、济南市市政基础设施与公共服务水平较高，具有明显优势。但是，以重点大学、三甲医院为代表的优质教育、医疗等基础设施与公共服务显著地集中于胶东、省会经济圈（表 7-2）。

表 7-2 "三圈"基础设施及公共服务水平差距

经济圈	万人拥有医院床位数/张	人均拥有公园绿地面积/m²	建成区路网密度/(km·km⁻²)	人均拥有城市道路面积均值/m²	污水处理率均值/%	供水率均值/%	每千万人拥有三甲医院数量/所	双一流高校数量/所
省会	48.33	18.22	48.25	27.38	97.71	99.52	15.60	1
胶东	49.43	19.11	40.37	26.80	97.66	99.60	14.79	3
鲁南	45.55	16.63	27.25	28.14	97.29	99.41	7.56	0

如果考虑财富的因素，收入差距会更大，而且财产收入差距对总体收入不平等的贡献在持续增加。"十四五"时期，山东省收入差距不会随经济增长自发缩小。特别是随着房地产价格大幅攀升的窗口期基本结束，住房的财富效应逐步消失，既有的财富占有格局有可能被"锁定"。同时，人工智能广泛使用，加快了机器人对中低端和程序化就业岗位的替代，也将成为拉大收入差距的重要因素。收入差距长期保持高位，将加剧社会阶层固化，并通过人力资本投资、社会资本和婚配等机制影响到后代成年后的发展，使社会分化进一步加剧。"十四五"时期，必须把促进全体人民共同富裕摆在更加重要的位置，下决心解决收入分配差距问题，扎实推动共同富裕，为到2035年"全体人民共同富裕取得更为明显的实质性进展"打下基础（《中共中央关于制定国民经济和社会发展第十四个五年规划和

2035年远景目标的建议》）。这期间，行政区划调整在缩小邻近区域之间不同群众收入差距、提高公共服务共享水平方面，将起到重要推动作用。

（二）更加注重城乡融合

随着城镇化稳步发展，山东省已经形成了一个庞大的中产阶层，他们的消费需求升级，对乡村的生态、休闲、旅游、度假、养生、养老与文化等需求与日俱增，乡村价值凸显，由此催生出有机农业、农事体验、乡愁文化、休闲旅游、民宿度假、健康养老等一批新经济业态。人口流动的版图与格局将会发生巨变，城乡中国与流动中国并行，乡村振兴齐鲁样板正是在这样的背景下得以形塑。

为此，要以推动"城镇化和乡村振兴互促共生"为总纲，以完善农村产权制度和要素市场化配置为重点，协调推进新型城镇化和乡村振兴战略，建立健全促进城乡要素自由流动、平等交换和公共资源合理配置的体制机制和政策体系。

通过县镇层级大力培育中小城市，健全主要依据城市规模配置公共资源的机制，高效补齐农村基础设施和公共服务短板，探索建立城市人才和工商资本加入农村集体经济组织的有效方式，强化现代农业发展的科技支持，为发展壮大乡村产业、巩固脱贫攻坚成果、激活乡村发展潜力提供多渠道支撑，推动形成工农互促、城乡互补、协调发展、共同繁荣的新型工农城乡关系。

（三）系统回应人口结构变动

1. 人口城乡结构

截至2019年年底，山东省城镇化率为61.51%，农村常住人口还有3 876万人。江苏省、浙江省、广东省等沿海三省的城镇化率均超过70%，山东与其差距为10%。面向未来，从国际经验对比、山东省产业就业结构看，人口进城势能仍然强劲，山东省城镇化发展的潜力空间还很大。

全省城镇化率每提高1%，意味着城镇地区增加100万人口。考虑到近年来山东省城镇化增速出现明显下降（2018年、2019年分别提升0.6%、0.33%），未来5年，全省常住人口城镇化率将达到65%左右。届时，城镇新增常住人口将达到500万人左右。

2. 人口年龄结构

按照联合国的标准，当一个国家或地区65岁及以上老人数量占总人口比例超过7%，就进入老龄化；当这一比例超过14%，就进入深度老龄化；达到20%，则进入超级老龄化。2019年，山东省老龄化率达到15.8%，居全国第三位，进入深度老龄化阶段；山东省有1594万65岁及以上的老人，老龄人口数量全国第一，相当于济南市、青岛市常住人口之和，是全国7个进入深度老龄化阶段的省份之一。

从出生人口看，2016年全面二孩政策正式实施，当年山东省出生率达到17.89‰，为1990年以来最高值，2019年显著下降至11.77‰；同期，死亡率稳步上升，自然增长率从10.84‰下降为4.27‰。依靠自然增长支撑的常住人口增长模式不可持续，山东省常住人口预计在"十四五"时期达到顶峰，在没有大规模人口流入的情况下，人口总量将逐步下降。

总体人口抚养比分为少儿抚养比和老年抚养比，反映着劳动人口上养老、下育幼的负担，比例越高劳动人口的压力越大。2019年，全省的总体抚养比为50.4%（老年抚养比为23.8%），意味着两个劳动力对应一个被抚养者，青壮年劳力压力巨大，需要优质的公共服务的支持减压。

鉴于城乡行政区域人口变动差异，城镇化高质量发展的思路在系统回应人口结构变动上，从推动城乡居民公共服务均等化、扩大城镇基础设施共享人群规模等方面，给予充分考虑。

（四）行政体制改革持续深化

近年来，行政体制改革成果集中体现在"放管服"改革上。2020年中央经济工作会议再次强调，要深化重点领域和关键环节改革，推进"放管服"改革，不断优化营商环境。"放管服"改革是党的十八大以来全面深化改革的重要举措之一，是一场推动政府职能转变，推动权力下放、监管改革和服务优化，重塑政府与市场、政府与社会、中央和地方诸多关系的深刻变革。适应新发展阶段、贯彻新发展理念、构建新发展格局，需要坚持系统观念推进"放管服"改革，遵循系统运行逻辑，注重统筹、协同、创新等系统要素，推动有效市场和有为政府更好结合，更好地优化营商环境，全面推动高质量发展，为推动国家治理体系和治理能力现代化、构建高水平社会主义市场经济体制提供强力支撑。下一步，行政体制改革将持续在三个方面发力。

（1）坚持融合统筹推进。"放管服"改革走到今天，已经取得了明显成效。政府从治理理念、制度变革到服务效能都发生了深刻变化，市场、企业、群众获得感均得到了较大优化和提升。但是，也要清醒地看到，"放管服"改革已进入深水区，不敢放、不会放，管不顺、管不准，服不均、服不实的问题需要下气力解决。坚持系统观念推进"放管服"改革，首要是从顶层设计的角度融合推进"放管服"改革，突出改革的整体性。具体而言，要科学界定政府及其部门间的职权范围，整合部门行政资源，为企业和群众提供整体性监管和服务，着重处理好"五大关系"，即统筹好整体政策与具体政策、政策顶层设计与政策分层对接、系统政策链条与单一政策、政策统一性与政策差异性、长期性政策与阶段性政策的关系。

（2）坚持一体协同推进。坚持系统观念推进"放管服"改革，必须遵循"放管服"改革的运行逻辑，实现一体协同推进。一方面，要坚持简政放权、放管结合和优化服务"三位一体"，放是前提、服是宗旨、管是目的，三者统一于转变政府职能这个大的改革过程之中；另一方面，简政放权、放管结合和优化服务三个方面必须协同推进，相互匹配、相互支撑，从而在三者协同中真正产生化学反应和聚变效应。

（3）坚持开放创新推进。"放管服"改革本身就是一个开放命题，也是一项创新工程。近年来，"放管服"改革的主要成果体现在政府主动向社会、向市场开放、进行体制机制创新等方面。但是，从实际效果看，"放管服"改革的开放创新程度与构建高水平社会主义市场经济体制的要求和企业、社会的期待之间还存在较大差距。坚持系统观念推进"放管服"改革,必须以更加开放的姿态,发挥市场、社会、企业、新技术等方面的积极性,加快体制机制创新,不断推出改革的"升级版"。主要是加快社会信用体系建设,运用区块链、大数据、人工智能等新技术手段提升智慧监管和服务水平;尊重市场主体,完善常态化政企沟通机制,制定与市场主体生产经营密切相关的政策;鼓励行业协会、商会参与推动行业企业自律,维护行业企业合法权益,促进行业协会、商会依法自主运行、有序竞争、优化发展;坚持包容审慎监管原则,既鼓励创新,又积极研究并开展有效监管,切实保障安全,引导新产业新业态规范健康发展。

(五) 齐鲁文脉延续

全面建设社会主义现代化国家新征程,也是中华文化全面复兴的新征程。得天独厚的自然禀赋、联结南北的区位之便和厚重大气的人文历史,使山东成为中华文明的发祥地之一。齐风鲁韵,源远流长,山东省文化资源具备显著多样性特征,同时具备极大的整合和创新发展潜力。把保育齐鲁山水人文特色作为推进新型城镇化和城乡融合发展的重要方向,融入城乡规划、建设、治理的全过程,促进城乡建设与齐鲁山水人文相互涵养,是山东可以为全国提供的人文城市建设范例。

为此,要充分挖掘儒家文化、黄河文化、海洋文化、运河文化、红色文化、齐商文化、农耕文化的时代意蕴,讲好"文脉山东、红色山东、开拓山东"的文化故事。要以建设"中华文化国际体验目的地"为主要目标,打造人类文明交流互鉴高地,让世界在山东省溯源中华民族文化基因。要大力推进人文城市和人文乡村的融合,打造以人民为中心、文化氛围浓厚的栖居空间。高质量推动文化产业和公共文化服务体系建设,深化文化体制改革,形成文化服务与文化消费互促、政府企业合作的文化供给结构。大力推动文化旅游融合发展,搭建融媒体传播矩阵,集中打造"两基引领、两极六带支撑"的发展布局,以文旅资源带动城镇化绿色健康发展。

城镇化实现高质量发展,应充分结合齐鲁文脉延续要求,注重对文化资源的保护，不随意拆散，保留空间肌理，在调整的同时保持文化单元的延续性和完整性。

五、绿色低碳发展要求城镇化建设更加集约高效

（一）能源利用模式变化

改革开放后，山东省经济高速增长，同时也带来了资源、能源消耗和环境排放的迅速增加，形成巨大的环境压力。在经济建设进程中，我国确立了保护环境的基本国策，制定并实施可持续发展战略。党的十八大以来，我国把生态文明建设作为统筹推进"五位一体"总体布局的重要内容，确立绿色发展是新发展理念的五大理念之一，加快推进顶层设计和制度体系建设，推动绿色转型取得重大进展。近年来，我国能源消费结构调整加快，2019年煤炭消费量占能源消费总量的比重下降至57.7%，天然气、水电、核电、风电等清洁能源消费量占能源消费总量提高到23.4%，2019年我国单位GDP能耗较2005年下降42.6%，单位GDP二氧化碳排放下降了48.1%，提前完成了2009年我国向国际社会承诺的2020年碳排放强度比2005年下降40%~45%的目标，相当于减少二氧化碳排放约56.2亿t。

今后一个时期，山东省总体上仍处在"环境库兹涅茨曲线"拐点期，能源需求和主要常规污染排放将陆续达峰，随后进入峰值平台期，生态环境压力依然很大。山东省能源需求峰值预期在2030—2040年出现，但化石能源消耗有望在2030年左右达峰。从能源结构看，煤炭消费仍将长期扮演主要能源供应品种的角色，预期到2030年煤炭在一次能源消费总量中占比仍将在50%以上。大气环境质量总体已进入改善阶段，城市空气PM 2.5年均浓度将持续下降，但臭氧可能会成为新的污染物。水环境质量总体改善，但主要流域、湖泊、地下水、海洋等水环境质量改善进程仍有差异。

相对于大气和水环境，实现土壤环境质量改善的难度较大。我国已向世界作出"二氧化碳排放力争于2030年前达到峰值，努力争取2060年前实现碳中和"的承诺。考虑到单位GDP的能耗仍为世界平均水平的1.5倍、发达国家的2~3倍，单位能源的二氧化碳排放强度比世界平均水平高约30%，实现二氧化碳排放2030年前达峰、2060年前实现碳中和的目标任务十分艰巨。

在全球期待绿色经济复苏的大背景下，全社会比以往任何时期都更加期待更健康、更安全、更宜居、更可持续发展的城市空间。中国向全世界承诺要坚持走绿色转型之路，努力争取2060年前实现碳中和，绿色低碳无疑将成为下一阶段新型城镇化发展最重要的考核指标之一。2020年，黄河流域生态保护和高质量发展上升为重大国家战略。黄河流经山东省9市25县（市区）并于东营市垦利区注入渤海，省域境内河道全长占黄河总长度12%，常住人口占沿黄九省（区）的24%，经济总量占32%，山东省在黄河战略中的地位十分重要，也意味着更高标准的生态保护和环境质量要求。现阶段，山东省重型化工业仍占据主体地位，资源型产业比重偏高，二氧化硫、氮碳氧化物等排放量居全国前列，火电、钢铁、化工等行业污染排放量较大，依赖于能源矿产资源消耗的粗放型经济增长方式尚未得到根本性转变。同时，山东省土地资源总量较小但利用仍较粗放、水资源极度匮乏等重要资源环境承载力不足的问题仍将长期存在，成为制约城市可持续发展的重要约束。

"十四五"时期，通过城镇化高质量发展，促进能源节约集约利用，加大绿色转型的攻坚力度，进一步降低能源强度以及主要污染物和碳排放强度，巩固主要污染物排放和经济增长脱钩的态势，促进经济社会发展全面绿色转型，形成人与自然和谐发展的现代化建设新格局。

（二）产业发展模式变化

当前，世界经济正处于百年未有之大变局，全球产业正进入新一轮科技革命浪潮，工业互联网、大数据、云计算、数字化等新一代信息技术正加速融入制造业领域并推动全球产业链、供应链重塑。山东省工业门类齐全，是全国唯一拥有全部41个工业大类的省份，拥有全球灯塔工厂海尔集团有限公司，拥有海尔卡奥斯股份有限公司、浪潮集团有限公司等工业互联网与信息技术企业，拥有潍柴动力股份有限公司、中国中车集团有限公司、中国重型汽车集团有限公司等一大批国之重器企业，具备将工业互联网等新一代信息技术融入工业领域发展的良好基础。山东省应发挥产业优势，在全球产业链、供应链重构过程中争取更多话语权。

为此，"十四五"时期以及面向2035年，山东省应在建设新旧动能转换综合试验区的国家政策支持下，抢抓制造强国、科技强国、数字中国等国家战略机遇，发挥济南市、青岛市、烟台市动能转换的核心引领作用，支持三市建设充满活力的国家创新城市，拓展高效发展空间。

参考文献

[1] 王一鸣. 百年大变局、高质量发展与构建新发展格局 [J]. 管理世界, 2020, 36 (12): 1-13.

[2] 张文魁. 高质量发展与生产率重振. 新经济导刊 [J]. 2018 (8): 75-81.

[3] 高睿璇, 刘刚, 毛美玲. 高质量发展背景下山东省全要素生产率的研究——理论机理和实证检验 [J]. 华东经济管理, 2019 (5): 20-25.

第八章 新阶段山东省城镇化高质量发展思路与对策

> 20世纪快速城市化过程中,通过世界不同部分的比较,使我深信,尽管城市化存在很多共性,但可以肯定不会只有一种,而是有多种路径,各自的成因及相应后果不同。
>
> ——[美]布莱恩·贝利:《比较城市化:20世纪的不同道路》,商务印书馆,2014年。

第八章　新阶段山东省城镇化高质量发展思路与对策

根据前面山东全省和省内各区域城镇化高质量发展实证分析的结果，结合城镇化发展过程中山东省的共性以及各市的特性，本章提出将主导模式和区域差异化模式有机结合，强调优化各影响因素作用、增强各市互补与互动的山东省城镇化高质量发展模式。

一、山东省城镇化实现高质量发展的总体思路

山东省城镇化高质量发展的主导模式是在现行成功模式的基础上进行总结，有效地利用山东省现存的城镇化建设结果，充分吸收现有模式的成熟经验，能够充分发挥政府集中指挥协调、市场合理配置资源的作用，具有现实可行性。区域差异化模式充分考虑了山东省内各地区的地理位置、人口特点、经济基础和人文环境等现实条件，使山东省内各市结合自身实际情况制定差异化的发展规划，经营具有差异性的产业，从而进行差异性的城镇功能定位以充分发挥各地区优势特色。

（一）战略路径安排：政府引导与市场主导相结合

城镇化高质量发展的主导模式可以对山东省的城镇化发展路径进行统筹规划。政府行为影响因素和市场要素影响因素在城镇化高质量发展中起到了基础性的作用，因此山东省应当致力于优化协调政府与市场的作用，进而加强各市间的联系以提升山东省整体的城镇化发展质量。在此基础上提出山东省城镇化高质量发展的主导模式为政府有为引导和市场有效主导相结合的发展模式。

1. 政府有为引导

地方政府对于城镇化的带动作用应当由主导向引导进行转变。政府有为引导模式的关键就在于推进体制机制创新，优化政府在城镇化发展中的作用，加强引导以解决城镇化进程中存在的主要问题，进而提升山东省的城镇化发展质量。基于山东省城镇化推进过程中出现的问题，山东省内各

级政府应当有所作为，发挥主观能动性，充分协调各部门以形成合力，通过制度和政策创新对城镇化发展的多个维度进行引导。政府有为引导模式的主要着力方向为以下几点：一是要通过政策引导来掌控全局，增强各市间的各项经济和非经济联系以协调各地区均衡发展；二是要引导相关行业加强城镇基础设施建设，尽快形成功能完善的城镇化格局；三是要适度发挥政府行政力的宏观调控作用，通过充分调动市场的积极性，完善资源配置渠道，增强经济活力与韧性；四是要积极推动各产业协调发展，大力发展优势产业，加快产业结构合理化和产业结构升级。通过以上四个方面的协同作用最终再谋求山东省整体城镇化发展水平的进步。

2. 市场有效主导

城镇化模式的优劣在一定程度上取决于该种模式下资源配置效率的高低，城镇化的过程就是要素流动和要素分配的过程。要充分发挥市场在资源配置中的决定性作用，更好发挥政府作用，在城镇化建设中也是如此。山东省现有的城镇化模式在资源配置上以政府为主，政府力量主导了城镇化各项建设中所需的投资，弱化了市场机制对于资源配置效率的提高作用。应当逐步推动山东省的资源配置模式由传统的政府主导模式向以市场机制作为资源的主要配置手段转变，充分调动民间资本的积极性助力城镇化建设。相对于政府投资和国有企业，民间资本的投资主体能够主动、敏感地接受市场机制的调节，加速相关投资建设进程和提高投资效率，大大缓解因政府投入能力有限制约城镇化发展的瓶颈约束。市场有效主导模式的主要着力方向为以下几点：一是要完善公共私营合作制，使民间资本能够参与到能源和城市基础设施建设，形成政府与民间力量共同投资城镇化的机制；二是要鼓励民间资本发展现代服务业，激活多种市场主体在服务业中更加高效地配置资源，改变服务业在产业结构中的"短板"局面；三是要引入民间资本和社会力量加快公共服务发展，解决城镇化进程中公共服务供给严重不足的问题，有效推进公共服务向城镇常住人口全覆盖，以公共服务促进城镇化，加快转移人口市民化进程；四是要鼓励民间资本积极参与智慧城市建设和城市绿色发展，实现城镇化与信息化的深度融合，发挥市场机制在治理城市污染中的作用,提高城镇化环境质量。

(二) 差异化实施策略:典型发展模式分型

经测算,山东省各市城镇化高质量发展水平呈阶梯式分布,各影响因素对各区域城镇化高质量发展水平的作用具有区域差异性。基于此,应当因地制宜,综合考虑影响因素的作用以及当地的地理位置、资源、人口特点、经济基础和人文环境等现实条件,得出不同的城镇化模式。

1. 增长极培育型

在以济南市、青岛市为核心的城镇化高质量发展中高水平区地区,可以实行增长极带动型发展模式,建立区域中心,发挥优势带动作用,推动区域城镇化发展快速向较高水平地区演进。

(1) 率先形成城镇化高质量发展增长极。在中高水平区,政府行为和产业发展影响因素对城镇化高质量发展的作用最强。因此,建议山东省委、省政府大力支持率先发展一级区域中心城市济南市、青岛市,发挥双核在山东省经济、资本、教育、科技、文化等多方面的辐射带动作用,将济南建设成国家中心城市,打造国内大循环的战略枢纽,建设大强美富通现代化国际大都市;支持青岛市建设全球海洋中心城市,建设中、日、韩经贸合作示范城市,建设具有较强影响力的开放、现代、活力、时尚的国际大都市。

(2) 加快培育经济圈(都市圈)。胶东经济圈、省会经济圈是山东省城镇化发展的核心区域,推动两个经济圈城镇化高质量发展,打造为全国重点发展区域,对山东省的发展具有重要意义。加快济南都市圈、青岛都市圈的发展,同时加快二级区域中心城市潍坊市、东营市、烟台市、济宁市、淄博市、临沂市等地的发展,以此来辐射带动山东省东西部其他城市的发展。

进而,打造高度一体化的城市群。全省应当统筹协调区域城镇体系,推动形成城市群一体化发展。同时以两圈为重点,完善城市群空间体系,通过建设以高速公路和铁路为主、其他公路为辅的现代化城市圈交通体系，优化省内外交通网络布局，促进产业结构升级，以产业带动经济发展，打造高效合理的城市群体系。

2. 低质量地区挖潜型

城镇化高质量发展的低水平区（聊城市、菏泽市、枣庄市、济宁市等）的部分区域，人口城镇化率过低，人口外流现象严重，劳动力严重不足，进而导致各产业发展和经济增长受到制约，一定程度上影响了城镇化建设。政府行为影响因素对低水平区城镇化高质量发展的作用仅次于高水平区，由此可见对于这些地区的发展困境，提高城镇化发展质量还需加大政府支持力度。

（1）充分利用和优化资源配置，降低投入成本，从根本上解决制约发展的问题。

（2）进一步扩大互联网以及通信设备的覆盖范围，加强对农民的职业教育培训，提高自主就业能力，鼓励农民向省内外城市转移，不仅可以提高收入水平、改善生活条件，还可以加快人口转移速度、推动当地城镇化质量提升。

3. 优势产业带动型

产业发展影响因素的作用与区域城镇化高质量发展水平的高低正相关，这表明产业发展尤其是优势产业的开发对山东省城镇化发展具有重要的支撑作用。中、低水平区可以考虑依托特有的自然资源和劳动力供给条件，利用自身优势大力发展农业、旅游业等优势产业，从而吸收农村剩余劳动力，促进城镇化发展。具体来说，可以通过加强政策引导来发展特色产业。

潍坊市可利用传统优势产业，尤其是特色果蔬、优质蔬菜等发展高端农业。

威海市通过建设"精致城市·幸福威海"，发展旅游业。

济宁市大力发展优势产业，建设淮海经济区中心城市。

聊城市建设综合实力较强、产业特色鲜明、宜居宜业宜游的河北省、山东省、河南省三省交界区域性中心城市。

东营市依托黄河资源，打造黄河入海文化旅游目的地，建设富有活力的现代化湿地城市。

日照市打造现代化国际港口名城、现代化国际海滨旅游度假名城、现代化海滨体育名城、现代化生态宜居名城。

临沂市依托商贸及物流优势，打造东方商都，建设新时代现代化强市。

4. 资源型城市转型发展

山东省资源丰富，部分城市依托资源而设立，基本都属于城镇化高质量发展的中高水平区和中水平区。这些地区城镇化发展的基础较好，有利于充分发挥产业发展影响因素的作用，因此城镇化发展质量的提升也需要依靠产业的发展。但是，不同于优势产业型发展模式中提到的特色产业，这些地区的发展主要依赖传统产业，因此总结为特色资源型地区发展模式。具体来说：煤矿资源丰富的济宁市、枣庄市，以及石油天然气资源丰富的东营市，这些地区城镇化发展可以依托自然资源优势，在此基础上加大对配套基础设施的建设，促进当地形成特色鲜明的产业链，发挥产业链的衍生效应，延伸资源产业链条，提高资源的附加值。同时，树立市场导向和科技导向的新思维，大力发展非资源性产业等替代产业，带动农业现代化与现代服务业的发展，以改善人们生活质量，实现城市发展的战略转型。

未来的发展过程中，资源型城市仍需不断地探索创新，推进城镇化发展质量的不断提升。

（三）构建城市群高质量发展的组团型空间体系

现阶段，山东省尚未构建形成完整协调、城市互补的产业链和发展格局。要解决这一问题，就应当加强地区间的交流与合作，采取组团布局，形成优势互补、资源共享的城镇化高质量发展模式，既要提升自身的发展能力，更要注重区域合作。

从各市城镇化高质量发展水平的空间分布来看，各区域应当进一步谋划合理的区域合作发展方式，在区位接近和功能互补的地区实施组团发展模式，建立更多的次级区域中心，发挥向下的城镇化发展带动作用，逐渐形成都市区支撑都市圈（经济圈）联动发展的组团型空间格局，打造山东半岛城市群的城镇化高质量发展空间动力系统（图8-1）。

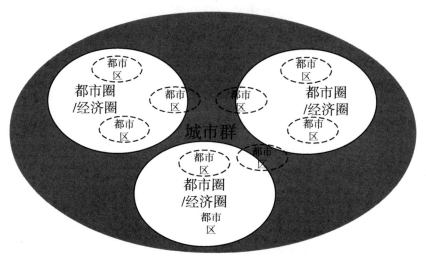

图8-1 山东半岛城市群高质量发展的组团型空间体系模型

（1）济南都市圈。作为山东半岛城市群中心城市和沿黄河流域中心城市，济南市区位优势明显，资源产业优势明显，要提升济南市在济南都市圈的辐射带动作用，扛起山东省新旧动能转换先行区高质量发展的重任。

（2）青岛都市圈。胶东经济圈拥有丰富的海洋资源和高新产业，通过城市组团，可以更好地带动周边地区的城镇化发展，加强组团内的区域合作，同时也要加强同山东省内其他区域的合作，拓展城市发展的产业范围。

（3）鲁南经济圈。加快鲁南经济圈一体化发展，建设乡村振兴先行区、转型发展新高地、淮河流域经济隆起带，实现突破菏泽、振兴鲁南，培育山东省高质量发展新引擎。

二、"十四五"时期山东省城镇化高质量发展对策建议

基于上述研究结论和山东省的实际情况，具体提出以下几点优化城镇化发展模式、提升山东省城镇化发展质量的对策建议。

（一）优化政府职能，引导城镇化健康发展

各级政府在城镇化建设中的重要性是毋庸置疑的，最大限度地发挥政府的作用是城镇化建设的关键所在，政府相关部门应当通过制度和政策创新对市场进行引导。具体到山东省来讲，政府可以借助政策手段来提升市场的力量，进而优化产业结构，引导资源向优势产业进一步倾斜并适度加大对新兴产业的投入。财政部门应当设立用于城镇化建设的专项引导资金，专款专用以为城镇化建设提供资金支持。针对重大建设项目，可对财政资金分批次进行划拨从而提升约束力，提高资金的利用效率。政府在推进城镇化建设的道路上不应盲目，而是应当充分协调各部门以形成合力，从而达到最佳的效果来提升城镇化发展质量。

（二）优化要素资源配置，充分发挥市场作用

城镇化模式的优劣在一定程度上取决于该种模式下资源配置效率的高低，城镇化的过程就是要素流动和要素分配的过程。要充分发挥市场在资源配置中的决定性作用，更好发挥政府作用，在城镇化建设中也是如此。山东省现有的城镇化模式在资源配置上以政府为主，政府力量主导了城镇化各项建设中所需的投资，弱化了市场机制对于资源配置效率的提高作用。应当逐步推动山东省的资源配置模式由传统的政府主导模式向以市场机制作为资源的主要配置手段转变，充分调动民间资本的积极性助力城镇化建设。各项产业的升级发展离不开生产要素资源配置效率的优化，要素资源既指气候条件、资源禀赋等自然要素，又涵盖了城镇化发展所必需的

资金、生产物资、人力资本等社会要素，这些都是提升城镇化发展质量不可或缺的因素。山东省在城镇化发展过程中对于自然资源和社会资源要分类完善配置渠道，借助市场的力量使一切有助于城镇化发展的要素充分流动。

（三）实施整体布局，促进各区域协调发展

山东省各个区域间的自然资源条件和经济发展状况都存在着比较大的差异，生产要素的分布不够平衡。要想克服这种现象，唯有加强省内各地区间的沟通与合作，调动各方优势资源从整体上进行布局，以人为核心提升城镇化发展质量。应当深入落实"一群三圈""多组团"城镇化布局，充分发挥以山东半岛城市群为核心的带动作用，并借助胶东经济圈和省会经济圈发展新的增长极，从而形成资源共享、优势互补的城镇化发展格局。坚持问题导向和目标导向相结合，通过优化行政区划弥补城市群发展的短板和不足。正确处理城市建制与地域建制、中心城市与区域发展、市镇设置与交通布局、经济区划与行政区划的关系，努力构建科学合理的城市群行政区划。

（四）建立区域中心等增长极，加强省内各地区联系

山东省新型城镇化高质量发展实行非均衡发展战略，建立区域中心，发挥增长极的带动作用。区域中心城市和地区中心城市是所在区域经济增长中心、控制中心和文明辐射源，是所在城市群（圈）发展龙头，也是区域城镇化的核心地区。山东省在初次工业化的过程中所形成的青岛市、济南市等区域中心城市，已经具有一定的资源技术优势，市场环境较好。在城镇化过程中，首先应当将这些城市作为区域的增长极，扩大辐射作用。通过"组团式"发展模式加强山东省内各市的城镇化发展联系，这就需要合理规划，结合各地区城镇化发展所处水平实行局部地区的城市群建设，并区别对待各区域城镇化发展，为未来形成统一的经济圈、文化圈、社会圈以及各区域最终实现融合打好基础。同时，应不断优化中心城市行政区

划设置，提高城市综合承载和资源优化配置能力，更好发挥中心城市对区域的带动作用。按照城市特点和要求，科学规划城市的生产空间、生活空间、生态空间，以此为依据优化城市行政区划。

（五）结合各地实际，走特色城镇化发展道路

山东省各市生态环境、气候条件和资源分布各地均有其特点所在，只有因地制宜才能找到最佳的城镇化发展道路。自然资源和历史文化资源是落实特色城镇化的重要支撑，应当充分利用这些资源并建立起完善的产业链以促进当地的城镇化发展。同时，山东省是孔孟文化之乡，历史文化资源的丰厚底蕴为文化产业的繁荣发展奠定了坚实基础，泰山、孔庙等代表性的景点为当地的城镇化带来了先天优势，可在此基础上加大对配套基础设施的投资，促进这些地区建立起能够带动城镇化发展的特色文化项目，从而使更多的人受益。

第九章 山东省城镇化高质量发展指引：基于关键指标

> 每个国家的人力资源都有一定的限制,最理想的状况是把资源应用到最有生产力的领域。
>
> ——[美] 迈克尔·波特:《国家竞争优势》,华夏出版社,2002年。

目前，山东省城镇化发展正处在由中期快速成长向中后期质量提升转变的过渡期，也处在城镇化向高质量发展迈进的关键转型期。而山东省及各设区市在城镇化高质量发展推进过程中，尚缺乏必要的路径指引和参考标准。基于此，本章依据城镇化高质量发展的关键指标研究制定了发展指引，用于指导山东省及设区市的新型城镇化高质量发展。

一、高质量发展实施路径

1. 新型城镇化高质量发展总体路径

以到 2035 年基本实现社会主义现代化建设为目标，以人的城镇化为核心，推动各设区市新型城镇化高质量发展，实现高价值动能支撑、高标准生态环境、高规格设施建设、高品质居民生活、高效能城市治理和高水平城乡融合的有机统一，促进全省新型城镇化高质量发展总体水平得到持续提升。

2. 增强动能支撑能力

夯实新型城镇化产业基础，持续挖掘释放动能价值，聚力新兴产业培育，把培育壮大山东省"十强"产业作为新旧动能转换的重要着力点，加快推动新一代信息技术等新兴产业加速崛起，改造提升化工等传统产业，提升产业层次，优化产业结构，实现新旧动能转换，着力构建现代化经济体系。

3. 提高生态环境质量

优化城市生态、生产、生活空间布局，全面治理城市环境污染，常态化保持碧水、绿树、蓝天、白云，建设宜居宜业的生态城市和绿色低碳城市，城市人居环境质量得到全面提升，打造高标准的生态环境，全面提高城市可持续发展能力。

4. 提高设施建设规格

稳步提高城镇设施建设的科技含量，推广建筑现代化和绿色节能技术，推进紧凑城市、精致城市、绿色城市建设，开展海绵城市和韧性城市建设，提升城市基础设施、公共服务设施建设等级和标准，提高设施智能化、共享化、便利化水平。充分运用地上、地下空间，加快完善公共交通、公共安全、防灾减灾、疫情防控等基础设施，完善新型基础设施建设，提升城市运行效率和综合保障能力。加快县城基础设施配套建设，补齐基础设施短板，提升县城基础设施承载力。推动城镇化地区各类基础设施就近向农村延伸，加快城乡设施融合。

5. 提升人民生活品质

深入实施"以人为核心"的新型城镇化战略，推动基本公共服务均等化向更高层次迈进，满足人民高品质生活需求。稳步提升城乡居民收入，逐步缩小城乡居民收入差距。加快完善文化教育、医疗卫生、养老服务、社会保障等基本公共服务配套设施，逐步健全金融保险、科技创新、创业就业等更高水平服务设施，深化城镇住房制度改革，加快建立多主体供应、多渠道保障、租购并举的住房制度，保障居民老有所养、病有所医、学有所教、住有所居、乐有所享。

6. 增强城市治理水平

按照法治国家建设要求，坚持依法执政、依法行政共同推进，坚持法治政府、法治社会一体建设，全面推进严格执法、公正执法、全民守法，建设法治城市。建立更加科学、有序、高效的城市管理体系，全面提升城市管理信息化程度和智能化程度，提高智慧城管覆盖率，推进市域城市治理现代化。加强和创新社会治理，完善党委领导、政府负责、民主协商、社会协同、公众参与、法治保障、科技支撑的社会治理体系，建设人人有责、人人尽责、人人享有的社会治理共同体，确保人民安居乐业、社会安定有序。推进网格化治理、精细化管理，统筹解决城市病，推动城市治理能力和治理水平现代化。

7. 实现城乡融合发展

协同推进新型城镇化与乡村振兴战略，创新实施国家与省级城乡融合发展试验区建设，建立和完善以工促农、以城带乡的体制机制，构建新型工农、城乡关系。以大中小城市周边区域为重点，分类带动乡村加快发展，不断提升城乡要素融合、经济融合、设施融合、服务融合水平，促进城乡居民收入差距不断缩小，实现农业农村现代化。

二、建立高价值动能支撑

高价值动能支撑是新型城镇化高质量发展的基础，各地持续深入挖掘蕴含于新型城镇化产业发展中的内在价值，促进人口聚集能力、地区经济实力、科研创新、对外开放水平得到新发展，推进新型城镇化在新发展格局中发挥更大作用。

1. 提高人口集聚能力

加快推进农业转移人口市民化，青岛市、济南市常住人口城镇化率应达到85%左右，并向更高水平迈进；烟台市、威海市、临沂市、潍坊市、日照市、东营市、淄博市、济宁市常住人口城镇化率应达到75%左右；临沂市、枣庄市、德州市、滨州市、聊城市、菏泽市宜逐步达到全省平均水平。

2. 提升地区经济综合实力

（1）发挥济、青、烟"三核"在现代化经济体系中的引领作用，青岛市、济南市、烟台市GDP总和全省占比应达到40%左右，潍坊市、淄博市、济宁市、临沂市、东营市GDP增速达到全省平均水平，泰安市、威海市、德州市、聊城市、菏泽市、滨州市、枣庄市、日照市GDP增速宜超过全省平均水平。增加公共财政收入，保障城镇化公共投入，济南市、青岛市一般公共财政预算收入应达到GDP占比的12%，烟台市、威海市、淄博市、潍坊市、济宁市、滨州市、日照市宜达到 GDP 占比的 10% 以上，临沂市、泰安市、枣庄市、德州市、聊城市、东营市、菏泽市公共财政预算收入宜达到 GDP 占比的 8% 以上。

（2）加快发展现代产业体系，增强工业企业创收能力，青岛市、济南市、烟台市规模以上工业主营业务收入总和全省占比达 50% 左右，临沂市、潍坊市、滨州市、淄博市、东营市、济宁市等工业强市规模以上工业主营业务收入增速应超过全省平均水平；菏泽市、威海市、聊城市、德州市、日照市、泰安市、枣庄市规模以上工业主营业务收入增速宜达到全省平均水平。

（3）做大做强高端服务业，推动生产性服务业向专业化和价值链高端延伸，济南市、青岛市积极对标国内先进城市，第三产业增加值占 GDP 比重逐步达到 70% 以上，烟台市、威海市、临沂市、潍坊市、日照市、淄博市、济宁市达到 60% 以上，其他设区市宜逐步接近全省平均水平。

3. 提高土地集约利用水平

稳步提高土地集约节约利用水平，破解城镇化建设用地制约难题，济南市、青岛市建设用地的地均 GDP 达到 3 亿元左右，淄博市、烟台市、潍坊市、东营市、威海市、临沂市、枣庄市、济宁市建设用地的地均 GDP 宜达到 1.5 亿元以上，滨州市、菏泽市、聊城市、德州市、日照市、泰安市建设用地的地均 GDP 宜达到 1.2 亿元以上。

4. 增强科研创新能力

（1）强化科技力量，济南市、青岛市加快提升科研创新能力，建设面向全省、辐射全国的科研创新高地，R&D 经费支出占 GDP 比重宜达到 3% 左右，万人拥有专利申请授权量应达到 60 件以上，建成国家科研论文和科技信息高端交流平台。

（2）除济南市、青岛市外其他设区市 R&D 经费支出占 GDP 比重应达到 2.5% 左右。万人拥有专利申请授权量，烟台市、威海市、东营市、淄博市、潍坊市、济宁市、临沂市应达到 50 件以上，滨州市、日照市、泰安市、枣庄市、德州市、聊城市、菏泽市宜达到全国平均水平。

5. 提高对外开放水平

释放东部沿海区位优势，增强"一带一路"沿线联系，提高全省出口产品的科技含量，促进外贸依存度宜逐步提升。提高省会济南市国际化水平，外贸依存度达到40%左右；发挥沿海城市在国际国内双循环中的区位优势，青岛市、烟台市、东营市、日照市、威海市、滨州市、潍坊市等滨海城市的外贸依存度宜达到50%以上；充分发挥文旅资源富集、工业基础雄厚等对外发展优势，对外输出优质服务和产品，淄博市、临沂市、济宁市外贸依存度宜达到35%左右；枣庄市、泰安市、聊城市、菏泽市、德州市外贸依存度宜达到30%左右。

三、打造高标准生态环境

高标准生态环境是新型城镇化建设的重要内容，要深入践行"绿水青山就是金山银山"生态理念，推进生产生活方式绿色转型，合理配置能源资源，持续减少污染物排放总量，持续改善生态环境，筑牢新型城镇化建设的生态安全屏障，推动城乡人居环境明显改善。

1. 改善大气环境

坚决打好蓝天保卫战，坚持综合治理，加强颗粒物和臭氧协同控制，切实改善空气质量。到2025年，济南市、青岛市、烟台市、威海市、日照市空气质量优良天数比例应达到90%左右，其他地区空气质量优良天数比例应达到80%左右；到2035年，山东省各设区市空气质量优良天数比例应逐步接近100%。

2. 改善城镇水环境

坚持陆海统筹，推进城镇污水管网全覆盖，强化黑臭水体整治直至基本消除，加强饮用水源地和纳污水体水质监测，推进水质提标，改善水环境。2025年，山东省设区市地表水达到或好于Ⅲ类水体比例应达到90%，2035年逐步接近100%。

3. 降低污染物排放

优化能源消费结构，全面实行排污许可制，开展重点行业污染治理专项行动，强化联防联控，排查重点工业污染源，强化企业排污监管，严格控制移动源污染。山东省设区市万元GDP主要污染物排放强度应逐步降为0.5 t/亿元以下。加强危险废物和医疗废物收集处理，推动工业固体废物资源综合利用水平，促进全省工业绿色发展，全省设区市一般工业固体废物综合利用率应逐步达到100%。

4. 营造宜居环境

推进城市生态修复，营造城市宜居环境，开展森林城市、园林城市建设，增加城市绿地资源总量，扩大城市生态空间。发挥农村地区自然生态优势，逐步开展生态价值核算，推动生态价值实现，切实改善城乡人居环境。确保济南市、青岛市、烟台市、枣庄市、聊城市、菏泽市等地区城镇人均公园绿地面积与城镇化人口集聚同步提升，逐步达到全省平均水平。

四、推进高规格设施建设

高规格设施建设是新型城镇高质量发展的重要抓手，贯彻落实新发展理念，按照高质量发展的要求，以服务人民群众为根本目标，构建系统完备、高效实用、智能绿色、安全可靠的现代化基础设施体系，持续深化城市交通、公共出行、防灾减灾、新型基础设施等基础设施供给侧结构性改革，补齐短板弱项，提高城镇基础设施承载力。

1. 增强交通服务能力

持续提高各设区市运输服务水平，提高济南市、青岛市交通枢纽地位，扩容局部拥堵高速路段，缓解城市内部拥堵，提高交通设施、停车场智慧水平,"马路拉链"问题彻底改观。青岛市、济南市建成区路网密度应达到 9.2 km/km² 以上,威海市、临沂市、烟台市、济宁市、潍坊市、泰安市、日照市、枣庄市路网密度应达到 8.5 km/km² 以上,淄博市、德州市、菏泽市、东营市、聊城市、滨州市路网密度应达到 8 km/km² 以上。

2. 加快市内公共交通建设

推进公交都市建设,提高公共交通的舒适性和便捷度。加快补齐轨道交通建设短板,济南市、青岛市建成运行的轨道交通公里数逐步与城市规模相匹配,缓解地面公交压力。其他符合申报轨道交通建设条件的设区市,积极科学编制城市轨道交通规划,严格落实建设条件,有序推进项目建设,建设与支撑能力相适应、与规模需求相匹配的城市轨道交通网。

3. 增强城市生态涵养功能

遵循生态优先,将自然途径与人工措施相结合,推进海绵城市建设,最大限度利用雨水,提高水资源利用效率和生态环境保护效益。全省设区市海绵城市建设面积占建成区面积比重应达到 80% 以上。

4. 建设安全城市

将保障城市安全作为底线贯穿基础设施建设全过程,完善城市功能、美化城市景观;同时,提升管线安全水平和防灾抗灾能力,筑牢城市安全"生命线"。按照"先规划、后建设"的原则,积极、稳妥、有序推进地下综合管廊建设,城市新区、各类园区、成片开发区域的新建道路根据功能需求,同步建设地下综合管廊;老城区要结合旧城更新、道路改造、河道治理、地下空间开发等,因地制宜、统筹安排地下综合管廊建设;在交通流量较大、地下管线密集的城市道路、轨道交通、地下综合体等地段,城市高强度开发区、重要公共空间、主要道路交叉口、道路与铁路或河流的交叉处,以及道路宽度难以单独敷设多种管线的路段,要优先建设地下综合管廊。加快既有地面城市电网、通信网络等架空线入地工程,山东省各设区市地下管廊建设密度宜逐步达到 0.5 km/km²。加强韧性城市建设,全面提升应对重大突发公共卫生事件能力,筑牢城市安全底线,2035 年山东省设区市公共安全支出占一般公共预算支出比重宜达到 8% 左右。

5. 补齐城市、县城设施短板

以微改造、少改造为原则,科学制定城市更新规划,循序渐进地推进城市更新。以 2000 年年底前建成的老旧小区为重点,加快城镇老旧小区改造步伐,推进保障居民安全需要和基本生活需求的基础类设施改造,推进满足居民生活便利需要和改善型生活需求的完善类设施改造,推进丰富社区服务供给、提升居民生活品质的提升类设施改造,"十四五"末期基本实现应改尽改。推进以县城为重要载体的城镇化建设,加快开展县城城镇化基础设施补短板强弱项工作,围绕公共服务设施提标扩面,优化医疗卫生设施、教育设施、养老托育设施、文旅体育设施、社会福利设施和社区综合服务设施;围绕环境卫生设施提级扩能,完善垃圾无害化资源化处理设施、污水集中处理设施和县城公共厕所;围绕市政公用设施提档升级,推进市政交通设施、市政管网设施、配送投递设施和县城智慧化改造;围绕产业培育设施提质增效,完善产业平台配套设施、冷链物流设施和农贸市场。

6. 推进城镇基础设施向农村延伸

以提升各类城镇基础设施建设质量为前提,采用城区(县城)扩围、镇区扩量、社区扩面、设施扩容的办法,盘活既有设施,增强设施弱项,补齐短缺设施,促进基础设施最大程度覆盖全部常住人口。抢抓新生小城市培育、重点示范镇建设、特色小镇创建、美丽宜居村镇建设等重大机遇,提高供水、道路、排水等设施建设水平,重点补齐燃气热力、园林绿化、污水垃圾处理等短板,配套文化教育、医疗卫生、劳动就业、社会保障、养老、社区管理等公共服务设施,吸引城市优质的公共服务资源下沉,实现镇区基础设施提质增效,把小城镇建设成服务农民的区域中心。鼓励镇区基础设施和公共服务设施向周边各类聚集提升型村庄覆盖延伸,扩大服务半径,提升承载能力,促进农村居民就近共享城镇基础设施,增加镇区实际居住人口数量(见《山东省城镇化地区设施向农村延伸导则》)。

五、营造高品质居民生活

高品质居民生活是新型城镇化高质量发展的根本目标,要多措并举提高居民收入水平、服务共享水平、智慧便利程度,增加广大居民的获得感、幸福感。

1. 提高居民收入水平

依托高价值动能支撑实现更加充分更高质量就业,促进居民收入增长和经济增长基本同步。2025年,城镇居民人均可支配收入济南市、青岛市应超过70 000元,烟台市、威海市、淄博市、东营市、潍坊市、临沂市宜超过60 000元,泰安市、滨州市、济宁市、日照市、枣庄市、聊城市、德州市、菏泽市宜达到50 000元左右。坚持按劳分配为主体、多种分配方式并存,提高劳动报酬在初次分配中的比重,完善工资制度,健全工资合理增长机制,着力提高低收入群体收入,稳步扩大中等收入群体。2025年,城镇在岗职工年平均工资济南市、青岛市、东营市、烟台市应超过12万元,淄博市、滨州市、潍坊市、日照市、威海市、临沂市、济宁市、枣庄市、德州市、聊城市应超过10万元,泰安市、菏泽市城镇在岗职工年平均工资宜达到8万元左右。

2. 建设人文城市

优化公共空间布局,形成社区、住区、街区相匹配的便捷交往空间,构建"15分钟生活圈",满足儿童、少年、老人、外来务工人员、弱势群体等生活需求,建设全龄友好城市,提升城市文明程度。以提升市民综合素质和提高社会文明程度为宗旨,以信息化技术为支撑,建设学习型城市,整合社会教育资源,创造条件建设书香城市,构建灵活开放的终身学习公共服务体系,不断提升市民的学习力和创造力,变人口红利为支持新型城镇化高质量发展的增长动力。2025年,全省设区市万人拥有图书馆藏书量应达到 1.2 万册以上。

3. 完善医疗卫生服务体系

把保障人民健康放在优先发展的战略位置，坚持预防为主的方针，深入实施健康中国行动，完善国民健康促进政策，织牢国家公共卫生防护网，为人民提供全方位全周期健康服务。坚持基本医疗卫生事业公益属性，深化医药卫生体制改革，加快优质医疗资源扩容和区域均衡布局，加快建设分级诊疗体系，加强公立医院建设和管理考核，推进国家组织药品和耗材集中采购使用改革，不断优化医疗资源配置，发展高端医疗设备，提高医疗卫生服务便捷性、可及性，建成完善的医疗卫生服务体系。全省设区市万人拥有执业医师数宜达到 35 人，万人拥有卫生机构床位数宜达到 80 张，基本医疗保险覆盖率实现应保尽保。

4. 提高社会保障水平

加快完善社会保障体系，着力保障和改善民生，健全覆盖全民、统筹城乡、公平统一、可持续的多层次社会保障体系。推进社保跨城市、跨区域转移接续，健全基本养老、基本医疗保险筹资和待遇调整机制。积极应对老龄化加剧趋势，开发老龄人力资源，发展银发经济。推动养老事业和养老产业协同发展，健全基本养老服务体系，发展普惠型养老服务和互助性养老，支持家庭承担养老功能，培育养老新业态，构建居家社区机构相协调、医养康养相结合的养老服务体系，健全养老服务综合监管制度，提高养老保险覆盖率，再过 5 年各设区市城乡居民养老保险基本实现全覆盖，2035 年各设区市每千名老人拥有养老床位数宜达到 55 张。改善城镇中低收入群体居住条件，加快建设保障房，确保纳入社会保障范围的城镇居民住有所居。

5. 提高居民智慧生活水平

提升全社会信息化创新驱动力，统筹布局城镇化地区通信设施，提高居民宽带使用普及率，让全体居民享受信息化便捷服务，全省各设区市移动网络、宽带基本实现无缝覆盖。建设智慧城市、智慧乡村、智慧园区、智慧社区，提升智慧城管对城镇建成区的服务支撑水平，"十四五"末期基本实现智慧城管系统对城镇建成区全覆盖。积极培育信息技术产业，信息技术服务业对居民智慧生活支撑更加有力，信息技术服务业增加值占地区生产总值比重宜达到10%左右。设区市主城区智慧城市建设水平满足DB37/T 3890—2020《新型智慧城市建设指标》相关标准。

六、实施高效能社会治理

高效能社会治理是新型城镇化高质量发展的重要保障，应以公平正义为要旨，以公共服务为抓手，以社会安全为基石，切实提高保障和改善民生水平、加强和创新社会治理，稳步推进社会治理体系和治理能力现代化。

1. 加强和创新社会治理

完善社会治理体系，健全党组织领导的自治、法治、德治相结合的城乡基层治理体系，完善基层民主协商制度，实现政府治理同社会调节、居民自治良性互动，建设人人有责、人人尽责、人人享有的社会治理共同体。发挥群团组织和社会组织在社会治理中的作用，畅通和规范市场主体、新社会阶层、社会工作者和志愿者等参与社会治理的途径。推动社会治理重心向基层下移，向基层放权赋能，加强城乡社区治理和服务体系建设，减轻基层特别是村级组织负担，加强基层社会治理队伍建设，构建网格化管理、精细化服务、信息化支撑、开放共享的基层管理服务平台。加强和创新市域社会治理，推进市域社会治理现代化。

2. 提高关键领域财政资金保障能力

（1）增加教育投入。健全以政府投入为主、多渠道筹措教育经费的体制，依法增加教育投入。逐步实现九年义务教育全面普及，学前教育普及普惠发展，高中阶段教育基本普及，现代职业教育体系基本确立，高等教育大众化水平显著提升，城乡教育资源差距进一步缩小。全省设区市教育支出占一般公共预算支出比重宜达到23%。

（2）增加社保就业投入。坚持民生为本、人才优先的工作主线，始终立足于保障和改善民生这个根本出发点和落脚点，努力实现更公平、更充分和更高质量的就业，建立更加公平可持续的社会保障体系。全省设区市社会保障和就业支出占一般公共预算支出比重宜达到15%。

（3）增加医疗卫生投入。优化医疗卫生资源配置，构建与国民经济和社会发展水平相适应、与居民健康需求相匹配、体系完整、分工明确、功能互补、密切协作的整合型医疗卫生服务体系，提高服务可及性、能力和资源利用效率。山东省设区市医疗卫生和计划生育支出占一般公共预算支出比重宜达到12%。

3. 推进治理成果全民共享

切实保障人民群众最关心、最直接、最现实的利益，建立健全基本公共服务体系，促进基本公共服务均等化，逐步实现城乡区域间基本公共服务大体均衡，贫困地区基本公共服务主要领域指标接近全省平均水平，广大群众享有基本公共服务的可及性显著提高。

七、 促进高水平城乡融合

高水平城乡融合是推动城乡要素平等交换、双向流动的有效形式，有利于新型城镇化建设红利外溢，增强农业农村发展活力，带动农业农村现代化加快实现。

1. 缩小城乡居民收入差距

多渠道增加城乡居民财产性收入，探索搭建城乡产业协同发展平台，增加农村居民就业收入，实现城乡居民收入差距逐步缩小，社会主义现代化全面建成时城乡收入不因制度、地域等外在因素产生明显差距。到2025年，青岛市、东营市、德州市城乡居民收入比应降低到2.5以下，济南市、淄博市、潍坊市、临沂市、枣庄市、滨州市、聊城市、威海市、济宁市、烟台市、菏泽市、泰安市城乡居民收入比降低到2左右；2035年，各设区市城乡居民收入比降低到1.5左右。

2. 缩小城乡消费能力差距

开拓城乡消费市场,逐步提高设区市农村居民消费能力。青岛市、威海市、济南市、临沂市、东营市、潍坊市、淄博市、枣庄市、济宁市城乡居民人均消费性支出比到2025年应降低为2.5;到2035年,全省各设区市城乡居民人均消费性支出比应降低到1.5以下。

3. 缩小城乡基础设施建设差距

加大乡村基础设施投入力度,不断缩小城乡建设资金投入差异度,到2025年济南市、青岛市应降到10以下,其他设区市降低到2左右,2035年基本形成基础设施投入应保尽保的局面。推进城乡基础设施互联、互通,逐步消除城乡基础设施差异,提高农村地区交通通达深度,完善乡村水、电、路、气、通信、广播电视、物流等基础设施,提升农房建设质量,因地制宜推进农村改厕、生活垃圾处理和污水治理,实施河湖水系综合整治,改善农村人居环境,构建形成与城乡人口分布、产业发展相匹配的基础设施布局。

4. 健全城乡融合发展机制

强化以工补农、以城带乡,推动形成工农互促、城乡互补、协调发展、共同繁荣的新型工农城乡关系,推动城乡要素平等交换、双向流动,增强农业农村发展活力。推进城乡产业融合,加快培育农民合作社、家庭农场等新型农业经营主体,健全农业专业化社会化服务体系,发展多种形式适度规模经营,实现小农户和现代市场有机衔接。健全城乡统一的建设用地市场,积极探索实施农村集体经营性建设用地入市制度。探索宅基地所有权、资格权、使用权分置实现形式。保障进城落户农民土地承包权、宅基地使用权、集体收益分配权,鼓励依法自愿有偿转让。探索畅通城市资本入乡通道,鼓励城镇高技术人才、高技能农民工入乡创业,返乡居住,破解乡村发展资金与人才难题。

第十章 济南：一个市域城镇化典型样本分析

> 制度（institutions）乃是一个社会中的游戏规则。更严谨地说，制度是人为制定的限制，用以约束人类的互动行为。因此，制度构成了人类交换的动机，此处所谓的交换包括了政治的、经济的以及社会的行为。制度变迁则决定社会随着时间演进的方式。所以，研究制度变迁乃是理解历史演变的关键。
>
> ——[美]道格拉斯·C·诺斯：《制度、制度变迁与经济绩效》，格致出版社，2014年。

济南市作为山东省省会城市和山东半岛城市群"双核心"城市之一，其他城市开展城镇化发展的各种情况它全有，其他城市城镇化发展不存在的情况它也存在，是山东省新型城镇化的一个缩影。对济南市市域城镇化的典型样板"深描"，分析清楚一个城市的城镇化发展到了什么程度、之前采取了哪些行之有效的举措、未来发展的潜力和重点在哪里、下一步城镇化工作怎么推进，为其他城市城镇化发展水平评测、工作制度建立、发展潜力挖掘及具体推进路径等，提供了重要的方法论意义。

近年来，济南市蹄疾步稳、高效落实中央和省工作部署，积极融入和服务新发展格局的方向目标、政策安排与重点任务逐一明确，"大强美富通"的现代化国际大都市建设顺利推进，体现了新阶段一个经济大省省会城市的责任担当，开启了现代化"强省会"建设新征程。为加快实施以促进人的城镇化为核心、提高质量为导向的新型城镇化战略，济南市突出抓好在城镇就业的农业转移人口落户工作，加速培育发展济南都市圈，深入实施大城市精细化、智慧化管理，支持特色小镇有序发展，卓有成效地推进国家和省级城乡融合发展试验区建设，中心城市聚集能力持续增强，实现常住人口城镇化率和城市规模快速提高。第七次全国人口普查数据显示，2020年济南市常住人口突破900万人，达到920.2万人，人口总量在山东省排名提升到第4位；10年间，济南市常住人口增幅超过100万人，增速为13.44%，增幅排全省第2位；城镇常住人口到达676万人，常住人口城镇化率为73.46%。进入新发展阶段，济南市积极贯彻新发展理念，发挥城镇化融入和服务新发展格局的重要作用，加快推进城乡融合发展，构建形成国家级城乡融合发展试验区与省级城乡融合发展试验区带动全域崛起的良好局面，"深度"城镇化的发展模式持续向深、向优迈进，黄河流域中心城市建设取得新成效。

一、城镇化发展水平概览：基于关键指标分析

本章根据城镇化统计监测指标体系，运用2019年、2020年及有关年

份主要统计数据,从动能支撑、生态环境、设施建设、居民生活、社会治理、城乡融合6个方面,全面客观地分析济南市城镇化新进展。

1. 动能支撑:人口就业

(1) 常住人口城镇化率达到73.46%的历史高位。2020年①,济南市常住人口突破900万人,人口总量在山东省排名提升到第4位,城镇常住人口达到676万人,常住人口城镇化率达到73.46%,分别高出山东省(63.05%)、全国(63.89%)平均水平10.41%、9.57%;2011—2020年,济南市常住人口城镇化率提高8.41%,城镇化水平大幅增长。2019年,济南市户籍总人口为796.74万人,户籍人口城镇化率达到58.84%,随着户籍制度改革政策的落实,户籍人口城镇化率大幅提高,高出山东省平均水平(49.94%)8.9%。济南市教育、医疗、交通、社会保障等城市公共服务能力明显提升,城市吸引力增强,户籍人口比2018年增加11.45万人,增长1.46%,越来越多的人落户济南。

(2) 就业形势持续稳定。2019年,全年新增城镇就业19.39万人,年末城镇登记失业率2.01%,登记失业率持续控制在低位。2020年,全年新增城镇就业16.3万人,超额完成15万人左右的预期目标;2020年年末,城镇登记失业率2.03%,低于3%左右的预期目标。

(3) 就业人员结构进一步优化。济南市建立起以第二、第三产业为主的就业人员结构。根据济南市第四次经济普查数据,2018年年末济南市第二产业和第三产业法人单位从业人员318.58万人,比2013年年末增加22.77万人,增长7.70%。第二产业从业人员为118.05万人,第三产业从业人员为200.53万人,第三产业从业人员最多,占第二、第三产业从业人员的62.94%。在法人单位从业人员中,50%以上人员集中在制造业、批发零售业和建筑业三大行业从业,其中制造业59.79万人,占18.77%;批发和零售业55.39万人,占17.39%;建筑业53.82万人,占16.89%。

---

① 文中2020年人口数据根据第七次全国人口普查数据计算得出,注明的2019年数据及文末"2019年度监测评价数据"为统计年鉴数据,为体现城镇化成效,本章在相关分析中选用最新可得数据进行分析。

2. 动能支撑：经济实力

（1）地区生产总值跨过万亿元门槛。2019年，济南市实现地区生产总值9 443.37亿元，接近万亿元门槛。其中，第一产业增加值343.06亿元；第二产业增加值3 265.22亿元；第三产业增加值5 835.09亿元，第三产业占GDP比重61.79%，第三产业占比持续提升。按人均来看，济南市人均GDP在10万元以上持续巩固，达到106 416元。全年一般公共预算收入874.19亿元，占国内生产总值9.26%，公共财政实力进一步增强。2020年，济南市地区生产总值10 140.9亿元，比2018年增长4.9%。其中，第一产业增加值361.7亿元，增长2.2%；第二产业增加值3 530.7亿元，增长7.0%；第三产业增加值6 248.6亿元，增长3.7%。第一、第二、第三产业构成为3.6∶34.8∶61.6①。

（2）工业强市战略深入实施。2019年，济南市全年全部工业增加值达到2 167.87亿元。规模以上工业主营业务收入超过6 000亿元，达到6 512.66亿元。规模以上工业利润总额为310.86亿元。2020年，工业实力进一步增强，规模以上工业增加值增速领跑全国主要城市，2020年全部工业增加值2 360.5亿元，比2019年增长8.2%，规模以上工业增加值增长12.2%，规模以上工业装备制造业实现增加值比2019年增长24.3%，拉动济南市规模以上工业增长9%；高技术制造业实现增加值增长22.2%，营业收入总额突破1 000亿元大关，增长20.8%。高端产品快速增长，高端产品服务器产量超过140万台，增长35.2%。

（3）新旧动能转换加快推进。新动能加速培育，2020年，"四新"经济增加值占比超过36%，保持山东省领先水平，高于山东省近5%。"四新"经济投资占比较上年提高4个百分点。新认定高新技术企业1 427家，总数达到3 029家，其中，规模以上工业高新技术企业达到1 014家，比2019年净增59家；实现产值占济南市规模以上工业比重为55.3%，比

---

① 济南市统计局、国家统计局济南调查队，2020年济南市国民经济和社会发展统计公报，2021年4月2日。

2019 年提高 4.1 个百分点。

（4）对外贸易逆市飘红。2019 年，全年货物进出口总额 163.08 亿美元。其中，出口 93.48 亿美元。2019 年实际使用外资 22.42 亿美元。经济外向度进一步提高，全年经济外向度 11.91%，提高 1.41 个百分点。2020 年，开行欧亚班列 542 列，新开通国际（地区）航线 12 条，济南章锦综保区封关运行，济南市综保区进出口额增长 1.4 倍，进出口总额同比增长 22.9%，创近 5 年新高。

3. 动能支撑：科研创新

科技创新实现新突破。2020 年，R&D 经费投入达到 225.5 亿元，占 GDP 比重为 2.4%。中国科学院济南科创城建设加快推进，新增省级工程实验室 48 家，省级新型研发机构 48 家，省级创新创业共同体 8 家，省级技术创新中心 12 家，济南市高新区获批建设国家级双创示范基地。2020 年万人有效发明专利拥有量 33.2 件，比 2019 年增长 13.4%。技术合同实现交易额 337.8 亿元，增长 21.3%。全市获国家科技进步二等奖 2 项，省科技进步一等奖 6 项、二等奖 37 项。专利申请量 69 642 件，其中发明专利申请量 19 859 件。专利授权量 40 903 件，其中发明专利授权量 5 827 件。济南市国家知识产权示范企业、优势企业共计 80 家。

4. 生态环境

（1）生态环境治理持续向好。2020 年，济南市全年完成造林面积 1.1 万公顷，森林抚育面积 966 公顷，建设生态廊道 151 km、绿道 133.8 km，绿化黄河堤防淤背区 2 531 亩。济南市全年空气质量良好以上天数达到 227 天，城区环境空气中可吸入颗粒物（PM10）年均浓度 86 μg/m³，细颗粒物（PM2.5）47 μg/m³，二氧化硫 12 μg/m³，二氧化氮 35 μg/m³。小清河出境断面辛丰庄化学需氧量浓度 21.6 mg/L，小清河出境断面辛丰庄氨氮浓度 0.83 mg/L。区域环境噪声昼间平均等效声级 54.4 dB，市区道路交通噪声平均等效声级 69.1 dB。

（2）绿色转型发展成效显著。随着煤炭、钢铁等行业去产能不断推进，原煤生产明显下降，2020年原煤生产比2019年减少73.7万t。能源消费更加低碳清洁，规模以上工业煤炭消费比2019年减少253.7万t。节能降耗成效显著，初步核算，万元GDP能耗比2019年下降7.5%，完成当年节能降耗目标任务。

（3）绿色低碳能源体系建设为"碳达峰"奠定基础。煤减气增，清洁能源消费占比逐步提高，煤炭消费压减工作成效显著，规模以上工业煤炭消费2 769.5万t，下降8.4%；天然气消费8.0亿m^3，增长19.4%。规模以上工业能源加工转换效率比2019年提高0.5百分点，其中炼焦效率提高2.9百分点，供热效率提高0.9百分点，炼油效率提高0.1百分点。新能源生产方兴未艾，规模以上企业风力发电7.6亿kW·h，增长1.7%，占发电总量的2.8%；太阳能发电1.4亿kW·h，增长1.3%，占发电总量的0.5%；垃圾发电6.9亿kW·h，增长23.5%，占发电总量的2.5%。

5. 设施建设

（1）市政基础设施实现较快增长。2020年，济南市城市建成区面积839.7 km^2，比2019年增加79.1 km^2。建成区绿化覆盖率40.7%，人均公园绿地面积13.1 m^2。城镇燃气不断发展，管道天然气用户达228.88万户，管道燃气普及率达79.65%。全年天然气供气量16.2亿m^3，增长12.5%；液化石油气供气量3.8万t，下降15.7%。集中供热面积27 739.7万m^2，增长6.4%。自来水供水量4.5亿t，增长1.6%。垃圾无害化处理率达到100%。

（2）城市承载能力显著增强。依托海绵城市试点推动城市更新工作，截至2020年11月底，全市海绵城市累计建成面积179.85 m^2，占建成区面积的25.1%。建设综合管廊16 km。轨道交通2号线竣工试运行，3号线二期、4号线一期开工建设。望岳快速路隧道建成通车，打通瓶颈路27条。

6. 居民生活：公共服务

（1）社会保障水平进一步提高。2020年年末，济南市城镇职工基本养老保险参保人数437.3万人，比2019年增加29万人；职工医疗保险参保人数313.5万人，增加25.5万人；失业保险参保人数213.6万人，增加23.9万人；工伤保险参保人数278.6万人，增加16万人；生育保险参保人数213.1万人，增加11.9万人。居民养老保险和医疗保险参保人数分别达到302.7万人和507.6万人。城市居民最低生活保障标准由2019年每月685元提高到821元，保障城镇居民0.96万户、1.4万人，发放保障金及各类补贴1.3亿元；农村居民最低生活保障标准由2019年每月457元提高到614元，保障农村居民5.87万户、8.4万人，发放保障金及各类补贴4.9亿元。城市特困人员基本生活标准由2019年每月1 028元提高到1 232元，农村特困人员基本生活标准由2019年每月594元提高到1 071元，城市特困保障682人，农村特困保障1.37万人，共发放特困供养救助金及补贴1.43亿元。照料护理标准按照自理、半自理和完全不能自理人员分三种档次，自理标准由191元/月提高到210元/月，半自理标准由318.3元/月提高到350元/月，完全不能自理人员标准由637元/月提高到700元/月。济南市市中区、槐荫区、天桥区、历城区、济南高新区五区实现了城乡社会救助标准一体化。

（2）优质教育资源带动作用凸显。济南市开工新建、改扩建中小学校（幼儿园）144所，普惠性幼儿园覆盖率达到87%，义务教育阶段集团化建设率达到85.2%。全面实施市校融合发展战略，开展校地合作85项，围绕重点产业设置特色优势学科专业51个，签约引进高等教育项目25个（表10-1）。

表10-1　2020年济南市教育事业基本情况统计表

学校类别	学校数量/所	在校生/万人	专任教师/人
高等学校	52	89.85	42 202
中等职业学校（不含技工学校）	41	6.28	3 642
普通中心	320	39.84	34 796
小学	666	57.01	37 219
特殊教育学校	13	0.13	545

(3) 医疗资源配置效率有效提高。2020年年底，济南市拥有卫生机构7 514个，比2019年增加27个，其中，医院、卫生院343个。卫生机构床位6.9万张，增长3.4%。各类卫生技术人员10.2万人，增长4.7%；执业（助理）医师4.0万人，增长5.0%。

(4) 文化体育事业繁荣活跃。2020年年底，济南市国有艺术表演团体14个，文化馆（站）174个，公共博物馆13个，档案馆17个，公共图书馆14个。市级以上文物保护单位435处，其中国家级30处。济南市可统计票房数字影院64家，观众481.25万人次，票房收入1.75亿元。2020年年底，济南市广播人口混合覆盖率99.7%，电视人口混合覆盖率99.3%。新建泉城书房12处，基层综合性文化服务中心覆盖率100%。克服疫情影响，全年组织各类全民健身活动（赛事）385次，参与人数225万人·次（含线上活动）。

7. 居民生活：居住保障

(1) 城镇居民居住条件显著改善。2020年，济南市住房面积达到1.96亿m^2，城镇居民人均住房面积约36.43 m^2，新建住房质量不断提高，住房功能和配套设施逐步完善。积极推进绿色建筑发展，"十三五"时期以来，全市新增绿色建筑面积5 177.2万m^2。积极发展住房租赁市场，全市共有住房租赁房源约30万套（间）、总面积约2 824万m^2，出租率超过90%；租赁住房人口数量约74万人；从事租赁业务的房地产经纪机构（门店）1 000余家，住房租赁企业60余家。

(2) 住房保障体系逐步完善。2019年年底，济南市被确定为国家完善住房保障体系试点城市，结合正在开展的培育租赁市场工作，推进保障性租赁住房试点，依托市场主要租赁企业、市区两级建设平台，多渠道筹集房源，为在济南的新就业大学生、外来务工家庭提供小户型、低租金的住房，解决新市民阶段性住房困难。2020年，济南市公租房已建成5.4万套，累计保障住房困难家庭约10万户次，其中约1.8万户外来务工家庭享受了公租房保障。

(3) 棚改工作成效明显。2016年以来，济南市通过健全管理体制、坚持规划引领、加大政策保障力度、加大督导考核力度等举措，累计新开工安置房约 23 万套，40 多万居民乔迁新居。老旧小区更新全面推进，截至 2019 年，根据山东省计划安排全市共整治改造老旧小区 3 012 万 m^2，涉及居民 40 余万户，总投资 20 多亿元。2020 年，根据中央计划安排，改造 50 个老旧小区项目、605.88 万 m^2，涉及居民 62 249 户。

8. 社会治理

（1）民生支出实现较快增长。2020 年，济南市一般公共预算支出 1 288.4 亿元，增长 7.6%。其中，教育支出 213.4 亿元，增长 14.7%；社会保障和就业支出 176.3 亿元，增长 8.0%；城乡社区支出 281.6 亿元，增长 11.7%。

（2）畅通社会组织、社会工作者和志愿者参与社会治理的途径。加强孵化培育，历下区、市中区、槐荫区、天桥区及部分街道、社区建成了社会组织孵化园，为民办社工机构发展提供了广阔平台。2020 年，济南市、区两级财政投入 2 823 万元购买社会工作服务。全市 66 家社工服务机构，开发社工岗位 778 个，服务项目 230 余个。积极创新和发展新的特色服务项目，打造了一批特色社会工作服务品牌，在各民生领域发挥了重要作用。全市注册登记志愿者达到 139 万人。

9. 城乡融合

城乡居民收入支出持续增长。2020 年，济南市城镇居民人均可支配收入 53 329 元，比 2019 年增长 2.7%；城镇居民人均生活消费支出 34 391 元，增长 2.8%。农村居民人均可支配收入 20 432 元，增长 5.0%；农村居民人均生活消费支出 12 947 元，增长 5.3%。城乡居民收入比由 2019 年的 2.67∶1 缩小为 2.61∶1。城镇居民恩格尔系数 23.5%，农村居民恩格尔系数 30.4%。

二、城镇化建设工作支撑：制度框架及实践成效

近两年，济南市按照国家和省新型城镇化及城乡融合发展工作重点，建立了人口、空间、经济圈、现代城市、改革试验的制度框架，持续加大农业转移人口市民化推进力度，促进城镇化布局形态优化调整，加快提升

城市现代化水平,大力推进国家和省级城乡融合发展试验区,取得了新型城镇化建设的丰硕成果(表10-2)。

表10-2 济南市城镇化制度框架

序号	制度类别	制度构成
1	市民化	放开落户政策、居住证政策、疫情防控政策等
2	城市战略	新"十字"方针及配套方案,新旧动能转换起步区政策、行政区划调整方案、城区一体化发展战略、"济南2049"城市发展战略与城市总体规划(2021—2040)、济南市国民经济和社会发展第十四个五年规划和二〇三五年远景目标纲要
3	空间动力	省会经济圈发展意见、交通发展规划、山东半岛城市群发展规划等
4	创新发展	科创济南、智造济南、生态济南、文化济南等"五个济南建设"及相关实施方案等
5	改革试验	国家及省级新型城镇化试点方案、城乡融合发展试验区创建方案等

1. 全面放开落户,农业转移人口市民化实现新突破

(1)在省会城市中率先出台放开落户限制政策。济南市围绕人的城镇化,将加快农业转移人口市民化作为推进新型城镇化的首要任务,成效显著。2020年,在《济南市人民政府关于进一步深化户籍制度改革的实施意见》(济政发〔2017〕14号)户改新政30条基础上,进一步深化户籍制度改革,制定《关于深化户籍制度改革加快人才集聚的若干措施》(以下简称《措施》),对有在济南市从业、居住意愿的外地人员,全面取消在城区、镇区落户迁入条件限制。济南市成为全国6个全面放开城市落户限制的省会城市之一。《措施》主要包括全面放开落户限制、全面实施大学生留济创业就业工程、全面保障落户权益等内容,政策实、操作易、含金量高,为进一步吸引聚集更多人才来济南发展创业,加快形成与"大强美富通"现代化国际大都市相匹配的人才集聚效应和人力资源支撑提供了重要的政策支持(专栏10-1)。

专栏10-1

济南市全面取消落户限制要点

一、全面放开落户限制，无房人员落户方式多，落户手续办理简化

（1）降低落户门槛。对有在济南从业、居住意愿的外地人员，全面取消在城区、镇区落户迁入条件限制，实行以群众申请为主、按户口迁入途径分类登记备案的迁入政策。

（2）畅通落户渠道。对无自有产权住房的申请迁入人员，可按迁入途径及原因自主申请通过单位集体户、人才集体户、社区集体户、近亲属家庭户、经房主同意的合法产权租赁住房等方式落户。对通过上述途径仍存在落户障碍的灵活就业人员，在济南城区、镇区租赁经住房城乡建设部门登记备案住房的，可申请由租住地社区集体户"兜底"落户。开辟非驻济高校学生落户网上"绿色通道"，非驻济高校在校生只需提交本人录取通知书或学生证、户口簿中本人常住人口登记卡或集体户口登记卡、准迁证邮寄地址，即可申请在济南市、区县人才服务中心落户。在中国（山东省）自由贸易试验区济南片区范围内，对引进的外籍高级管理人员以及长期工作和投资的外国人，在出入境、永久或长期居留等方面，提供更加开放的签证和停居留政策。

（3）简化落户手续。拟申请落户人员只需凭居民户口簿、居民身份证和相关凭证材料即可向拟落户地派出所提出申请，申请人的配偶、子女、双方父母户口均可按意愿随迁。持续推进落户流程再造，强化区块链技术应用，通过政务服务网、"泉城办"APP、公安"E警通"、自助终端、微信公众号等，努力实现"不见面审批""无证明审批"，提高落户效率。

二、全面实施大学生留济创业就业工程，改善大学园区配套，设立高校毕业生就业实习补贴

（1）健全完善校地合作机制。开展高校驻地建设行动，"点对点"统筹协调高校在基建投资、项目申报、成果转化、后勤服务、就业实习等方面遇到的困难和问题。开展"携手共建"活动，利用节假日、双休日，开通免费地铁、公交等，有计划地组织广大高校师生观摩全市重点园区、重大项目及城市建设，引导广大师生积极参与全市重大政策制定、重要活动，为济南高质量发展献计献策。

（2）畅通校地沟通交流渠道。在"毕业季""开学季"进高校宣讲人才政策。发挥高中"母校"桥梁纽带作用，由各高中每年寒暑假组织"回母校、议变化、献良策"等活动，让济南籍外地高校在校生和应届毕业生及时了解全市发展建设成就，增进回归发展意愿。建立驻济高校和济南籍外地高校学生信息数据库，全力打通信息传递渠道，利用微信、微博、抖音等新媒体，定期推送济南最新发展规划、产业政策、服务流程、岗位需求，以及经济社会发展成就等，引导他们关注济南、向往济南、扎根济南。

（3）改善大学园区综合配套。加大章丘、长清大学园区周边配套设施规划建设，在新兴产业布局、文化基础设施、公共交通服务、职住环境改善等方面加大建设力度，全面提升驻济高校周边的创业就业、交通出行、购物消费、文化娱乐、自然生态、社会治安环境。加大高校老校区保护力度，优化周边环境，营造人文气息，传承高校文脉，切实增强高校师生、校友对济南的认同感、归属感，增强吸引人才留驻的软实力。

（4）搭建高校毕业生创业就业平台。围绕十大千亿产业发展，加大市级层面众创空间、创业孵化平台、公共服务平台建设力度。鼓励各类研究院、检验检测机构以公益价格开放实验室、试制室和检测室等资源，并为大学生创业就业提供技术服务。通过政府购买

服务方式，鼓励支持大学生就业辅导、职业技能培训、信息咨询、科研院所等机构为大学生就业创业提供服务。各区县、功能区要在地理位置、商业环境、交通条件相对优越地带建设创新街区、众创空间、创业特区等孵化平台，提供数量充足、设施配套完善的创业工位。

（5）设立高校毕业生就业实习补贴。鼓励各区县、功能区定期汇总提供辖区内企事业单位实习岗位清单。对企事业单位给予在校本科及以上大学生实习补贴、补助的，按当地最低工资标准的50%给予不超过3个月的补贴。小微企业新招用毕业年度和择业期内的高校毕业生就业，签订1年及以上期限劳动合同并缴纳社会保险4个月以上的，按照"由企业随工资发放，据实向市、区县人社部门（经办机构）申领"的方式，向每人一次性发放2 000元。毕业1年内来济参加面试的非驻济"双一流"高校毕业生，可依据面试通知书和相关票据，一次性申领不超过1 000元的补贴，由人力资源社会保障部门将补贴资金直接打入毕业生个人支付宝、微信等账户。

（6）优化大学生服务渠道。打造"选择济南共赢未来"招聘品牌，进一步扩大大学生就业招聘会规模、层次、行业和专业，同步整合高校就业服务网站、公共就业招聘网站等资源，搭建在济就业统一线上服务平台，为求职者提供多样选择窗口。在章丘区、长清区高校集中区域，设立大学生创业就业服务中心，方便大学生办事和留济创业就业。

三、全面保障落户权益，新落户居民平等享受合法权益，鼓励农民就近向城镇转移

（1）切实保障新落户人员待遇。凡新落户居民，按相关政策均可平等享受住房租赁补贴、医疗保险待遇、基本公共卫生服务、养老救助等合法权益，确保应该享有的待遇不受影响。在中国（山东省）自由贸易试验区济南片区范围内，对港澳台优质人才和持永久居留身份证的外籍高层次人才，在创办企业、住房补贴、社会保险等方面给予更多"国民待遇"。

（2）优化公共服务资源配置。加大学校规划建设力度，着力保障重点区域学位供给，逐步均衡配置教育资源。合理布局各类医疗机构，适当增加人口迁入集中区域医疗机构数量。

（3）保障农业转移人口合法权益。鼓励农村人口向城镇转移，各街镇、村居不得以退出土地承包经营权、宅基地使用权、集体收益分配权作为农民进城落户的限制条件，确保其在原集体经济组织内的合法权益依法得到保护。

（4）推动城乡融合发展。全面完成农村集体产权制度改革任务，加快研究建立农村集体经营性建设用地入市各项配套制度和进城落户农民依法自愿有偿转让退出农村权益制度。

（5）鼓励农民就近向城镇转移。研究出台加快新型城镇化发展的具体办法，加快推进城乡基础设施和公共服务一体化发展，鼓励农业转移人口就近向区县和城镇驻地转移落户。

资料来源：济南市《关于深化户籍制度改革加快人才集聚的若干措施》

（2）全面放开落户限制取得显著效果。2020年10月，国家发展和改革委员会规划司推广有关地区推进特色小镇规范健康发展和新型城镇化建设的典型经验，济南市作为典型案例向全国推广。全面放开落户限制后的6~8月，济南落户人数达到3.5万人，同比增长60%；从年龄结构看，35岁以下落户人口占比为72%，35~60岁落户人口占比为25%；从学历结构看，大专及以上人口占比为42%；从地域结构看，原籍为山东省内的人口占比为78%，主要集中在泰安市、德州市、菏泽市等地区。济南市智慧平台"人才地图"大数据，将人才数量、类型、流向、分布与所在区位、行业具象对接，截至2020年年底，数据平台确认济南市人才资源总量为

230.67万人,增长55.43%①。

(3) 依托居住证制度扩大公共服务供给人群。实现居住证"一次办成"立等可取,将居住证制发周期由原来的10个工作日缩短为现场制发、立等可取,成为全国首个实现居住证现场制发的城市。办证群众只要手续齐全,5~10 min即可领到证件。借助"e警通""济南公安"等平台,推出流动人口网上申领居住证服务举措,推行居住证"电子亮证",流动人口可在该平台上传居住证申办手续,民警在后台审核通过后,将办证信息推送给办证群众,即可在申办人手机上显示居住证电子证照。换证群众如居住地址无变动,仅凭一张身份证即可换领证件。深入实施《居住证暂行条例》,申领居住证群众依法享有的公共服务和便利进一步扩大,包括:参加社会保险,缴存、提取和使用住房公积金;国家规定的传染病防治、儿童计划免疫等基本公共卫生服务;国家规定的对育龄流动人口的计划生育基本项目技术服务;法律服务和法律援助;按照规定参加居住地专业技术职务资格评定或者考试、职业(执业)资格考试、职业(执业)资格登记;住房保障政策;政府部门按照规定给予的表彰和奖励;按照有关规定申领机动车驾驶证,办理机动车登记手续;按照有关规定办理出入境证件;按照有关规定换领、补领居民身份证等;符合济南市落户条件的,还可以申请常住户口。

(4) 基本公共服务供给能力得到进一步提升。为适应快速城镇化带来的设施需求增长,一批重点工程加快实施,基础设施条件进一步改善,为居民能够公平可及地享受基本公共服务夯实基础。2020年,济南市民生支出占财政支出比重达到79.5%,比"十三五"末期提高了4.3个百分点。城乡教育资源配置更加均衡,《济南市中心城基础教育设施三年建设规划(2018—2020年)》圆满收官,共开工新建改扩建中小学校、幼儿园314所,近3年来,济南市共完工新建改扩建中小学校、幼儿园516所,新增学位28.7万个,建设总量领先全国、领跑全省;聚力解决解决大班额问

---

① 济南市人才服务中心,济南建成全国首个精准覆盖"人才地图",人才资源总量达230.67万人,济南日报,2021年6月23日。

题，新增学位2.86万个，排名全省第1位，56人及以上中小学大班额问题全面消除，超额完成义务教育"薄改"任务，在山东省提前解决中小学校大班额问题。城市成为就业、创业乐园，近5年新增城镇就业100万人，年均新增就业人口达到20万人，为城市发展注入充沛动力。精准实施就业创业培训服务，完成职业培训3 209人，发放小微企业一次性创业补贴、创业岗位开发补贴1 000余家，发放个体工商户一次性创业补贴115户。社会保障覆盖面和标准逐年提高，人均期望寿命达到79.56岁。推进养老设施建设，全省率先开展农村幸福院分类建设，2020年新建各类养老设施327处，超年度计划48%，新增养老床位6 000余张。完成养老服务设施建设3年行动计划，3年来共新建养老设施709处，超原计划107处，全市养老设施达到2 142处、增长49.47%。提升居家社区养老，发放补贴资金4 990.59万元，兜底保障经济困难老年人49 260名。新建城市社区长者助餐场所416处，依托农村幸福院设立助餐站点1 040处，提供助餐服务80余万人·次，让老年人享受优质餐饮服务。提高养老服务质量，开展养老院服务质量提升行动，完善市级养老服务综合信息平台，济南市养老机构基础设施、管理服务质量类指标合格率均达100%。

（5）新冠肺炎疫情防控取得重大战略成果。凝练出"一体系五机制"疫情防控经验，具备3天完成全人群核酸检测的能力，仅用19天即阻断本地病例疫情；实现确诊病例零死亡、院感事件零出现、社区传播零发生、境外输入零扩散、特殊场所零感染、复工复产零病例。健康济南建设取得突出成效，发布实施《关于推进健康济南行动的实施意见》《健康济南行动（2020—2022年）》，创建国家级健康促进示范区1个、省级示范区县6个，实现省级卫生县城全覆盖。医药卫生体制改革纵深推进，发布实施《关于进一步深化医院卫生体制改革的实施意见》《关于健全完善现代医院管理制度的实施方案》等文件，基本医疗卫生制度政策体系日臻完善，创建为公立医院综合改革国家联系试点城市、国家城市医联体建设试点城市，济阳区、平阴县成为国家紧密型县域医疗卫生共同体试点县。

2. 拓展发展空间，城市内部结构功能取得新提升

统筹推进"东强、西兴、南美、北起、中优"，重点片区建设全面展开，城市发展实现由空间拓展向内涵提升的深刻转型。

（1）"东强、西兴、南美、北起、中优""新十字方针"战略为城市结构功能升级确定方向。2020年，济南市委十一届十一次全会提出济南城市发展的新格局，从"东拓、西进、南控、北跨、中疏"升级到"东强、西兴、南美、北起、中优"的"新十字方针"，继承了"原十字方针"的空间发展趋向，蕴含了"大强美富通"丰富内涵和"五个济南"内在要求，侧重于内涵式发展，标志着济南由城市空间拓展向高质量发展的升级和进阶。

（2）城市空间拓展实现历史性跨越。2021年，新旧动能转换起步区建设获得中央及省的战略支持，济南进入"携河拥山"更大空间格局时代。黄河流域生态保护和高质量发展上升为重大国家战略，"北起、南美"对全省融入国家新发展格局起着战略枢纽作用，通过"北起"强力推动"携河北跨"，把起步区作为城市空间拓展主阵地，推动济阳加快融入主城区，把商河建设成为现代化新城市组团，通过"南美"加快济泰一体化，建设省会经济圈核心发展区。加密黄河左右岸交通联系通道，齐鲁大桥主体工程加快完成，黄岗路隧道、济泺路隧道北延、航天大道隧道、黄河公路大桥复线桥"三隧一桥"进度进一步加快，启动国道308黄河公铁大桥建设。加快建设黄河大道，启动实施滨黄大道、凤凰路、天玑路、工业北路东延等快速路前期工作，城区快速路网体系将得到进一步完善。

（3）市辖区一体化发展态势良好。济南市城市发展格局的空间范围与格局变化更贴近城市发展需求。近年来，随着新旧动能转换先行区设立、莱芜区区划调整、章丘区济阳设区等重大举措落地，形成了城市新的发展格局，在城市发展战略上从"东拓"到"东强"，意味着东部从二环东路以东"东部产业带"和"东部新城"发展，拓展至章丘区加速融入，与莱芜区、钢城区互联、互通，以及济淄协同发展，市辖区一体化态势进展良好。新东站、科创城、内陆港等片区主干路网建设更加完善,加快新建及在建春暄路、旅游路东延、腊山河西路等主次干道33条,交通支撑区域一体化发展的能力进一步提升。

(4)以城为主、以城带乡的特大城市战略空间布局更加协调。目前,济南市行政区划实现了10区2县的总体布局,城区面积和人口占城市总体量的绝大多数,区面积占全市的比重达到81.67%,有7区县下辖40个建制镇。城区人口超过500万人,全市总人口超过900万人,稳步向1 000万人的规模大城市迈进,以城为主、以城带乡条件优越,"大省会"的战略空间优势得到进一步彰显。在主城区,加快实施连通城乡的公共交通建设,推进轨道交通二期工程建设和济南东站至济阳区有轨电车建设,制定城乡客运一体化改革工作的实施意见,动态优化公交线网,新增和优化普通线路40条,不断提高公交供给能力、覆盖水平和服务质量(表10-3)。

表10-3 2019年济南市行政区划关键指标表

区县	面积/km²	占比/%	街道数/个	建制镇数/个
历下区	101	0.99	14	0
市中区	282	2.75	17	0
槐荫区	152	1.48	16	0
天桥区	259	2.53	15	0
历城区	1 299	12.68	21	0
长清区	1 209	11.80	7	3
章丘区	1 719	16.78	15	3
济阳区	1 099	10.73	6	4
莱芜区	1 740	16.99	4	11
钢城区	506	4.94	3	2
平阴县	715	6.98	2	6
商河县	1 162	11.34	1	11
合计	10 244	100.00	121	40

3. 放大集群效应，区域空间动力传导机制进一步优化

（1）省会经济圈发展体制机制运转成效明显。2020年，山东省政府发布实施《关于加快省会经济圈一体化发展的指导意见》（鲁政发〔2020〕8号），建立了高效推进省会经济圈一体化发展的体制机制。山东省新旧动能转换综合试验区建设领导小组负责统筹指导和推进省会经济圈一体化发展，协调解决重大问题，督促落实重大事项。济南市牵头建立7市议事协调机制，定期召开会议，协商研究一体化重大事项，向省领导小组报告工作。一年来，省会经济圈在加快基础设施互联、互通、推动产业协同融合发展、强化生态环境共保联治、打造文明交流互鉴高地、增进公共服务便利共享、推进区域合作开放共赢、优化各类要素资源配置等7个方面取得了实质性进展。经济圈城镇体系更加优化，初步形成了以济南市区为龙头、以五级城镇为支撑的城镇体系，城镇体系日趋优化，空间形态更加完整，为空间动力传导奠定了良好基础。截至2019年年底，构建形成1个特大城市、3个大城市、4个中等城市、31个小城市及404个建制镇协调发展的城镇总体格局。

（2）城市间经济联系更加紧密。作为经济圈首位城市，济南市首位指数较高，经济圈11城市首位指数达到1.44，对整个都市圈具有显著经济影响力。省会经济圈经济联系总量达到437.23亿元·万人/km^2，其中"济淄""济泰"经济联系轴潜在经济活跃程度最高，济南市与淄博市联系总量最大，为165.44亿元·万人/km^2，济南市和泰安市联系量为130.60亿元·万人/km^2，两者联系量占到经济圈经济联系总量的67.71%，核心地位凸显。

（3）交通强国建设推动网络化空间布局加快形成。重点抓好域外、市域和城区交通规划建设，加快推进区域交通一体化、城乡交通一体化，省会经济圈综合交通承载能力进一步提升。加快交通枢纽建设，加快济郑、济莱、黄台联络线四条高铁建设，全力推进德商高铁前期工作，开工建设济滨高铁。加快机场新工作区建设，全面开工建设济南机场二期改扩建工程，打造国际级4F机场。加快推进小清河复航工程建设，高标准建设国

内一流的智慧济南港,打造河海联运的"黄金水道"。加快大西环、济南市至潍坊市、济南市至高青县3条高速公路建设,开工建设京台高速、绕城高速东线、大北环等5个高速公路新改建项目,全力构建高速大通道。加快省道103旅游公路建设,积极推进国道220先行区改线、国道309章丘区东段等9个项目改扩建前期工作。

(4) 城市经济对山东半岛城市群辐射带动能力进一步提升。城市综合实力全面提升,2020年,济南市地区生产总值达到10 140.9亿元,成功跻身"万亿俱乐部",实现了历史性跨越发展质效显著提高,新技术、新产业、新业态、新模式(简称"四新")经济占比达到36%,数字经济占比达到42%,市场主体总量突破130万户。深入实施工业强市战略,培育形成总量达万亿级的"四大支柱"产业。济南市地区生产总值占城市群比重提高到现在的13.9%,比"十三五"初期提高4.2%,年均提高0.84%,辐射带动能力显著增强。

4. 推进创新发展,城市现代化水平进一步增强

(1) 城市创新要素聚集能力更加突出。"科创济南"建设推动城市创新动能力进一步提升,"电磁驱动高速测试装置""大气环境模拟系统"等国之重器落地济南建设,首家国家超算中心科技园建成启用,中国科学院济南科创城加快建设,15家中国科学院所属院所相继落地,齐鲁科创大走廊发展框架初步形成,3家省实验室正式启动建设。省级新型研发机构备案达到48家,山东省产业技术研究院、山东省高等技术研究院等研发机构相继揭牌成立,高新技术企业突破3 000家。

(2) 城市治理更加智慧。深入挖掘大数据蕴含的发展动力,以智慧城市建设为引领,创新推动智慧业务发展,深入实施智慧政务改革,强化提升智慧服务水平,走出了一条党务、业务、服务(简称"三务")融合发展的智慧城市建设新路径,城镇化转型升级取得新成效,人民群众的幸福感、获得感、安全感进一步增强。济南市在全国首创新建商品房和二手房业务全链条办理、"泉城链"政务数据可信共享新模式、"保医通"等智慧化服务应用平台,2020年数据开放水平列省会城市第2位,数据立法、数据创新应用、可信身份认证和电子印章应用居全国前列，外来人口公共服务水平登顶《中国城市流动人口社会融合评估报告（NO.2）》60 城榜单。加快提升智慧交通建设水平，提高路口交通智能识别水平，道路交通日益顺畅，交通拥堵"城市病"持续向好。

（3）城市品质魅力大幅提升。坚持高标准规划建设管理城市，着力提高治理能力和管理水平，城市品质品位不断彰显。"文化济南"建设成效显著，成功入选"东亚文化之都"，非遗博览会永久落户济南。在济南市民的共同努力和参与下，勇夺全国文明城市年度测评"三连冠"，被评为"中国十大美好生活城市"。生态环境质量持续改善，治山治水治霾成效显著，累计建成山体公园 76 处，在山东省率先消除劣 V 类水体，2020 年上半年 PM2.5 平均浓度同比改善 13.5%，黄河生态廊道一期示范段已经形成景观效果。创新推进城市更新行动，探索形成口袋公园、街角绿地等一系列优秀做法，近 5 年拆违拆临面积超过 1 亿 m^2，建绿透绿 479 万 m^2，推窗见绿、出门入园已经成为济南市民生活新常态。多措并举开展"新城建"，轨道交通一期 3 条线路全部建成运营，二期 6 条线路全面启动，交通东西轴向联系进入地铁换乘时代。

5. 注重试点示范，城乡融合发展展现新作为

以县（区）为单元，促进县域经济跨越提升，积极构建以城带乡、以乡促城、融合发展新空间，促进城乡发展更加均衡，全面助力乡村振兴，形成以国家级城乡融合发展试验区为引领、以黄河北省级城乡融合发展试验区为支撑的城乡融合发展新格局。

（1）国家级城乡融合发展试验区创建工作加快推进。2019 年 12 月，国家发展改革委等 18 部委联合下发《关于开展国家城乡融合发展试验区工作的通知》，确定国家城乡融合发展试验区名单，"山东济青局部片区"成功入选。其中，济南市入选国家城乡融合发展试验区的范围涵盖市中区、历城区（含南部山区）、长清区、章丘区、高新区等 6 区，占地面积在山东省内最大。按照国家城乡融合试验区任务安排，济南市主要承担搭建城乡产业协同发展平台、建立进城落户农民依法自愿有偿转让退出农村权益制度、建立农村集体经营性建设用地入市制度、搭建城中村改造合作平台、建立生态产品价值实现机制五项试验任务（表10-4）。这五项任务，紧贴全市城乡融合发展的实际需要，分别在城乡产业发展、农民产权保护、农村土地改革、城中村改造、生态价值实现等五个方面展开探索，各区结合各自实际分别开展差异化试验任务，在城乡两端助力全市发展再上新台阶。

表10-4　济南市国家试验区分区试验任务一览表

序号	区县	试验任务
1	市中区	（1）搭建城中村改造合作平台； （2）搭建城乡产业协同发展平台； （3）建立进城落户农民依法自愿有偿转让退出农村权益制度； （4）建立农村集体经营性建设用地入市制度
2	历城区	（1）建立进城落户农民依法自愿有偿转让退出农村权益制度； （2）建立农村集体经营性建设用地入市制度； （3）搭建城乡产业协同发展平台
3	长清区	（1）建立进城落户农民依法自愿有偿转让退出农村权益制度； （2）建立农村集体经营性建设用地入市制度
4	章丘区	（1）建立农村集体经营性建设用地入市制度； （2）搭建城乡产业协同发展平台
5	济南高新区	（1）搭建城乡产业协同发展平台； （2）建立城乡基础设施一体化发展体制机制（自选）
6	南部山区	建立生态产品价值实现机制

（2）省级城乡融合发展试验区率先取得突破。商河县农村产权制度改革不断深化，成功推出全省最大"农地入市"项目，走出了农村集体经营性建设用地入市新路子。稳步推动生态产品价值实现，科学评估全市各类生态产品的潜在价值量，开展生态产品目录清单编制前期工作，研究区域生态产品总值核算办法，探索生态产品市场交易机制，开展用能权交易试点，签约全国碳交易中心山东服务中心，印发《济南市用能权有偿使用和交易试点实施方案（试行）》和《济南市用能权有偿使用和交易管理办法

（试行）》。推进园林和林业高质量发展，印发《济南市人民政府关于推进全市园林和林业绿化高质量发展的实施意见》。积极推动城乡产业协同发展平台建设，推进国家农村产业融合发展示范园创建工作，商河县农村产业融合发展示范园被省发展和改革委员会等7部门认定为省级示范园，并被省优先审核推荐创建国家级示范园。推进特色小镇健康发展，贯彻落实国务院办公厅转发国家发展和改革委员会《关于促进特色小镇规范健康发展的意见》，全面完成全市现有特色小镇摸底调查，为下一步政策制定提供了参考和依据（表10-5）。

表10-5 济南市省级城乡融合发展试验区任务表

区县		试验任务
济阳区 商河县 新旧动能转换起步区	省级	（1）建立城乡有序流动的人口迁徙制度； （2）搭建城乡产业协同发展平台； （3）建立城乡基础设施一体化发展体制机制； （4）建立城乡基本公共服务均等化发展体制机制

（3）城乡融合发展工作亮点纷呈。深入开展机构改革，参照山东省领导机构设置，成立了市城镇化暨城乡融合发展工作领导小组，抽调市委改革办、市发改委、市自然资源和规划局、市农业农村局等部门和各试验区业务骨干，创新性组建城乡融合发展工作专班。其中，历城区成立了由12名编制组成的事业单位，专职负责全区城乡融合发展工作。深入推动省会经济圈一体化发展机制改革，成立省会经济圈一体化发展养老服务联盟，两个街道、一个基地入选全国第四批智慧健康养老应用试点。加快推进城乡要素流通配套政策改革，深入开展全省乡村振兴"十百千"工程示范，大力实施农村人居环境整治3年行动计划，深入推进农村"七改工程"，推动优质教育、文化、医疗等公共服务向农村延伸，三涧溪村在打造乡村振兴齐鲁样板中走在全国前列。坚持产业集聚、功能集成、要素集约，将小城镇作为承接城市产业转移、就地就近吸纳农业转移人口、服务"三农"的重要载体。积极推动强镇扩权，加大在土地、规划、政策等方面的扶持力度，推动有条件的重点镇向小城市转型。各镇依据资源条件、自身特色和发展基础，明晰定位和功能分工，打造了一批工业重镇、商贸强镇、生态靓镇、休闲名镇。

三、市域城镇化发展潜力：面向2035年的远景预测

进入"十四五"时期，展望2035年发展远景，济南市积极融入和服务新发展格局，凸显以内循环为主、外循环为补充的双循环格局下枢纽城市的战略优势，新型城镇化和城乡融合发展迎来了重要战略机遇期，在动能转换、拉动投资、惠及民生、扩大消费等方面释放巨大的发展潜力。

1. 新旧动能转换起步区起势成型

（1）城市发展空间徐徐拓展。济南市新旧动能转换起步区被列入国家和省国民经济和社会发展第十四个五年规划和2035年远景目标纲要，上升为国家战略。国家发展和改革委员会印发《济南新旧动能转换起步区建设实施方案》，明确了起步区建设的重要意义、目标任务和具体举措。2021年6月，发布实施《关于加快济南新旧动能转换起步区建设的意见》，明确了起步区5年成形、10年成势、15年成城的"三步走"发展目标，标志着济南市新旧动能转换起步区成为带动城市跨河发展的新的最大引擎。按照总体设想，起步区西起济南德州界，东至小清河—白云湖湿地，南起黄河—济青高速，北至徒骇河，包括太平、孙耿、桑梓店、大桥、崔寨、遥墙、临港、高官寨8个街道及唐王街道中西部区域、泺口街道黄河以北区域，将在15年内规划建设一座绿色智慧宜居现代化新城，城市将在黄河以北的核心区积极拓展，成为城区未来发展的主要增量空间之一。到2035年起步区成城后，济南将形成黄河两岸协调布局的新的城市空间形态，空间结构更加优良（专栏10-2）。

> **专栏10-2**
>
> **济南新旧动能转换起步区阶段性目标**
>
> 科学确定起步区发展目标及建设时序，明确了5年成形、10年成势、15年成城的"三步走"发展目标。

到2025年，起步区综合实力大幅提升，科技创新能力实现突破，研发经费投入年均增速超过10%，高新技术产业产值占规模以上工业总产值比重接近60%，跨黄河通道便捷畅通，现代化新城区框架基本形成，生态环境质量明显改善，开放合作水平不断提升，经济和人口承载能力迈上新台阶，人民生活水平显著提升，现代化新城区框架基本形成。

到2030年，起步区核心优势基本塑成，城市综合功能基本完善；

到2035年，起步区建设取得重大成果，起步区现代产业体系基本形成，创新驱动成为引领经济发展的第一动能，绿色智慧宜居新城区基本建成，现代产业体系基本形成，生态系统健康稳定，水资源节约集约利用水平全国领先，能源利用效率显著提升，人民群众获得感、幸福感、安全感显著增强，实现人与自然和谐共生的现代化。

资料来源：根据《济南新旧动能转换起步区建设实施方案》《关于加快济南新旧动能转换起步区建设的意见》整理

（2）重大基础设施、新型基础设施建设增量空间巨大。①按照起步区实施方案，起步区重大基础设施建设将迎来近年来山东省集中投资的高峰期，将布局国家重点科研院所、大科学装置、重大科技项目等，加强科技成果转化中试基地建设。②起步区严格落实碳达峰、碳中和要求，持续推进清洁取暖，加快供热系统改造升级，推广清洁能源替代，全面推动绿色建筑设计、施工和运行，新建居住建筑和新建公共建筑全面执行节能标准，大力发展超低能耗建筑，加快既有建筑节能改造。实施城市更新行动，推进城市生态修复和功能完善工程。③起步区大力推进基于数字化、网络化、智能化的新型城市基础设施建设，加快构建千兆光网、5G等新一代信息基础设施网络，建设城市级数据仓库和一体化云服务平台中枢，合理布局智能电网、燃气管网、供热管网，实施组团式一体化集成供能工程，在交通、医疗、教育、社保、能源运营管理等领域推行数字化应用，建设政务服务中心，逐步构建实时感知、瞬间响应、智能决策的新型智慧城市体系。高标准开展起步区建设，对接起步区"两新一重"基础设施配套需求，按照50亿元/km²投资强度①测算，新旧动能转换起步区远期总投资规模将达到近4万亿元，每年将带动各类投资2 660亿元，占到全市GDP的1/4以上。这一价值潜力，随着规划建设条件日益成熟，将呈现先慢后快、集中爆发的发展态势，逐步发展成为城市经济新的增长极。

（3）新兴战略产业发展进一步拉升了城市发展上限。起步区的主要任务之一是加快发展战略性新兴产业和先进制造业，瞄准智能化、绿色化、服务化发展方向，搭建战略性新兴产业合作平台，推动产业体系升级和基础能力再造，打造具有较强竞争力的产业集群；推进新一代信息技术与先进制造业深度融合，加强关键技术装备、核心支撑软件、工业互联网等系统集成应用，发展民用及通用航空装备、高档数控机床与机器人等装备产业，加强新材料、智能网联汽车等前沿领域布局；对符合相关条件的先进制造业企业，在上市融资、企业债券发行等方面给予积极支持。作为新动能产业的配套，起步区还需要培育壮大现代服务业。发展技术转移转化、科技咨询、检验检测认证、创业孵化、数据交易等科技服务业，支持起步区创建检验检测高技术服务业集聚区、知识产权服务业集聚发展试验区，培育设计、咨询、会展等现代商务服务业，建设总部商务基地；推进金融创新，布局下一代金融基础设施，在科技金融、征信等领域开展试点，支持建设国家金融业密码应用研究中心；积极发展航空物流、冷链物流等，打造区域性物流中心；发展健康管理、家政服务、服务贸易和服务外包等服务业，搭建健康产业信息服务体系。一系列新兴战略产业的布局，蕴含着万亿级的产出潜力，拉高城市产业发展上限的同时，也是城市发挥四大国家战略叠加优势的发动机，对山东半岛城市群、黄河流域的空间价值发挥产生显著的催化作用。

（4）为经济圈、都市圈要素集聚开辟新的承接地。山东省委、省政府

---

① 参照国内同类型开发区投资强度，广州龙湾南海片区投资强度为58亿元/km²；雄安新区"十三五"时期投资强度保守预计50亿元/km²；东部地区特色小镇投资强度为40亿~60亿元/km²，国家规定特色小镇的投资强度底线标准为200万元/亩，合30亿元/km²。考虑到先行区目标定位，及对标雄安的国内第二个先行区战略需求，报告采用投资强度高于一般特色小镇底线标准、略低于珠三角地区，按照50亿元/km²的一般水平测算。

提出，支持省会经济圈打造成"蜘网形"空间结构的完整都市圈。济南市是省会经济圈和济南都市圈的核心城市，老城区承担了山东省行政、文化、教育等省会职能，公服、居住、商业用地居多，大幅产业用地不适宜在老城区布局，经济圈内市场一体化的发展能力受到了一定程度削弱，产业难以成链，核心城市与外围城市在产业链上的上下游关系未完全理顺，一定程度上影响了核心城市功能的发挥。先行区建设的推进，使这一窘境得到了明显改观。一方面，一系列战略新兴产业的加持，使先行区各大企业成为都市圈产业体系的上游，有利于引领带动外围城市，打造形成具备全球市场竞争力的高端产业集群；另一方面，为城市群健康产业生态建立腾出了巨量的低成本、高价值、高回报的落地空间，释放都市圈产业发展的整体红利。

2. 城乡融合发展向纵深推进

（1）以县为单元的城乡融合发展刚刚起步。2019年，国家发布实施《中共中央 国务院关于建立健全城乡融合发展体制机制和政策体系的意见》，提出以市县做好城乡融合发展的规划，落实好城乡之间要素配置、公共服务、基础设施、经济体系、共同富裕的发展任务。2021年3月，在《中华人民共和国国民经济和社会发展第十四个五年规划和2035年远景目标纲要》中，进一步明确：以县域为基本单元推进城乡融合发展，强化县城综合服务能力和乡镇服务农民功能；推进以县城为重要载体的城镇化建设。当前，全市有9区县分别入选国家、省级城乡融合发展试验区，未入选区县也在积极开展相关试验任务，各县、区城乡融合发展大势刚刚起步，因城乡二元体制分割导致的要素不畅、设施不通、服务不等、收入差距等逐步逐项改善，城乡融合发展各领域持续向前推进，将对乡村各类产品价值实现产生巨大带动作用，催生一个新的消费市场。

（2）新设区城乡融合发展适逢城区一体化发展需求。近年来，山东省委、省政府高瞻远瞩，省、市一体推进强省会建设，章丘市、济阳市先后撤县（市）化区，莱芜市、钢城随同原莱芜市并入济南成为城市发展副中心。新城区成立以后，外围各城区之间联系较为松散，城区内部政府驻地与镇街涉农区域城镇建设水平迥异，城区一体化深入推进蕴含了巨大的发展潜力。在城乡融合发展战略实施之前，新设区与老城区的一体化推进速度较慢、办法不多。城乡融合发展战略的实施，为城区一体化带来了新路径。从试验区发展来看，11项国家及省级授权试点任务精准对接城乡建设用地同权、城乡产业平台协同、城乡基础设施联通等现实需要，加快市场培育、设施建设、公共服务、交通联系一体化进程，有利于一体化诸项难题从下而上——破解。

（3）新型城乡关系将为乡村振兴提供新支撑。目前，商河县、平阴县还存在量大面广的传统农区，受人口外流影响，村庄发展受到资金、劳动力短缺影响严重，呈现逐步衰败迹象。乡村发展内生动力趋弱的现实，需要引进外部力量，阻断继续衰败的惯性。城乡融合发展要义在于建立以城带乡、城乡互促发展的新型城乡关系。新型城乡关系有利于引导资金、劳动力、技术等要素流向乡村衰败地区，活化村庄发展生态，扭转乡村发展颓势，为乡村振兴提供外源性支持。

3. 城市更新行动深入实施

"十四五"规划和2035年远景目标纲要提出，加快转变城市发展方式，统筹城市规划建设管理，实施城市更新行动，推动城市空间结构优化和品质提升。2021年4月，国家发展和改革委员会将城市更新行动列入本年度城镇化与城乡融合发展重点任务。国家住房城乡建设部全面落实国家部署，进一步将城市更新行动细化为八大重点任务（专栏10-3）。

专栏10-3

设区市层面城市更新行动的八大重点任务

一、调整城市的空间结构、优化城市空间布局、完善城市功能；

> 二、生态修复；
>
> 三、历史文化资源的保护和城市风貌的塑造；
>
> 四、社区建设；
>
> 五、新城建；
>
> 六、防洪、排涝系统，要更加安全更加韧性；
>
> 七、老旧小区改造，它属于城市更新行动中的一种类别，是一项民生工程；
>
> 八、以县城为重要载体的就地城镇化
>
> 资料来源：杨保军．坚持系统观念，整体推进城市更新，《中国建设报》，2021.01.12

（1）支持"中优"战略的着力点更加坚实。继"中疏"战略后，济南市委、市政府全力推进"中优"战略实施，制定了《城市发展新格局之"中优"——近期重点打造片区和项目行动方案》，实现了老城区发展战略的转型。"中优"的目标定位是"优化城市风貌和业态，提升城市功能和品质"，打造古城、商埠区、洪楼广场、小清河-黄河地区、大千佛山景区五个片区，建设历史文化名城核心区、泉·城文化风貌区、中央活动区（CAZ）和世界名城旅游胜地。对接国家城市更新行动，这一目标将结合八项重点任务落地落实，极大拓展"中优"战略内涵及县城城镇化发展，补强"中优"战略在新城建、社区建设、城市安全设施层面的短板，促进"中优"更加符合民生需求。

（2）城市内部功能提升释放新需求。国家部署新一轮城市更新行动，重在"坚持系统观念"，对济南而言具有极高适用性和较强针对性。目前，济南市城市建设面临的突出问题是系统性不足，城市系统存在碎片化、有机联系较低的问题，表现为一方面局部地区空间发展受限；另一方面存在大片空闲土地、低效土地。通过深入全面地实施城市更新行动，有效提升整体城市功能，需要在城市、区、片区（园区）、社区（村居）等不同尺度上理出制约发展的短板，实施一系列新建、改建、扩建工程，促进城市发展的系统性水平提高一个档次。

(3) 显著改善城市内部二元结构。城中村是城市更新的重点区域，目前，济南市尚未改造完成的城中村，其改造成本难平衡、内部产权复杂、社会功能多样，村内利益主体多元共生、相互纠结，超出了山东省内大多数城市、县城，在改造过程中面临着"改不动"，在改造结果上面临"改不完"，成为城市更新的最大难点。城中村导致大城市形成了新二元结构，阻碍了大城市整体现代化发展①。系统化开展城中村改造，形成住房、学区、跨城中村片区的联动解决方案，改善城中村人居环境的同时，有效解决青年人、新市民住房问题，为城市发展带来新生机。考虑人口发展的城市更新行动，能为城市共同富裕提供良好的社会发展基础。

(4) 老城区发展植入新活力。受城市发展战略影响，传统的老城区面临活力下降、城市环境落后等问题。但是，作为历史文化名城的老城区，价值在于历史文脉传承，留住城市发展的历史记忆，是城市精神的发源。以全面改造和微改造相结合、旧厂和旧城改造相结合等方式开展城市更新行动，对原有街区肌理实施保护性开发，既挖掘城市发展传统，又能实现老城区改善区域人居环境、提升各项配套设施、促进产业全面升级等多种功能，促进"老树发新枝"。

4. 现代化城市建设蹄疾步稳

(1) 智慧产业、智慧服务、智慧政府的推进逐步汇集智慧城市建设发展合力。①智慧城市夯实基础需要智慧设施的投运，利用5G、大数据计算平台与网络，构建涵盖全面感知网、通信网络和计算存储资源的集约化智慧城市支撑体系，结合超算中心计算能力，为新型智慧城市建设统一提供计算、存储、网络、物联感知等资源服务。②智慧城市在公共服务领域应用将带来一场深刻广泛的革命，推进公共服务（包括政务服务、医疗、教育、社区服务等）、公共安全（包括公安、应急、安全生产等）、城市治理（包括交通、环保、水务、城管等）、智慧产业（包括智慧园区、智慧工厂、创新服务平台和大数据产业等）四大领域应用工程建设。③新型智慧城市的重要组成部分"数字政府"将引领新一轮信息化革命，通过全市自

---

① 叶裕民，实施城市更新行动，破解大城市新二元结构，中国网，2021.06.04. 网址：https://baijiahao.baidu.com/s?id=1701616889339535264&wfr=spider&for=pc

上而下的统筹规划，各区县、各部门遵循集约建设、共建共享、互联互通原则，建设统一信息化支撑、技术标准和评价体系，分步实施，实现政府的扁平化、高效化。

（2）生态城市建设。系统实施"山泉湖河城"生命共同体建设，打造具有世界标识、独具特色的生态城市，从四个方面深入挖掘城市品牌价值。做好山的文章，深入打造大千佛山5A级旅游景区，改造提升南部山区拥泰山发展的现状条件，在城市内部生态优化和济泰之间生态联动上，凸显城市发展的优秀生态底色。拓展泉的应用场景，打造吃住行游购娱的全产业链泉水业态。锻造湖的价值，推动建立南水库、北华山、东雪野、西湿地、中大明的城市内部湿地群，以大明湖为核心拓展湖水文化辐射区，为城市增添一张新名片。从长远角度处理好河与城的关系，筑牢安全底线，统筹上下游、左右岸、地上与地下，布局实施一批携河发展工程，推动黄河成为融入城市、联动两岸的城市内河，实现黄河区域高质量发展。

（3）创新城市建设。大数据、物联网、移动互联网、人工智能、云计算等技术迅猛发展，为城市"再工业化"带来了新支撑。以"智造济南"为统领，深入推动科技创新的产业化应用，推动技术体系、生产模式、组织形式等重大变革，实现产业链升级换代，提高城市产业的价值容量上限。以"科创济南"为支撑，深化科研院所改革，聚集创新要素、研发资源，形成科技创新的高地效应和规模效应。建设一批重大创新平台，整合驻济高校、科研院所科研力量，构建高效协作的创新网络体系，建立以企业为主体、科研成果转化为目标的产学研合作机制，为城市发展提供长期、稳定的科研输出。

（4）人文城市建设。注重人的全面发展，通过人文城市建设向城市居民提供有价值、有意义、有梦想的生活方式，赋予个体更高级的奋斗目标和更广泛的发展空间。建设和提升城市图书馆、博物馆、艺术馆等文化场馆，为人文城市建设提供优质载体。释放文化价值，做好文旅融合的基本功，创作感召人、鼓舞人的优秀文化作品，提升城市品位和文化影响力。推动文化传承，打造具有泉城特色的城市建筑风貌。让传统文化和现代文化、本土文化和外来文化在济南大地上交融共兴，形成开放、多元的现代城市文明。

(5) 包容城市建设。逐步改善城市发展公共资源和设施短板，根据常住人口总量和空间分布均衡配置社会公共资源和公共服务设施，向婴幼儿、青少年、老年人、外来人口等提供均衡共享的发展机会。建设开放和共享的高品质公共空间，推动绿地、公园免费向市民开发，提高博物馆、体育馆、艺术馆等场馆利用率。稳步扩大住房保障供给，建立租购并举的城市住房供给体系。落实计划生育"三孩"配套政策，建立健全公平教育体系，系统降低儿童生育养育、教育成本。积极应对老龄化，对基础设施、住宅小区开展适老化改造，提高社区日间照料中心、街道综合养老服务中心覆盖率。

(6) 韧性城市建设。多管齐下，提升城市的空间抗冲击、基础设施和生态设施的韧性能力，提高城市系统应对自然灾害、经济危机等风险水平。科学制定城市综合防灾规划，在空间规划布局中适当"留白"，针对洪水、地震、火灾、疫情等突发事件，合理预留避难场地、方舱医院等"平战结合"的应急救援空间，做好设施接入条件预留。优化基础设施韧性，加强智能化改造，提高维护能力，增强城市交通、电力、燃气、信息、供排水、应急物资储备等"生命线"系统的抗冲击和快速修复能力，保障基础设施系统在极端情况下能正常运转。完善城市生态韧性，推进海绵城市建设，加强城市河湖、湿地水系的保护和修复，采取微地形、雨水花园、下凹式绿地、人工湿地、屋顶绿化等形式，加强雨水的收集、净化、储存和利用，人工与生态手段相结合，避免城市内涝。制定严密且可实施的动态化应急预案，提前完善组织准备、空间预留和物资储备，进行全天候预警，尽早化解危机。

5. 小结：新一轮城镇化潜力分布

从市域来看，新一轮城镇化潜力主要分布于动能转换、城市更新、城乡融合、现代城市建设等四个方面。对济南而言，城市发展正在推进的新旧动能转换起步区起势成型、城乡融合发展试验区引领城乡关系纵深调整、城市更新带来的老城区变迁、现代化城市建设带来城市发展模式整体优化升级等，都蕴含了巨量的新一轮城镇化发展潜力。未来的市域城镇化之路，结合潜力点挖掘，前瞻性布局各项具体工作，持续在潜力结合点上用功，将取得事半功倍的效果（表10-6）。

表10-6 济南市新一轮市域城镇化潜力点汇总分析表

来源	潜力动因	序号	潜力点描述
动能转换	新旧动能转换起步区起势成型	1	城市发展空间徐徐拓展
		2	重大基础设施、新型基础设施建设增量空间占到全市GDP的1/4以上
		3	新兴战略产业发展进一步拉升了城市发展上限
		4	为济南都市圈要素集聚开辟新的承接地
城乡融合	城乡融合发展向纵深推进	5	以县域为单元的城乡融合发展刚刚起步
		6	新设区城乡融合发展适逢城区一体化发展需求
		7	新型城乡关系将为乡村振兴提供新支撑
城市更新	城市更新行动深入实施	8	支持城市"中优"战略的着力点更加坚实
		9	城市内部功能提升释放新需求
		10	显著改善城市内部二元结构
		11	老城区发展植入新活力
现代城市建设	现代化城市建设蹄疾步稳	12	智慧产业、智慧服务、智慧政府的推进逐步汇集智慧城市建设发展合力
		13	系统实施"山泉湖河城"生命共同体建设，打造具有世界标识、独具特色的生态城市，彰显生态城市建设价值
		14	创新城市建设，建立以企业为主体、科研成果转化为目标的产学研合作机制，为城市发展提供长期、稳定的科研输出
		15	人文城市建设带来设施升级、城市品位升级和文旅市场升级
		16	包容城市建设，逐步改善城市发展公共资源、设施、住房保障、养老育幼等发展中的短板
		17	韧性城市建设，多管齐下，提升城市的空间抗冲击、基础设施和生态设施的韧性能力，提高城市系统应对自然灾害、经济危机等风险水平

四、市域城镇化推进方式：加快开启"十四五"规划建设新征程

目前，济南市在现代化、国际化水平上，在公共产品供给、区域辐射带动能力上，在县城、小城镇培育上，离强省会要求还存在一定差距。进入新发展阶段，济南市应充分发挥济青局部片区国家级城乡融合发展试验区的统筹作用，立足于建设黄河流域中心城市，积极争创国家中心城市，对标雄安新区建设，深度联系京津冀、长三角城市群协同发展，打造我国北方高端产业、科技、人才、现代服务业集聚地和央企、跨国公司区域总部基地，建设"大强美富通"现代化国际大都市，以新型城镇化为战略基点，建设融入和服务国内大循环的枢纽城市。

1. 以人的城镇化为核心，做优新旧动能转换起步区

以人的需求为主线，回答好起步区需要什么人、如何吸引人、如何留住人三大难题，精心打造青年友好型新城区。

（1）聚力打造强吸引力的新动能产业。在巩固地方优势产业基础上，科学选择并培育能够与传统优势产业相互融合、相互促进的新兴产业，形成区域产业发展的接续力量，打造提升与创新并重的产业发展模式。持续发展高端装备制造业，加快推动高端装备创新发展，加强自主研发、设计、制造及系统集成能力，培育智能制造装备产业集群，打造具有全球影响力的先进制造中心和高端装备制造基地。以高新技术产业、新兴产业为未来经济增长的主要动力，综合推广利用氢能，建设山东半岛氢动走廊和济南"中国氢谷"。建设国家级现代服务经济中心，推动生产性服务业向专业化和价值链高端延伸、生活性服务业向精细化和高品质转变，大力发展创意创新服务业，培育壮大创意经济，推动数字技术和创意产业融合创新，聚焦信息技术服务，培育壮大龙头企业，打造信息技术服务产业集群。

（2）提高人才产业匹配度。以一流人才队伍支撑新旧动能转换，高起点推进科技基础设施和高能级创新平台建设，加强科技创新供给，完善创新创业生态，切实增强科技创新人才与产业发展的匹配度。围绕高端装备制造、现代信息产业、高端服务业等战略性新兴产业，加强人才培育引进，统筹推进科技领军人才、高水平工程师和高技能人才、企业家人才队伍建设，通过国际合作、设立研发中心等形式引进一批高层次人才，推进国家科技领军人才创新创业基地建设。与高校、科研院所和职业院校密切合作，创新"订单式"人才培养方式，打造一批高层次人才和高技能人才团队。

（3）建设青年友好型城市。把青年人才引育放在起步区建设基础性、先导性、全局性的战略位置，提升留才用才的准度、精度、速度。建设引领全省的青年友好型城市，打造青年人愿来愿留、乐活乐享的城市环境，让年轻人和新城区一起成长、加快扎根、共同发展。大力营造适合年轻人的安居乐业环境和成长发展空间，让城市更好接纳、包容和成就年轻人，不断增强人才的获得感和满意度。精准解决新就业青年的住房问题，加大住房保障供给力度，将新市民、青年人纳入保障范围，建设户型小、租金低、可负担的保障性租赁住房。借助省会城市科教人才资源富集优势，对标先进地区，立足先行区实际，既有情怀又有胸怀地招引和集聚人才，努力形成创新主体优势、人才结构优势和独特竞争优势。充分发挥人才政策服务体系的作用，聚焦高校毕业生就业创业工作中的结构性、适配性、完整性等问题，构建更为完善的青年人才就业创业政策体系。发挥企业载体和社会机构的渠道作用，全面引导驻济高校及外地来鲁毕业生到先行区创新创业。

2. 以城乡融合发展试验区为突破口，构建全域城镇化新格局

（1）总结商河集体经营性建设用地入市模式，固定成全市的建设用地入市政策。商河县深入实施省级城乡融合发展试验区创建，在开展全面调研基础上，摸清企业用地需求和集体经济组织入市意愿，深入研判新的《中华人民共和国土地管理法》、国家关于集体经营性建设用地入市等相关文件规定，率先制定《商河县农村集体经营性建设用地出让暂行办法》《商河县农村集体经营性建设用地入市资金管理暂行办法》，为商河县集体经营性建设用地入市提供了政策保障和依据。2021年3月5日，商河县敲响济南市集体经营性建设用地入市第一槌，入市地块位于商河县殷巷镇前芦洼村，面积369.7亩，成交总价7 025万元，出让年限50年，土地用途为工业用地。下一步，深入总结商河县集体经营性建设用地入市成功做法和政策适用性，对"农地入市"的范围、途径、条件、实施主体、程序、法律责任等事项，用市级政策的形式予以明确、固定，科学、有序、稳妥推进全市集体经营性建设用地入市工作，破解城乡土地要素流转难题。将集体经营性建设用地入市政策的实施范围拓展至下辖县区，激活"人地"挂钩机制，促进地随人走、地随产走，提高土地资源利用率。

（2）激发城乡过渡地带蕴含的发展潜力，构建大郊区城乡融合发展格局。发挥10区2县、以区为主的行政区划优势，释放历城区、章丘区等二环以外各城区接城靠乡的区位优势，打造环中心城区城乡融合发展带。加快推进以县域为单元的城乡融合发展，将章丘区、济阳区、莱芜区、钢城区等新划转区纳入，连同平阴县、商河县一并开展县域城乡融合发展考核。构建城乡融合发展梯次推进格局，在环中心城区城乡融合带推进城乡深度融合，在平阴、商河、钢城等远郊区域推进点上突破，有主有次、各有侧重地推进城乡融合发展各项试验任务落地见效。

（3）依托城乡融合发展，切实加快城区一体化进程。历城区依托新成立的城乡融合发展专业管理机构，加快打造形成济青局部片区连济带淄的重要节点。长清区、天桥区、南山区等老市区，加快以城带乡发展力度，促进人口、资源向区政府驻地集中。章丘区、济阳区等新市区，加快实施就地就近城镇化，稳妥推进城中村改造，加密与主城区之间的交通联系，尽快发展成为主城区的重要功能拓展区。莱芜区、钢城区等新合并城区，依托大运量城轨全方位推进与主城区的同城化，加快吸引以重汽为龙头的产业转移，推进钢材等传统优势产业转型升级，深入对接新旧动能转换先行区、高新区等产业园区产业链，协同打造一体化的产业体系。

(4)有增有减，推进衰弱的乡村地区精明收缩。积极应对乡村收缩客观规律，转变人口外流严重地区传统规划思路，减少增量规划，以人口收缩为基础，优化居住及生活空间，提高人居环境的质量。以总体减量为方向，做到以减促增，通过资源合理退出与重组，减少不适应发展要素，增加适应发展要素，实现乡村空间结构的优化调整，营造可持续的发展环境。统筹化解人、地、资本等生产要素的空间错配矛盾，促进资源有效配置，释放空间活力。协调推进人口、空间、产业和文化"四个收缩"，推进土地管理制度、人居环境体系、城乡社区营造和文化传承方式变革，实现要素资源有聚有散、聚散相宜。基于生产要素配置对空间需求的客观规律，组织生产、生活和生态空间，实现空间紧凑、集约和高效使用。畅通人、地、资源有效退出渠道，引导衰落型地区资源向县城、镇区集中，促进传统农区规模化经营，优化资源集约配置，提升土地利用效率，助推城乡高质量发展。

3. 以新一轮城市更新行动为支点，优化宜居宜业人居环境

运用城市体检，全面摸清生态宜居、健康舒适、安全韧性、交通便捷、风貌特色、整洁有序、多元包容、创新活力等城市发展底数，系统实施城市更新，打造宜居、宜业、宜游的人居环境。

(1)滚动实施老旧小区改造。建立市级老旧小区常态化改造数据库、完善改造项目储备库，以"任务制"与"申报制"相结合的方式，滚动实施，压茬推进，力争用5年时间基本完成现状需改造老旧小区改造任务。制定年度改造计划项目库，将新认定的老旧小区及时纳入改造计划。上、下联动，提高公众参与意识，优先将居民同意改造整治且愿意承担相应义务的小区纳入项目储备库。

(2)分类推动老旧小区改造见实效。建立省属单位在济老旧小区联席会议制度，完善省属单位与市、区、街道（乡镇）多层次的对口联络机制，保障省属单位老旧小区按时改造完成。"一区一策""一楼一策"推动简易楼改建项目改造，广泛征求群众意见，编制规划设计方案和改建实施方案。以"中优"战略推动历史文化街区范围内老旧小区改造，统筹抓好功能完善和历史传承，依照相关标准做好建筑加固修缮，沿街立面风貌整治，路面整修改造以及完善市政基础设施等方面的修复和更新。

（3）多措并举破解城中村改造难题。积极破解主城区城中村可利用土地少、缺少资金来源、征收难度大等"老大难"问题，强化统筹协调，采取有效措施，加快完成改造。打破"一村一改、独立实施"的传统模式，建立"相邻就近、统一规划、联合改造、集中建设"的回迁房建设新模式，实现区域统筹、整体推进，破解实施难。多渠道筹措资金，积极争取信托资金，探索采用PPP模式，加大社会资本参与力度，破解资金难。阳光操作，坚持"一把尺子量到底，一个政策对全体"的原则，做到依法依规、公平公正、标准统一、补偿到位，依靠政府公信力，有效疏解村民情绪，突出群众自愿、自主、自决的主体地位，破解征收难。

（4）建设泉城风韵的老旧小区。扩大老旧小区改造行动范围，推动"围墙内"私密独立的居住空间与"围墙外"多元活力的开放空间充分衔接，解决现实矛盾，改善街区秩序，消除安全盲区，优化慢行交通，探索住区物业管理与城市管理的有机融合。挖掘老旧街区蕴含的泉城文化，突出山、泉、湖、河、城特色风貌，优化城市肌理，传承城市文脉。

（5）建设完整居住社区。深入开展城市居住社区建设补短板行动，结合实际统筹划定和调整居住社区范围，明确居住社区建设补短板行动的实施单元。通过补建、购置、置换、租赁、改造等方式，因地制宜补齐既有居住社区建设短板。优先实施排水防涝设施建设、雨污水管网混错接改造。充分利用居住社区内空地、荒地及拆除违法建设腾空土地等配建设施，增加公共活动空间。统筹利用公有住房、社区居民委员会办公用房和社区综合服务设施、闲置锅炉房等存量房屋资源，增设基本公共服务设施和便民商业服务设施。推进相邻居住社区及周边地区统筹建设、联动改造，加强各类配套设施和公共活动空间共建共享，打造居民"15分钟生活圈"。

（6）一点一策实施微更新。突出城市有机更新理念，增加小游园及微绿地，狠抓城市精细化管理，在城市环境品质提升的基础上运用先进技术提升城市管理能力及管理水平，提升城市宜居宜业品质。建立城市微更新机制，针对性提出解决方案，一点一策解决城市易涝、易堵点，快速、高效、精准地解决城市发展"小"问题。

4. 以现代化城市建设为统领，推动城市可持续发展

（1）智慧城市建设突出智慧产业与智慧治理。利用智慧技术对城市进行重塑和再造，加强顶层设计，更好地利用新一代信息技术，大力培育数字经济智慧产业，加速传统产业转型升级，有效提升城市治理能力和公共服务水平，提高城市居民的获得感和幸福感。结合城市智慧化、信息化基础设施建设，通过政府引导和市场主导机制，充分发挥城市产业比较优势，重构与整合产业链条，推动形成特色鲜明的智慧产业。构建精细化城市治理体系，以新型智慧城市建设为契机，以数据融合共享为抓手，准确把握需求导向，带动城市治理理念创新，加快形成支撑城市发展的新优势。做强城市智慧治理中心，构建纵向贯通、横向集成、社会广泛参与的综合治理信息化平台。持续完善智慧化城市运行服务体系，建立网格化管理体系，实现集中管理、综合治理和延伸服务。构建智慧交通体系，实现交通管理的感知、互联、分析、预测和控制，保障交通安全，提升交通系统运行效率。

（2）生态城市建设突出生态价值实现。以南部山区生态保育开发为突破口，推进自然资源确权登记，开展全域生态产品信息普查，在全省率先建立生态产品调查监测机制。对标浙江丽水先进经验，建立生态产品价值评价体系，开展以生态产品实物量为重点的生态价值核算，不断创新生态产品在生态保护补偿、生态环境损害赔偿、经营开发融资、生态资源权益交易等方面的价值核算结果应用形式。推进生态产品供需精准对接，在严格保护生态环境前提下，采取多样化模式和路径，科学合理推动城乡不同种类生态产品的价值实现。

（3）创新城市建设突出提升科创济南发展的市场化水平。积极培育科技创新市场主体，全力提升企业自主创新能力，推动科技企业孵化器、众创空间高质量发展。聚焦重点产业链供应链，积极争取山东省重大创新工程，实施"揭榜挂帅制"，带动智能制造、政务信息等关键核心技术实现新突破。引入市场化机制，加速推进科技成果转化，完善产学研合作长效机制，引导高校院所面向企业、产业需求开展科技创新和成果转化。加强高水平国际科研合作，引导企业建设海外科技孵化器和海外企业研发机构。建立与创新人才能力相匹配的薪酬激励机制，提高科创济南人才的服务能力和水平。

（4）人文城市建设突出文旅融合市场培育。着眼"点线面"结合，以建设红色文化旅游基地、优秀传统文化旅游基地为引领，打造济南市省会经济圈文化旅游发展极。推进产品业态融合，积极推动文化资源"活化"利用，发展城市旅游、乡村旅游、工业旅游、康养旅游、研学旅游，构建全域文化旅游产品体系。增强文化"赋能"，大力培育旅游演艺、非遗旅游、会展旅游、博物馆旅游等文旅融合发展业态，努力建设富有文化底蕴的世界级旅游景区和度假区，打造一批文化特色鲜明的国家级旅游休闲城市和街区。培育壮大山东国欣文旅集团，打造山东文旅企业旗舰单位。协同推进公共文化服务和旅游公共服务，着力构建宜居宜业宜游的服务网络。

（5）包容城市建设突出外来人口认同。在全面放开省会城市落户限制基础上，转变发展理念，将流动人口视为城市进步和发展的重要力量，进一步增加对流动人口的社会包容度。深入推进流动人口市民化进程，推动多元文化共生共融，塑造城市新文化。支持外来人口"创新创业"，尊重流动人口集聚带来的更加多样化和复杂化经济活动和社会活动，促进基层创新，增强人口的发展能力，促进城市生活内在品质的提高和更新发展，提升社会经济生活的繁荣。

（6）韧性城市建设突出城市安全底线。实施智慧韧性安全城市建设工程，完善重大安全风险防控和应急处置体系，全周期呵护城市安全，做强"城市大脑"，做细"神经末梢"，构建智慧城市治理体系，实现智能感知就在身边、安全网络覆盖全域、风险隐患远离市民，让城市治理更加有序、更富活力、更可持续。大力提升防汛减灾和灾害处置能力。加强食品安全重点领域监管，创建国家食品安全示范城市。深化平安城市建设，争创社会治安防控体系示范城市。加强国防动员和后备力量建设，深化国防教育，提升双拥工作质量。

5. 以全面深化改革为动力，及时破解城镇化进程中的各类难题

（1）高效推进机构改革。落实机构改革总体方案，加快城镇化暨城乡融合发展领导机构划转步伐，理顺对上协同的工作联络线条。总结历城区城乡融合发展专业行政机构的良好做法，在有条件的县区推广，建立对下一致的工作推进机制。

（2）搭建区域协调发展机制。扬起山东半岛城市群龙头，加强与黄河流域上下游城市的交流，增加与京津冀、长江经济带、粤港澳大湾区、长三角的互动。建立和完善国家重大战略互动机制，对标雄安新区高起点推动济南市新旧动能转换起步区发展。支持济南市新旧动能转换起步区、淄博市周村区、齐河县、邹平市四地，打破行政壁垒，探索建立统一高效协调的一体化发展新机制。支持南部山区，与泰安市泰山区、岱岳区联动发展，加快103省道改扩建旅游通道步伐，协同打造济泰共建共赢的大泰山旅游区。定期召开省会经济圈七大城市联席会，共商重要事项，解决重大问题，打造区域经济共同体。

（3）精准制定人口市民化配套政策。创新公共服务提供机制，实施以身份证为标识的公共服务提供制度。统筹推进户籍与教育、就业、医疗、养老、住房保障、农村产权、财力保障等方面的配套协同改革，统筹保障户籍人口和非户籍常住人口权益，做到制度衔接、措施呼应、步伐协调。加快推进常住人口基本公共服务全覆盖，优秀人才高质量公共服务先保障，制定并实施人才引进政策，不断优化迁入人口结构，从落户、购房补贴、生活补贴、配套保障入手，着力留住本地高校毕业生，吸引外地技能人才。逐步将居住证附加的公共服务和便利项目扩大至全部公共服务范围，建立以居住证为载体、以积分为凭证的基本公共服务提供机制，形成户籍制度、居住证、身份证制度有效衔接的人口管理制度。

（4）建立和完善城乡融合发展体制机制。以国家和省城乡融合发展试验区为先手，逐步推广成功经验，将城乡融合发展的成效拓展至全市范围。破除城乡二元社会管理体制，推动城乡社会管理一体化的服务体制创新。建设完善的城乡社会保障体系，推进城乡社会保障的一体化，寻找城乡社会保障体制的衔接和统筹突破口，为城市农民工增加相应的社会福利和保障，实现农民与城镇居民具有相同的权利。增加财政转移的支持力度，建立覆盖城乡的公共财政体系，统筹有限资金，适当向农村倾斜，土地出让金用于乡村振兴比例逐步调高至50%，加快完善农村社会保障、基础建设、基础教育、公共医疗等服务，实现城乡居民的公共服务均等化目标。

第十一章 山东省城镇化高质量发展典型案例分析

我们不仅承认实践是真理的标准,而且要从发展的观点看待实践的标准。实践是不断发展的,因此作为检验真理的标准,它既具有绝对的意义,又具有相对的意义。就一切思想和理论都必须由实践来检验这一点讲,它是绝对的、无条件的;就实践在它发展的一定阶段上都有其局限性,不能无条件地完全证实或完全驳倒一切思想和理论这一点来讲,它是相对的、有条件的;但是,今天的实践回答不了的问题,以后的实践终究会回答它,就这点来讲,它又是绝对的。

——《光明日报》特约评论员:《实践是检验真理的唯一标准》,光明日报,1978年5月11日。

经过多年实践探索，山东省内涌现出一批城镇化发展质量较好的典型案例，总结这些案例的经验，可为各地城镇化实现高质量发展提供借鉴。鉴于近年来城乡融合发展战略意义的重要性，本章在案例选取上对此有所侧重。

一、青岛市：提升农业转移人口市民化质量（2017年）

自开展国家新型城镇化综合试点以来，青岛市围绕人的城镇化，推进农业转移人口市民化；强化城镇化资金保障，建立多元可持续的投融资模式。经过近3年的努力，圆满地完成了试点任务，取得了良好成效。

（一）户籍制度改革增规模：农业转移人口市民化制度通道逐步打通

以农业转移人口市民化为试点首要任务，不断深化户籍制度改革，发布实施《青岛市人民政府关于进一步推进户籍制度改革的意见》，分区域、差别化放宽放开落户限制，建立起人口不同区域间落户、转户衔接机制。

1. 实施城区差别化、分层次的落户政策

合理调控主城六区落户规模，综合考虑城区人口密度、综合承载能力以及群众意愿，适当降低政策"门槛"，放宽对专业人员、投资创业、投靠、购房等人员落户的准入标准，实行主城六区实现户口自由迁移。适度放宽新区落户政策，在新区制定低于城区、高于县域和城镇的分层次落户政策。构建新区与主城区的户籍转换通道，落户新城区满5年并全额缴纳养老保险的，可向城区迁移。

2. 全面放开县级市落户

全面放开四个县级市（即墨于2017年9月撤市设区）和小城镇落户政策，基本实现"零门槛"进入。

3. 有效扩大城市规模

截至 2016 年年底，青岛市常住人口城镇化率达到 71.53%，户籍城镇化率 60.60%，比 2013 年分别提高了 3.81% 和 9.6%，常住人口城镇化率与户籍城镇化率缩小了 5.79%。已基本完成试点方案确定的到 2017 年常住人口城镇化率 72% 的目标，提前完成户籍人口城镇化率达到 59% 的目标。

（二）包容增长促共享：基本公共服务均等化水平大幅提高

围绕就业、医疗、教育、社保、住房等推进"五大公共服务均等化体系"建设，出台 20 余项政策文件，建立"五大公共服务均等化体系"，确保农业转移人口平等享受基本公共服务，基本公共服务均等化水平大幅提升。

1. 完善政策体系

以提高农业转移人口获得感和幸福感，增强融入融入感和归属感为基点，围绕就业、医疗、教育、社保、住房等五大基本公共服务，全面实施"五大公共服务均等化体系"工程，完善政策体系，明确管理实施办法，发布实施了《关于进一步完善城乡就业政策体系推动实现更高质量就业的通知》《关于全面改善我市农村义务教育薄弱学校办学条件的实施意见》《青岛市社会医疗保险办法》等 13 项政策措施，积极推进公共服务向新城、新区、农区延伸，实现公共服务保障与城市建设同步。

2. 提升就业创业服务体系

积极构建城乡就业创业体系，青岛市下辖的农业大市平度市提出打造"农创平度"，通过搭建农民创新创业载体（简称"农创体"）将科技、名品、电商、旅游、扶贫等工作结合起来，突破农民创业起步难、技能难和融资难。2016—2017 年，共超过 2 万农户通过各种方式创业。

3. 建立外来人口教育共享体系

将农业转移人口随迁子女纳入教育发展规划、财政保障范畴和免费中等职业教育招生范围，与本地学生完全同等待遇。青岛市 98% 的外来务工人员随迁子女在公办学校就读。

4. 推进城乡均等的公共卫生和医疗保障体系建设

青岛市在全国率先整合城镇职工医疗保险、城镇居民医疗保险、新型农村合作医疗，消除了城乡医保待遇差异。

5. 提前布局养老服务体系

推进城乡养老服务体系建设，青岛市社区老年人日间照料中心覆盖了100%的城市社区和68%的农村社区。

6. 探索建立外来人口公平共享的住房保障体系

将农业转移人口纳入住房保障体系，面向农业转移人口等群体组织实施配租房源近1.2万余套，有效缓解其住房困难问题。

（三）多元投入强支撑：建立起多元可持续的投融资模式，极大增强城镇化资金保障能力

通过调整市以下财政转移支付制度、广泛引入社会资本等，构建起多元化、可持续、低成本的城镇化投融资体制和筹资模式，资金保障能力大幅增强，有力支撑了城镇基础设施和公共服务设施建设，城市承载能力大大提升。

1. 完善市以下财政转移支付制度，增强区市服务能力

调整市与区（市）的财政体制，将原属于市级部分收入下放区（市），充分调动区（市）发展经济、增加财源的积极性，区（市）财政保障实力得到增强，大幅提高市对区一般转移支付比重和规模，增强区（市）的财力自主支配权，将给区（市）的20.6亿元专项补助改为一般性转移支付，区（市）级财力占全市的比重由2011年的59.8%提高到2016年的69.8%。

2. 实施"人钱挂钩"政策，支持农业转移人口市民化

在分配建设类专项资金时，向吸纳农业转移人口较多的地区倾斜。建立财政转移支付同农业转移人口市民化挂钩机制，加大对吸纳农业转移人

口较多且财力水平较低区（市）的转移支付力度，设立农业转移人口市民化奖励资金，对市民化工作进展快、城镇化质量高的区（市）给予奖励。

3. 构建多元化、可持续、低成本的城镇化筹资模式

建立健全规范化的政府举债管理机制，新增政府债务全口径纳入预算管理。作为全国首批地方债自发自还试点10个省市之一，不断完善发债相关制度，完成了地方债自发自还试点工作，累计发行地方政府债券665.8亿元。积极推广运用PPP模式，在全国副省级城市中第一批成立了PPP专门工作机构，在全国首创PPP项目实施方案完整性和可行性评价技术指标体系。地铁4号线、小涧西污泥全资源化利用等五个项目入选了财政部第三批示范项目，是全国副省级城市中示范项目最多的。PPP应用扩大到交通、市政、环保、医疗、旅游、教育等领域。设立总规模112亿元的青岛市城市发展1号基金，其中政府出资14亿元，社会资本98亿元，主要用于支持地铁项目等重大基础设施建设，资金成本低于基准利率。设立股权投资引导基金，制定规范设立与运作股权投资引导基金的制度体系。整合优质资产，提升政府融资平台实体化发展能力和信用等级，整合组建AAA级综合性国有金融投资公司，发挥财政资金的引导放大效应，提升国有资本运营能力。截至2017年底，全市股权投资引导基金已参股设立35只子基金，总规模71.95亿元，其中引导基金出资规模为12.77亿元，吸引社会资本59.18亿元。

4. 城镇基础设施和公共服务设施承载能力大幅提升

强化市政公用设施配套，作为海绵城市和地下综合管廊建设全国唯一"双试点"城市，全市开工海绵城市建设项目90余个，建成海绵城市面积约3 km^2，在14个试点城市中位列第2位。全市结合区域开发和新建道路，拓展管廊敷设范围，启动14个管廊项目建设，累计开工里程达到33 km，完成廊体工程9 km。切实补足公共服务设施短板，突出民生领域建设重点，加快医疗、教育、文体等人民群众急需的公共服务设施布局，在有效的资金保障下，33个市级重点公共服务项目全部开工建设。

二、原即墨市：城乡一体化启航主城融入新征程（2016年）

2016年，即墨市委、市政府主动适应经济社会发展新常态，以提高发展质量为中心，在基础设施建设、公共服务均等化、中小城市培育、城镇设施延伸和农地利用机制等方面，积极补齐发展短板，形成了可推广可复制的城乡一体化发展的宝贵经验，为即墨市跨越提升、转型发展、并入主城区奠定了坚实基础。

（一）设施建设提标，塑造城乡一体发展新格局

1. 推动产业设施向农村布局

（1）利用旅游、园区新业态带动农村第一、第二、第三产业融合发展。统筹考虑区域资源禀赋等综合要素，加快发展休闲农业，重点发展大沽河生态观光游、农业园区（农庄）农业主题体验游、美丽乡村民俗文化游、东部山丘区休闲健身游。在西部大沽河沿岸、东部滨海沿线打造一批精品乡村游线路；以华盛太阳能农庄、即发现代农业示范园、玫瑰小镇为重点打造国家级乡村游线路。

（2）利用各类电商平台带动农村电子商务发展。大力发展农业电子商务，统筹推进农产品、农业生产资料和休闲观光农业电子商务协同发展。引导各类农业经营主体与电商企业对接，提升新型农业经营主体电子商务应用能力。开展农业电商示范，培育建设市级农业电商示范镇1处、示范村60处、示范企业5家。大力实施农业信息进村入户，扩大益农信息社运营体系，着力打造全国农资电商试点市，使益农信息社市、镇、村三级体系与全国性平台完美衔接；扩充益农信息社服务功能，在全市益农信息社搭建60处免费无线网络热点，引入更

多服务商提供公益服务，切实增强信息社的吸引力和活力，引领农民利用互联网创业增收。

2. 推动公共交通设施向农村延伸

（1）顺利完成烟青路公共交通枢纽南站建设工作。烟青路枢纽站于2015年4月30日正式投入使用，同时引入青岛市公交车932路和642路，在即墨市主城区实现了与青岛市公交的零距离换乘。该站的建成有效补充了天山一路枢纽站对主城区出行人群分流不足的问题，标志着即墨市中线公交已与青岛市全面实现对接。

（2）乡镇公交换乘站建设顺利推进。2015年6月底，移风公交换乘站正式投入使用，该站是即墨市大沽河沿岸的最主要的公交换乘节点，进一步促进了大沽河沿岸观光旅游产业的发展，方便即墨市西部群众出行。另外，王村站、七级站也已建设完成并投入使用。烟青路、鹤山路公交候车厅升级改造工作顺利完成。完成对88处公交站点的实地勘察工作，并结合市民出行习惯对站点布局进一步优化。按照美观大方、整洁人文的设计目标，对两条道路公交候车亭的设计方案提出修改意见，新候车亭将采用钢化玻璃镶嵌，具有夜间亮化、无线网络、视频监控、发光二极管（LED）宣传平台、太阳能发电等功能，于2015年12月底建设完毕。

（3）研究制定公交企业管理办法，推动公交企业规范化管理，建立公交企业可持续发展机制。为规范即墨市公交企业运营各项标准，合理确定财政补贴水平，进一步增强公交行展动力、提高服务质量，根据《山东省道路运输条例》《青岛市公共汽车客运管理条例》等有关规定，结合即墨市公交行业实际，制定了《即墨市公交企业运营设置规范》和《即墨市公共交通企业考核管理办法》等四个办法，以加强对公交企业的考核管理。

（4）进一步优化公交线路，推广清洁能源公交车辆。2015年，在青岛市天山一路公交枢纽站继续引入青岛市634路、775路公交，可直达毛公山、青西新区等。同时，优化调整8路、18路发车班次，与青岛市公交班次实现无缝衔接，充分发挥枢纽站分流作用。2015年，进一步优化调整城乡及城区公交线路，开通一站式直达"城村公交"。2016年，已优化调整了5条城区公交线路、10条城乡公交线路，减少市民换乘次数，进一步方便镇、村市民城区方向的出行。2015年，继续更新、新增35辆液化天然气（LNG）公交车，调整运力结构，加快天然气等清洁能源车辆在公交中的推广应用，促进节能减排，逐步建立低碳环保的综合交通系统。已购置完成，并投入城区公交运行。

3. 推动城乡环卫一体化水平再上新台阶

（1）完善"村集、镇收、市运、市处理"的环卫一体化垃圾清运处理体系。2016年建成并运行市级垃圾焚烧发电厂和7处镇级垃圾压缩中转站，完善提升4处生活垃圾分拣场的建设管理水平，实现全市生活垃圾减量化、无害化、资源化处置。

（2）在市镇两级全面建成并运行环卫智能化监管平台。所有垃圾运输车辆安装全球定位系统（GPS），强化对垃圾运输车辆、环卫事件处理的全天候、不间断监管，确保垃圾日产日清；加强对环卫企业及垃圾处理场所的监管，不断提高环卫工作科学化管理水平。

（3）深入落实环卫保洁网格化管理和村庄环境卫生责任区管理等长效机制。全面实行村党支部委员会和村民自治委员会（简称"两委"）主要负责人包村庄环境卫生管理、村"两委"干部包环境卫生保洁网格、党员包大街和重点区域、巷长包胡同、居户"门前三包"的环境卫生责任区管理体系。确保所有环卫保洁网格和环境卫生责任区责任明确、责任人到位，对环卫保洁网格和村庄环境卫生责任区的考核、考评及时有效；确保村内外无"六大堆"，村内所有街巷卫生全天候保持干净、整洁，坚决防止反弹。

4. 推动农村人居环境切实改善

（1）积极推动农村危房改造。2016年，即墨市农村危房改造工程1 200户，涉及7个镇、4个街道以及田横岛旅游度假区。制定即墨市危房改造实施方案，并下达各镇（街）。各镇（街）按照优先解决最困难、最需要、最迫切农户危房改造工程的原则,对辖区农村危房情况进行摸底。严格按照"村民自愿申请、村委会评议公示、镇审核、市审批"的原则进行审核上报。目前,全市农村危房改造启动916户,完成564户,占全年任务的47%。

(2) 加快实施农村"厕所革命"。加快推进全市农村无害化卫生厕所改造步伐,科学制定改厕计划,合理选择改厕模式,按照"统一设计、统一购料、统一施工、统一验收"的原则实施改厕工作,强化施工技术指导和工程质量管理,建立社会化管护机制。2016年,完成7万户无害化卫生厕所的改造任务,力争两年实现全市农村无害化卫生厕所全覆盖。

(3) 稳步推进农村污水处理。推进农村生活污水处理设施建设,城区、镇街驻地和工业园区周边村庄、新型农村社区敷设污水管线,建设污水处理设施,提高污水处理能力;一般性村庄,建设经济实用的氧化塘和小型污水处理设施,逐步实现村庄生活污水达标排放。2016年,先行在三个美丽乡村精品示范村建设小型生活污水处理设施,做好村庄治污试点工作。到2018年,完成全域生活污水处理设施建设,村庄污水处理率达到80%以上,新型农村社区污水处理率达到100%。

(二) 公共服务提档,提升城乡居民共享水平

(1) 坚持高标准统筹规划。即墨市在推进农村转移人口市民化和特色小城镇建设中,加强城市人口规划,并能按照规划人口,依据省、市有关设施配套建设标准规划各类公共服务设施,满足规划人口需要。在推进城市(镇)建设中严格规划实施,保障教育、养老、卫生、医疗等设施能够与新建城市(镇)同步规划、同步建设、同步交付使用。对不按要求规划建设的相关责任部门,采取问责机制。

(2) 积极落实有关发展民办教育的优惠政策,大力支持民间资本进入教育领域促进民办教育健康发展。本着"非禁即入"的原则,采取有效措施和优惠政策鼓励支持企业和社会力量以多种形式投资教育领域,建立民

办教育多元化投资模式。通过落实用地、规划、金融、财税、师资扶持及教师待遇等方面的优惠政策，不断扩大民办教育发展规模，进一步增加中小学及幼儿园的学位供给。

(3) 加强文体设施规划建设，实现公共服务资源城乡均衡配置。①加强镇级全民健身广场建设。为优化群众休闲健身环境，努力打造"15分钟健身圈"，将镇级全民健身广场建设列入全市为民要办的实事，利用体育彩票公益金打造一批高标准的镇级全民健身广场，广场标准为每个面积3 000 m^2，设置有硅PU地面的篮球场、人工草坪的门球场和带围网笼式足球场及配套12件以上健身器材等设施，满足了各个年龄阶段群众健身的需求。让群众享受到体育发展带来的实惠。②加强村级休闲健身广场建设。在建设好镇级健身广场的同时，着力实施农村健身工程，逐步实现村庄体育健身设施全覆盖。采购519套健身路径及篮球架、乒乓球桌配备到村庄、社区健身广场及城市公园、绿地、学校。全市95%以上的村庄配套了健身器材。③加强环秀湖多功能运动场建设。建设标准足球场1处、笼式足球场6处、标准篮球场4处、小篮板篮球场地1处、标准排球场4处、标准乒乓球场地10处、标准门球场2处，健身器材场地1处。④加强大型休闲健身公园建设。盟旺山休闲健身公园总规划区域81公顷，涉及健身步道3 000 m以上；马山健身公园打造以健身步道、山地自行车道及慢跑道路为的健身场所，适宜于举办健步行走、山地自行车赛，分为内环线3 000 m，中环4 000 m，外环1万m，总投资2亿元。两处休闲健身公园一期已建成并对外免费开放。⑤加强学校操场建设。投资11 500多万元建设了39处学校塑胶跑道，并率先在青岛市免费向市民开放，充分发挥了学校体育运动场地、设施的社会效益。全市已有52所学校操场提供给周边社区居民健身，受到了老百姓的一致好评。⑥加强大型体育场地设施建设。计划投资4.6亿元、占地337亩的创智新区新体育中心正在建设中，总规划建筑面积3万m^2、计划投资2.08亿元的新全民健身中心正在做前期准备工作。

(4) 坚持搬迁和发展两手抓,妥善解决搬迁群众上学问题。根据即墨市出台的全市义务教育学校招生政策,拆迁区域适龄儿童入学实行属地化管理,原则上在拆迁区域原区划学校报名入学,因故不能在原区划学校就读的,由所属教育办协调安排。

(三) 特色培育提速,逐步完善小城镇载体功能

1. 以小城市建设为标的,加快拓展特大镇功能

青岛市每年给予蓝村镇下达的小城市培育试点建设土地利用计划,专项用于保障蓝村镇的建设用地需求,优先保障小城市培育涉及的民生、社会公益事业和基础设施项目。同时,调节即墨市可利用土地指标,向蓝村镇倾斜,满足实施项目的指标需求。2013 年落实蓝村镇所需年度计划指标 765 亩,2014 年落实年度计划指标 619 亩,2015 年落实年度计划指标 1 010 亩。2016 年,蓝村镇常住人口超过 5 万人,成为青岛市全市域最具发展活力的小城市区域之一。

2. 立足特色产业本底,加快特色小镇创建

青岛市委、市政府成立美丽乡村建设领导小组,由市委主要领导担任组长,市委、市政府有关领导担任副组长,相关部门及各镇街主要负责同志为成员,主要负责研究重大政策,协调解决重大问题。领导小组下设总指挥部,总指挥部下设改善农村人居环境工作指挥部和特色小镇规划建设指挥部,两条线统筹推进,主要负责抓好领导小组、总指挥部部署要求和确定事项的落实,研究具体规划、扶持政策、重点项目,抓好调度检查和相关事项的考核验收工作,指挥部机构设置和人员组成可根据工作实际需要组建和调整。坚持"引领示范一批、创建认定一批、梯度培育一批"的原则,整合现有的各类资源,按照近期、中期、长期的工作目标,首先向确定重点培育的特色小镇和创建的精品示范村集中投入,逐步扩大建设面,提高精品率,确保分类实施、有序推进。引领示范一批,2016 年重点培育建设大信太阳能小镇、蓝村跨境电商小镇和通济新区智慧物流小镇,

力争3年内基本建成。

(四) 土地难题破解,依法完善土地利用机制

(1) 严格划定土地开发底线。划定永久基本农田、生态保护红线和城市开发边界,实施城市生态廊道建设和生态系统修复工程。即墨市根据《国土资源部办公厅 农业部办公厅关于切实做好106个重点城市周边永久基本农田划定工作有关事项的通知》(国土资厅发〔2015〕14号)、《山东省人民政府办公厅关于进一步做好永久基本农田划定工作的通知》(鲁政办字〔2016〕31号) 等文件精神和《山东省永久基本农田划定工作方案》等有关要求,正在进行城市周边永久基本农田划定工作。

(2) 改革盘活农地资源。加快培育新型农业经营主体和新型农业服务主体,引导农民依法自愿有偿流转土地承包经营权。支持合作社和社会化服务组织托管农民承包土地,鼓励农民在自愿前提下,以土地经营权入股合作社和龙头企业,形成土地流转、土地托管和土地入股等多种形式的规模经营。不断加强对各种示范类新型农业经营主体的培育、选拔,充分发挥其对农民的辐射带动作用。全面推进农村土地承包经营权抵押贷款,引导新型农业经营主体及农业承包户规范有序地盘活资产,增加财产性收入。完善农村土地流转交易市场功能,鼓励有条件的镇街加快建立产权交易市场。

(摘自《青岛市城镇化发展报告2018》)

三、济南市章丘区:撤市设区为国家新型城镇化试点提速(2018年)

济南市章丘区自批准为第二批国家新型城镇化试点以来,适逢撤市设区开启发展新征程的重要时期,章丘区立足省会城市副中心定位,抢抓机遇、系统谋划、探索创新,拉开"工"字形城市发展框架,实施大规模城市有机更新,全面推进城乡融合发展,城镇化进程进入快车道。经过3年

努力，章丘区各项试点工作取得显著成效。2018年，济南市章丘区常住人口城镇化率达到61.16%，比2015年提高了10.91%，人口加快向城镇聚集。

（一）行政区划调整向基层下沉，城镇化管理水平进一步提升

1. 实施镇改街道、镇域整合

2017年，实施行政区划调整，白云湖、高官寨、宁家埠、曹范四镇撤镇改为街道，辛寨镇整体和水寨镇32个村并入刁镇，11个街道、9个镇调整为15个街道、3个镇。镇改街道后，街道办事处积极把工作重心调整到公共服务、社会管理上来，逐步淡化直至取消经济发展职能，并积极落实支持农业转移人口市民化的财政政策，建立财政转移支付同农业转移人口市民化挂钩机制，促进基本公共服务均等化，保障农业转移人口、其他常住人口及其随迁子女平等享有就业、医疗、受教育等权利。此次调整，有利于处于城乡结合部、农村社区建设起步较早、城镇化水平较高的白云湖、高官寨、宁家埠、曹范四镇更快融入城市区域，有利于省级新生小城市刁镇进一步整合土地资源，完善小城市配套。

2. 经济发达镇行政管理体制改革积极推进

刁镇是济南市唯一的经济发达镇行政管理体制改革试点，章丘区级通过委托、授权等方式，扩大刁镇经济社会管理权限。着力下放涉及经济发展和城市建设管理等方面的县级管理权限48项，所有授权、委托的行政许可和审批事项，一律进入镇为民服务中心，实行"一站式服务"。以2013年刁镇财政收入为基数，财政收入超额部分由区财政全额返还刁镇，保持5年不变。在刁镇辖区内收取的土地出让金净收益予以全额返还，用于土地开发和城镇基础设施建设。

（二）投融资机制改革深入实施，城市扩容提质资金保障有力

以政府财政资金为启动器，用活优质国有资产，引入大企业参建，加

强政府、金融机构、社会资本的多元互动,多渠道解决城镇化建设资金难题。

1. 整合全区优质国有资产,组建城市运营服务平台

成立惠农新农村建设投资开发有限公司、章丘区国有资产运营公司等,累计筹集城乡基础设施、新农村、小城镇建设等项目资金220亿元。为更好服务新型城镇化建设,章丘区政府在2018年成立控股集团。章丘控股集团有限公司是针对资产分散、不能形成规模化集约化经营且现有融资平台资产流动性差、可抵押可担保优质资产匮乏等问题,由章丘区政府将政府非公益性资产、国有股权、国有股权收益、土地等合规分期分批注入成立的国有独资公司。章丘控股集团有限公司依托政府优质资产,加强与金融、保险、基金债券等行业的合作力度,通过吸收各类资本,为全区城市建设和招商引资提供强有力的资金保障。

2. 打通"政府+银行+社会资本"三位一体互动

(1)采取政府购买服务模式融资。充分利用棚户区改造政府购买服务的优惠政策,章丘区国有资产运营有限公司运作国家开发行、农业发展银行政策性银行贷款和基金27亿元,运作商业银行和股份银行贷款11亿元,保障了棚改项目的资金需求。

(2)规范PPP项目操作。制定PPP项目管理、建设投资控制管理办法,由章丘区PPP项目管理领导小组办公室为主体,整体决策、统一协调,推进PPP项目的社会效益及公共效益最大化。与中国电力建设有限公司合作的章丘区体育公园、章丘新四中、明三新村改造,与银江股份有限公司合作的智慧城市天网工程开工建设,共投资约15亿元;与中国建筑集团有限公司合作的区北部医疗中心项目和与光大水务合作的两个污水处理厂项目,完成PPP项目入库等工作。

(3)争取政府债券取得突破。2016—2018年,共争取新增地方政府债券资金29.69亿元,先后支持了章丘区城市文博中心建设、城建设施维护、省道基础设施维护、白泉小东山湿地建设、国道路域环境整治提升等设施建设工程,以及棚户区改造、公共卫生项目、黄河滩区迁建等重大民生工程。

3. 大企业参建城镇化整镇推进项目解决资金瓶颈

由中国建筑集团有限公司实施的黄河镇整建制社区建设及黄河滩区迁建项目,将全镇 72 个行政村规划建设为两个社区,并实行居住进社区、务工进园区的"两区同建"模式,就近实现城镇化和农业现代化。项目总投资约 30 亿元,涉及 5.3 万人,建设总面积 195 万 m^2,可节余用地指标 11 000 亩。此外,刁镇政府与北京第五建筑集团有限公司采取 EPC 合作模式对驻地 6 个村实施棚改旧改建设。

4. 充分发挥财政性资金的引导作用

自 2017 年以来,济南市结合上级转移支付,共安排章丘区农业转移人口市民化奖励资金 3 233 万元。章丘区统筹使用上级财政转移支付资金和本级财政自有资金,重点投向城镇基础设施建设和基本公共服务供给领域,最大限度提供城镇化建设财政资金保障,发挥财政资金的杠杆作用。

(三)城乡低效土地资源充分整合,城镇发展空间进一步拓展

在规划管控与引领、保障城镇化建设新增建设用地基础上,盘活城镇闲置低效用地,挖潜农村建设用地,为城镇空间拓展争取更多建设用地。

1. 多种途径处置城镇闲置低效用地

制定闲置低效用地认定及处置意见,成立闲置低效用用地处置办公室,以国家土地督察下达的疑似空闲图斑及开发区闲置低效用地为重点,分类下达闲置用地、空闲土地限期整改通知书,坚持以用为先,一地一策,建立网上信息共享平台,探索完善协议有偿收回重置、依法转让开发利用、纳入政府储备盘活、规划调整腾笼换业、协助企业协商共建、利用挂钩异地指标置换、限期整改督促自主改造等七种模式,累计清理盘活闲置低效用地 6 000 多亩,实际增加投资 26 亿元。

2. 整治挖潜农村建设用地

章丘区有农村建设用地 28.1 万亩，是城市建设用地的 2.6 倍，使用潜力较大。近年来共实施了 6 个批次的增减挂钩试点项目及国家级土地综合整治项目，增加城镇建设用地规模 6 733 亩，相当于 10 年分配的新增建设用地指标。正在实施的黄河滩区 21 个村迁建项目即纳入增减挂钩项目，将每亩节余指标按 30 万元收益予以返还，用于迁居人口社区公共服务设施配套。节余指标用于旧城改造安置用地及高端商服业用地，提高了城市承载力。

（四）涉农改革全面深化，城乡融合发展迈开步伐

通过全面深化农村集体产权制度改革，推进城乡各类资源要素相互结合、自由流动，在更大范围内高效配置，为农村发展注入了新动力，带动了城乡融合发展。

1. 农村集体产权股份制改革全面完成

截至 2018 年年底，章丘区 895 个村（居）顺利完成农村集体产权制度改革，全部成立股份经济合作社，实现村民分红 4.78 亿元，受惠群众 23.16 万人次。改革过程中，各镇街村庄创新清产核资工作模式，共清查农村集体资产 49.36 亿元，清查农村集体土地 231.2 万亩，界定集体经济组织成员 88.7 万人。一般实行"增人不增股，减人不减股"的股权静态管理模式，各集体经济推行灵活多样的股权设置模式。改革后的农村集体经济，积极探索增加农村集体经济增收的新路径，推动农村集体经济发展。

2. 农民合法权益留有依据、退有途径

农村集体产权制度改革的实施，使进城农民在原集体经济组织中的承包经营权、宅基地使用权及其收益分配权更好得到保护。通过改革，将集体资产确权到户，量化到人，集体经济组织成员无论进城与否，都享有集体经济发展带来的现实红利。刁镇刁西村率先在全区完成产权制度改革，

股民分红 910 余万元。通过改革，全区 18 个镇街全部建立了高规格的产权交易大厅，集体内部股权可通过竞标实现合法转让。

3. 农业"新六产"创新发展

延伸产业链，提升价值链，贯通供应链，促进农业全环节升级、全链条升值。大力实施融合生态种植、养殖、农产品加工、观光旅游项目为一体的三产融合发展项目。刁镇投资 2 000 余万元提升改造东方商人生态农庄，白云湖街道加快推进精品现代农业园区、"荷香精品小镇"建设，高官寨街道实施瓜果飘香农旅融合示范带建设，涌现岭泉民宿、没口古村体验基地等农业休闲旅游品牌，章丘区被评为全省"休闲农业和乡村旅游示范县（市、区）"。

（五）公共服务供给机制更加完善，共建共享水平大幅提升

以农业转移人口融入城镇为试点首要任务，全面破除进城落户和居住制度障碍，围绕就业、教育、医疗、社保、住房等增加优质公共服务供给，完善平等共享机制，通过棚改全面提升建成区范围内的人居环境，确保同等市民待遇覆盖到包括农业转移人口在内的城镇常住人口。

1. 拓宽落户和居住证二维进城通道

按照济南市政府"分区域、分类别"户口迁移政策，对照"卫星城"标准，积极推进户籍管理制度改革，全面放宽落户政策，吸引补充外来人口落户，推动本地农业转移人口就地转化。凡在章丘区范围内有合法稳定住所（含租赁）或合法稳定就业的人员，本人及其共同居住生活的配偶、未成年子女、父母等，可以在居住地或工作单位申请登记常住户口，不受购买房屋、投资纳税、社保年限等落户限制，积极引导人口向中心城区、城镇驻地、农村新型社区集聚。取消单位集体户设立、市外夫妻投靠、干部职工调动、军队复员转业干部异地安置等五类户口事项核准时限，符合条件、手续完备的一次办结准迁或落户。自 2017 年 8 月实施户籍新政以来，新增落户城镇人口 7 361 人。同时，全面实施居住证制度，推行居住

证申领"一次办结、现场制发",居住证持有人享有就业服务、社会保障、住房保障、基本公共卫生服务、子女受教育等各项公共服务和便利。截至2018年年底,登记流动人口信息21万条,当年申领居住证4 446个。

2. 促进公共服务均等化水平不断提高

围绕就业、医疗、教育、社保、住房等五大基本公共服务,全面推进公共服务均等化。在就业创业方面,深入实施"培训进乡村"活动,近3年共开展各类技能培训700余期,培训人员2.1万人,创新实施了"培训就业"一体化工作,就业率达到70%。全面落实就业创业政策,将就业安置、小额担保贷款等政策向农民群体倾斜,完善人才回乡政策"22条",创新人才安居政策。转岗创业人员数量猛增,创业担保贷款规模不断扩大,仅2018年贷款总额突破亿元,达到1.25亿元,占济南市贷款总量的1/4,创业带动就业效果凸显。在教育方面,持续优化教育资源配置和结构布局,增加教育资源有效供给,近3年投资30余亿元实施了一批城乡学校幼儿园新建、改造提升项目,确保适龄青少年儿童就近入学、优质受教,并有效解决了大班额问题。完善随迁子女入学政策,不设农民工子弟定点学校,随迁人员子女享受同城待遇,全区小学、初中适龄人口入学率实现两个百分之百。章丘区被授予全国首批义务教育发展基本均衡市(区)。在医疗卫生方面,为流动人口提供与户籍人口相同的基本医疗和基本公共卫生计生服务,包括儿童预防接种、传染病防控、孕产妇和儿童保健、计划生育、健康教育等,稳步实现城镇基本公共服务常住人口全覆盖。在社会保障方面,城乡居民养老、医疗保险实现待遇统一和人员全覆盖;企业职工养老保险金连续14年提高待遇,平均涨幅6.1%。在住房方面,将农业转移人口纳入城市公租房保障范围,60%以上的公租房住户为农村进城务工人员。

3. 让利于民大幅提升城镇居民居住环境

实施阳光征迁、和谐征迁、全面改造,全区棚户区改造尤其是纳入棚户区改造的城中村城边村改造的实施,使章丘区城区面貌焕然一新。近3

年,全区棚户区改造共实施拆迁 4.5 万户,拆迁面积 1 040 万 m², 其中,仅 2018 年实施拆迁 2.4 万户,拆迁面积 500 万 m²;全区建设安置房 8 万余套。确定了多层、小高层、高层共 10 种安置户型,面积 45~150 m², 全面达到简装标准,实施一对一安置,并结合住房实际,给予建筑面积奖励、合法空闲院落补偿等,最大限度保障群众利益。安置区尽量选择毗邻学校、服务便捷的最好地段,配建卫生室、幼儿园、村"两委"办公室、文化大院、商业内街等公共设施,配套完善城市交通等设施。大幅提升地上附着物和青苗补偿标准,平均涨幅在 13% 左右,严控安置房回购价格不变,提高了周转房费补偿标准。将安置区土地性质全部由集体土地转为国有出让土地,土地出让金约 180 亿元全部由政府承担。

(摘自《济南市章丘区国家新型城镇化综合试点研究报告》)

四、原莱芜市:发挥土地要素流转引擎作用释放发展空间(2018 年)

农村的承包地、宅基地、集体建设用地产权制度方面的改革,关系到城乡二元结构是否真正得到破解,是城镇化进程中绕不开的待解难题,在这方面莱芜市进行了积极探索。

(一)从试点"两股两建"到全面集体产权制度改革

莱芜市是探索土地产权制度改革较早的地区。早在 2010 年,莱芜市就发布实施了《关于推进"两股两建"加快统筹城乡发展的意见》,比较系统完整地提出了以"两股两建"为主要内容的农村产权制度改革思路。"两股两建",即农村集体资产股份化、农村土地承包经营权股权化和建立农村新型合作经济组织、建立统筹城乡建设用地使用制度。同年,制定《农村土地承包经营权股权化实施办法(试行)》,筛选出部分条件基本成熟的村进行试点。2014 年,制定《农村土地承包经营权登记确权颁证和股权化改革工作方案》，进一步规范完善农村土地承包经营权股权化改革，明确实施步骤，并探索出"七步走"工作法。

莱芜市稳步推进农村土地承包经营权股权化和农村集体资产股份化改革，进一步筛选出符合条件的村居，积极培育新的典型或新的模式，不断积累发展经验，加大推广力度，确保成熟一批、发展一批，全力激活农村资源。

2016年以来，国务院和山东省政府先后印发《关于稳步推进农村集体产权制度改革的实施意见》，并明确时间表。山东省在2020年基本完成集体产权制度改革任务，2021年，基本建立起符合市场经济要求的农村集体经济运行新机制。2017年，莱芜市重点开展了17个省级、20个市级农村集体资产股份权能改革试点工作。像莱城区凤城街道姚家岭村，率先提出产权制度改革的"14项条款"，在成员身份认定和成员享受股份等做出一系列标准规定，为全市各村居全面铺开改革任务提供可借鉴的典型样板。

2018年以来，莱芜市坚持创新发展理念，把握夯实基础定位，突出重点，加强督导，抓好落实，积极推进农村集体产权制度改革。及时公布实施《关于稳步推进农村集体产权制度改革的实施意见》（莱发〔2018〕11号）和《关于全面开展农村集体资产清产核资工作的通知》（莱农字〔2018〕31号），推进清产核资、成员身份确认、资产量化、股权设置、股权管理、登记注册等关键程序，确保农村集体资产有效盘活和保值增值。

莱芜市农村集体产权制度改革工作进展顺利，截至2018年10月26日，莱芜市1 080个涉农村（居）中，1 073个村（居）完成农村集体资产清产核资，占全部涉农村（居）的99.4%，1 071个村（居）完成农村集体资产清产核资系统录入，占全部涉农村（居）的99.2%；930个村（居）完成成员身份确认，占全部涉农村（居）的86.1%；292个村（居）完成集体资产折股量化，占全部涉农村（居）的27%；79个村（居）成立了新的集体经济组织并发放组织证明书，占全部涉农村（居）的7.3%。

（二）从农村宅基地跨村安置到"三权分置"试点探索

莱芜市顺应人口向城镇、中心村集中的大趋势，按照一户一宅的原则试行了农民跨村安置宅基地。先后制定《关于加强农村集中居住区建设与村庄改造用地管理的实施办法》和发布《关于对集中居住区建设及村庄改造实行联审联批的通知》等10余个规范性文件，加快推进村庄改造和农村集中居住区建设，规定村庄拆迁改造中，一般按原村庄占地面积的45%核定安置区，用于住宅、基础设施及文体服务设施等建设，鼓励村庄利用拆迁腾出的土地发展第二和第三产业。

试行农村宅基地跨村安置，对集中居住区（中心村）建设的房屋，安置被拆迁户仍有剩余的，经区政府（管委会）批准后，按照"一户一宅"的原则，允许面向全市范围内的农民出售。跨村安置的农民，经国土资源部门审核合格并备案后方可购房。在原村有宅基地的，由村集体收回重新安排使用；没有宅基地的，原村不再重复安排。该政策既促进了人口集中，又确保宅基地流转规范、有序、可控。

2018年，山东省在17个县（市、区）开展宅基地所有权、承包权和经营权（简称"三权"）分置试点，莱芜市高新区是试点之一。高新区将在前期调研核实的基础上，准备选择合适的村着手开展试点工作。

（三）城乡建设用地增减挂钩进一步规范

莱芜市用好用活土地增减挂钩政策，盘活低效闲置用地，破解用地难题。自2006年国家试行城镇建设用地增加与农村建设用地减少相挂钩政策以来，莱芜市共实施了五批增减挂钩项目，包括2006年项目、2009年项目、2010年一批项目、2010年二批项目、2011年农村综合整治项目，共29个增减挂钩项目区。立项拆旧8 873亩，复垦8 570亩；验收拆旧7 319亩，复垦6 863亩，腾出指标4 365亩，有力地保障了用地需求及新农村建设。

莱芜市为进一步规范推进城乡建设用地增减挂钩工作开展，2017年制定了《莱芜市城乡建设用地增减挂钩试点管理暂行办法》（简称《暂行办法》），确定了区镇主导实施，市级财政扶持增减挂钩新模式，并提高了挂钩补助标准，由每节约腾出1亩耕地补助15万元提高到25万元，同时改进了申报方式，按"拆旧—安置"和"拆旧—城镇建新"两种方式，申报时各项申报目单位应当完成拆旧复垦任务，并由国土资源分局组织的初验报告。以"拆旧—城镇建新"方式申报的，由各区（管委会）落实项目，确定建新地块位置后方可申报。《暂行办法》解决了莱芜市自2013年以来因市、区两级职责划分不清、资金渠道不明等原因导致挂钩项目停滞的问题。

（四）农村集体建设用地、承包地流转交易逐步放活

1. 集体存量建设用地流转探索

早在2001年，莱芜市就制定了《莱芜市集体存量建设用地使用权流转管理暂行规定》，其重要意义在于突破了仅本村村民和村集体才可以使用集体建设用地的限制，开启了集体建设用地流转的闸门。截至2018年年底，莱芜市已办理集体建设用地使用权流转600余宗8 000多亩，集体建设用地流转逐步成为解决中小微企业发展用地的重要途径，不仅提高了土地利用率，保护了耕地资源，而且显化了集体土地资产，增加了农村集体收益，对保障中小企业及全市经济持续健康发展起到了至关重要的作用。

按照规定，可流转的土地必须是城市规划区范围外、依法取得的存量建设用地，城区内的集体土地不得流转。为避免与土地管理法相矛盾，将集体土地出让、转让分别称为第一次流转和第二次流转，第一次流转是所有权人向使用权人的流转，第二次流转是使用权人之间的流转。主要做法如下。

（1）明确流转土地的用途。流转的土地用于兴办各类工商企业，不得用于商品住宅开发。

（2）确定流转保护价及收益分成。用于生产经营的最低转让价为50元/m^2，低于保护价的，政府不予批准。第一次流转时，接受流转方按

最低保护价的30%交纳流转收益，市、区、乡三级按1∶3∶6的比例分成。流转收益用于土地资源的管理、保护和开发。

（3）设定流转年限。集体建设用地流转的最高年限不得超过1990年国务院55号令规定的国有土地使用权出让最高年限。第二次流转的土地使用期限，为第一次土地流转合同规定的期限减去前土地使用者使用后的剩余年限。

2. 承包地流转力度加大

莱芜市在全面完成土地确权登记颁证工作的基础上，赋予农民对承包地占有、使用、收益、流转及承包经营权抵押权能，引导农业转移人口将承包土地经营权依法、规范、有序流转，确保进城落户农民离乡不丢地，不种有收益。截至2017年年底，莱芜市累计流转土地面积达30.8万亩，其中，2017年新增土地流转面积0.9万亩。

加快农业新型经营主体培育，国家、省级、市级示范社分别达11家、47家、247家，省级、市级示范家庭农场分别达9家、89家。由区级农业主管部门为符合条件的新型农业经营主体发放《土地经营权证》，促进土地经营权权能更好实现。推进农村土地经营权质押贷款，累计办理22宗、贷款金额3000万元，帮助解决农业发展资金短缺难题。

莱芜市建有农村产权交易中心，启用了莱芜市农村产权交易平台，健全了市、区、镇、村四级服务体系，建设完善了农村土地流转有形市场和农村产权交易信息网络平台，强化分级管理，促进农村产权公开、公平、公正规范交易。

莱芜市是启动集体建设用地流转工作较早的地区，但受法律法规制约仍存在较多障碍和束缚，远未达到集体建设用地同国有土地同等入市、同权同价的程度。宅基地"三权分置"试点刚刚启动，跨村安置宅基地仍缺乏政策依据。农村集体产权制度改革要实现构建归属清晰、权能完整、流转顺畅、保护严格的农村集体产权制度的目标，仍有很长的路要走。

（摘自《莱芜市城镇化发展报告2018》）

五、商河县：统筹县域城与乡的进、退、合（2020年）

商河县位于山东省会北端，全国第七次人口普查数据商河县常住人口为527 311人，2020年商河县年末户籍人口为641 981人，常住人口比户籍人口少11.47万人，是典型的人口净流出县。受制于常住人口净流出影响，全县常住人口城镇率持续排在全省低位，2019年商河县常住人口城镇化率为33.59%，户籍人口城镇化率仅为26.91%，均大幅低于全省平均水平。人口外流地区的县域城镇化怎么推，城乡融合怎么形成合力，没有现成的经验借鉴，这成为商河县委、县政府破解现代化发展的一道难题，也是全国类似人口收缩型地区正确处理城乡关系的一道难题。

商河县立足人口收缩的县情实际和城镇化较低水平的发展阶段找出路，集成背靠省会济南的人力、交通、区位等资源优势，确立以新型城市化、工业化引领城镇化与城乡融合发展的顶层设计，积极探索具有针对性、原创性的城镇化与城乡融合发展模式，充分释放改革效应和发展活力，成功入选首批省级城乡融合发展试验区，在基层实践中创新总结出一套县域城镇化"进、退、合"的发展路径。

（一）实施教育强县战略：开辟公共服务引导人口向县城集聚的进路

商河县把实施教育强县战略作为推进城乡基本公共服务普惠、均等化的突破口，努力破解城区"挤"、乡镇"散"、农村"弱"问题，在提升教育教学水平、办好人民满意教育的同时，充分释放城乡融合发展的内生动力，把省级试验区打造成幸福民生的新样板、形成可参考的做法启示。

（1）顶层设计高位推动，建立教育资源与人口分布基本匹配的资源配置模式。人口收缩型地区开展城镇化与城乡融合发展工作，难就难在公共资源难以与人口规模对等配置。商河县按照"学前普惠、小学集中、初中进城、高中提升"的思路，实施"布局优化、队伍建设、改革创新、质量提升"四大工程，将镇区初中集中至县城，各镇（街道）依据城镇化进程原则上保留1~2所中心小学，撤销的农村小学改建为公办幼儿园，规划到2024年实现1所大学、4所高中、9所初中、31所小学、1所职业中专、1所特教学校、107所公办幼儿园的格局。2020年，总投资36.5亿元的16个教育项目集中开工，涵盖从学前至高等全教育链。结合中小学教师"县管校聘"、中小学校长职级制等改革，教师工资全县统发；在严控总量前提下创新设立教师"编制池"，2020年通过人才回调、公费师范生聘用等方式招聘教师170名，同步开展教师全员培养培训，打破"论资排辈"，激发了教师队伍活力。四大工程有序实施，有力促进了教育资源配置与人口规模分布达到基本平衡。

（2）多措并举以人为本，教育教学质量与人力资本积累实现同进步。以促进学校、家庭、社会共同发展为目标导向，聚焦立德树人，推动"领航学校、特色学校、新优学校"创建，努力构建高水平的人才培养以及学校、家庭、社会协同推进的育人体系。向课堂45 min要效率，深化学校代管、课后延时服务，解决家长接送难题，有效延长了县城劳动力的白天工作时长，努力打造有温度、有品质的商河教育。推进办学体制改革，与北京新东方教育科技（集团）有限公司、济南市天立国际学校等知名教育集团和名校合作办学，让更多学生进入名校深造，建设区域教育高地，让孩子在本地、进名校、享优教。2020年，商河县中高考成绩再创新高，其中高考"一本"上线率37.02%、本科上线率77.03%，分别比全省平均水平高出16.32%和25.62%。

（3）服务共享全面发力，建立城乡公共服务均等化新格局。教育打头，保障农民留得下。立足群众最关心的"教育、住房、社保"问题，发布实施《商河县教育强县建设工作实施意见》《关于进一步保障进城落户农民同等享有住房保障权利的实施细则》《关于保障进城落户农民同等享有就业和社会保障权利的实施细则》,实现"教育零差异、住房同保障、参保同范围",让进城群众享受"两头甜",真正留得下。充分尊重学生及家长的意愿,做好预评估、宣传发动工作,同步跟上校车、集中配餐就餐等后期保障工作,加大财政补贴力度,确保学生、家庭负担不增加。以城带乡,全面推行零门槛"落户",让进城群众保留农村全部权益,同等享受就业、社保等各项城市待遇,畅通有序流动的渠道。城乡互促,以城市标准建立城乡供水一张网,实施好农村饮水安全、节水型农田水利工程等工作,提升农村群众获得感、满意度。

(二) 开展"一证保三权":留好进城人口返乡的退路

(1) 尊重基层首创,在山东省率先推出"一证保三权"制度。商河县高度重视社会稳定工作,将乡村视为进城就业人口的"调节器",在总结德州市禹城市"两证保三权"成功经验基础上,再往前迈出一步,进一步简化农民"三权"保障程序,首创"一证保三权"的制度,即为自愿进城镇落户农民办理"农村集体经济组织成员转移备案证",保障其在原村集体的宅基地使用权、土地承包经营权、集体收益分配权依法保持不变。在传统农区,将国家政策变成"具体证件",让农民持证带"权"进城,政府承诺在农民进城未稳的过渡期内其享受市民、农民双重待遇,让进城农民吃下"定心丸",奠定了稳步推进城镇化与城乡融合发展的制度基础。

(2) 抓好政策落实,严格办理程序。商河县农村产权交易服务中心专设服务窗口,负责《转移备案证》办理工作,按照"个人申请—村级提报—镇街审核—县级备案"的办理流程,为进城落户的具有村集体经济组织成员资格的人员办理《农村集体经济组织成员转移备案证》(简称《转移备案证》)。《转移备案证》保障进城落户农民在原行政村的农村土地承包经营权、农村宅基地使用权、农村集体收益分配权以及以上权利的合法继承权。

(3) 完善配套政策,强化实施保障。商河县农业农村局牵头,成立由商河县局级主要领导任组长,分管领导任副组长,局属各责任科室负责人为成员的工作专班，采取以会代训、专题培训、在线指导等多种形式，全面落实"一证保三权"。同时，依据《商河县深化户籍制度改革加快城镇化进程的实施意见》，制定《商河县村集体经济组织成员转移备案实施办法》《商河县规范土地经营权流转保障进城落户农民收益实施细则》，保障进城落户农民的合法权益和土地收益，为更好畅通农村到城市人口流动提供政策支持。

（4）注重政策叠加，释放改革红利。商河县细化配套政策，串起持证带"权"进城群众的切身利益。保障农民离得开。发布实施《关于促进农村土地适度规模经营助力现代高效农业健康发展的实施意见》，引导土地向种植大户、家庭农场、农业专业合作社以及农业企业流转，让持证带"权"进城群众对在村财产增值放心。保障农民能致富，进城落户创业人员同等享受城镇创业扶持政策，鼓励企业优先吸纳进城落户农民就业，让持证带"权"进城农民生活"有保障"，过得好。2020 年，实现 3 万名农村人口落户县城和镇驻地，打通了农民变市民的体制障碍，打消了农民群众的后顾之忧，为加快做大县城进而实现以城带乡打下了坚实基础。

（三）推动农地入市破冰：以城乡要素自由流动开启城乡融合新征程

2021 年 3 月 5 日，商河县敲响济南市农村集体经营性建设用地入市第一槌。入市地块位于商河县殷巷镇前芦洼村，面积 369.70 亩，由山东省金沙河面业有限公司以总价 7 025 万元成功竞得，出让年限 50 年，土地用途为工业用地。

（1）强化组织领导，建立强力推动的工作机制。当前，农村集体经营性建设用地入市是城乡要素流动的标志，也是农村产权改革最难啃的"硬骨头"之一。此题不破，城乡要素流动的全局难活。商河县成立了以县委常委、县政府分管领导为组长，牵头单位主要负责同志为副组长，县发改委、环保、住建、税务、人社部门主要负责同志为成员的"农地入市"工作专班，负责全县农村集体经营性建设用地入市工作，对上研究法律、政策,对下摸清意愿、需求,聚焦集体经营性建设用地入市的突破点。

(2) 深入调查研究,健全县域农地入市的实施政策。结合国土空间规划编制、土地三调数据修改等工作,对全县集体经营性建设存量用地开展全面调研,摸清企业用地需求和集体经济组织入市意愿,明确出让用地的规划选址范围,确保入市土地符合规划。同时,深入研判新《中华人民共和国土地管理法》、国家关于集体经营性建设用地入市等相关文件规定,用好县级管理权限,率先制定《商河县农村集体经营性建设用地出让暂行办法》《商河县农村集体经营性建设用地入市资金管理暂行办法》,以制度的形式对"农地入市"的范围、途径、条件、实施主体、程序、法律责任等事项进行明确,为商河县集体经营性建设用地入市提供了政策保障和依据。

(3) 坚持民主决策,严格依法制定入市流程。商河县按照尊重基层、农民自愿的原则,在土地准备阶段,先后召开村集体"支部提议会""两委会议""党员代表大会""村民代表大会"等四项民主决策会议,获得2/3以上村集体经济组织成员或成员代表的同意后,通过"村合作社向镇(街道)政府提出申请+镇(街道)政府初审后向自然资源管理部门报送入市材料+自然资源管理部门审核+县政府批准+公共资源交易平台发布公告"五项程序后,公开竞价出让,确保依法依规、公平公正。

(4) 兼顾多方利益,实现不同城乡建设主体的共赢合作发展。理清入市土地成本构成清单,包括补偿安置费、社保补贴费、地上附着物补偿费、耕地占用费、新增费、占补平衡费、测绘费、评估费等8项具体费用。入市土地收益去除成本后,70%归集体所有,其余部分作为调节金上缴国家。企业竞拍得到的土地与国有土地享受同等抵押贷款待遇。商河县土地成功入市为探索集体经营性建设用地入市,激活农村土地资产,增加农民收入,建立城乡统一的建设用地市场,畅通城市资本入乡合作途径,促进城乡资源要素平等合理流动提供了可借鉴的实践经验,在人口收缩型地区成功走通了以城带乡、城乡互促的路子,从而将城镇化与乡村振兴两大国家战略在县域范围内同时落地、同频共振,为全省乃至全国同类地区开展以县域为单元的城乡融合发展提供了新样板。

六、滨州市沿黄河流域地区：城乡融合发展试验片区创建基础条件（2020年）

2020年8月，滨州市沿黄河流域地区入选山东省首批城乡融合发展试验区名单。滨州市沿黄河流域地区城镇化基础扎实、产业支撑能力强、生态本底优良、体制机制改革成效明显，黄河流域生态保护和高质量发展、鲁西崛起重大战略在此交汇叠加，具备申报省级城乡融合试验区的良好条件。创建范围包括：滨城区、惠民县、博兴县、邹平市四县（市、区）全域，均位于黄河沿岸，总面积4 552 km²，总人口266.34万人。

滨州市沿黄河流域四县（市、区）地处黄河三角洲腹地，北拥渤海，黄河流经境内94 km，是连接苏、鲁、京、津的重要通道。2019年，滨州市四县（市、区）实现地区生产总值1 753.13亿元，占全市总量的71.35%。财政收入170.22亿元，占全市的70.76%，社会消费品零售总额719.05亿元，占全市的72.36%。滨城区、惠民县、博兴县和邹平市城镇居民人均可支配收入分别为36 305元、34 181元、35 604和35 701元，农村居民人均可支配收入分别为17 091元、15 339.88元、16 854.08元和18 485.29元。

（一）基础条件

1. 城镇化发展基础扎实，以城带乡条件成熟

（1）城镇化水平总体较高。近年来，滨州市四县（市、区）人口加快向城区、县城和镇区聚集，滨城区城常住人口镇化率达到72.47%，处于稳定发展期。邹平市、博兴县常住人口城镇化率分别为65.22%和63.78%，均超过全省平均水平，分为处于全省81个县市的第3位和第5位，处于全省领先水平（表11-1）。

表 11-1　2019 年滨州市四县（市、区）城镇化水平一览表

市县区	年末总人口/万人	城镇常住人口/万人	常住人口城镇化率/%
滨城区	72.17	52.3	72.47
惠民县	62.38	19.6	31.42
博兴县	50.96	32.5	63.78
邹平市	80.83	52.72	65.22

（2）城镇设施承载能力较强。四县（市、区）建成区燃气普及率均达到100%，生活垃圾无害化处理率均达到100%，人均道路面积、城镇污水集中处理率、建城区绿化覆盖率等各项指标均高于全省县城平均水平（表11-2）。公共服务设施方面，桓台县每千名常住人口执业（助理）医师数（人）4.04人，邹平市2.57人；博兴县每千名老年人拥有养老床位数（张）达到53张，邹平市63张，领先全省各县市。

表 11-2　2019 年滨州市四县（市、区）市政设施水平一览表

市县	燃气普及率/%	人均道路面积/m²	城镇污水集中处理率/%	生活垃圾无害化处理率/%	建城区绿化覆盖率/%
滨州市	100	25.72	97.5	100	44.15
惠民县	100	29.15	97.5	100	41.90
博兴县	100	22.26	97.5	100	42.57
邹平市	100	29.88	97.5	100	39.83
全省县城平均	95.88	21.60	96.99	99.84	34.81
全省平均	98.48	24.47	97.06	99.97	41.25

注：滨城区市政设施水平纳入滨州城区统计

（3）工业化带动城镇化有力。邹平市通过企业自建，建设了400万 m² 的职工主宅楼，有力解决了2.7万户职工家庭、6万单身职工的居住问题。配套各类商贸、文教、城建等公共设施，提升园区内职工、居民生活质量，促进了人口市民化进程。博兴县依托山东京博控股集团有限公司资金优势，持续投入达数亿元，通过合村并居、土地流转的方式对农村土地进行生态改造，提高土地附加值让传统农民转变为拿工资的职业农民。

2. 产业发展基础牢固，要素跨界聚集易实现

（1）农业现代化基础好。现代农业是实施乡村振兴战略、城乡融合发展的重要支撑，邹平市、博兴县、惠民县均为农业大县（市）。各县市已发展起粮食加工、畜牧水产、家纺纺织等三大千亿级农业相关产业集群，涌现出滨州中裕集团有限公司、山东三星长寿花集团有限公司等大型现代农业龙头企业，成为引领黄河现代农业发展的重要标杆。邹平市自 2012 年实施现代农业示范区建设项目以来，全市逐步形成了土地经营逐步实现规模化、新型农业经营主体蓬勃发展、农业服务社会化逐步普及、农业龙头企业逐步壮大的良好局面。2018 年，邹平市农作物耕种收综合机械化水平达到 93%，基本实现了耕种收机械化全覆盖。博兴县也基本实现了农业现代化，顺利通过国家现代农业示范区复审。农村产业融合发展示范园获批创建国家级示范园，列为省实施乡村振兴战略规划联系点。惠民县粮食总产量稳定在 17 亿 kg，成功创建全国良种棉繁育基地县、邹平市首家省级农产品质量安全县，是山东省重要的蔬菜标准化生产和进京蔬菜供应基地。连续举办黄河三角洲（滨州·惠民）绿化苗木博览会。惠民县现代农业产业园入选 2018 年省级现代农业产业园创建名单。滨城区现代农业发也发展迅速，成功创建国家农村产业融合发展示范园、山东省农业"新六产"示范区。

（2）工业经济实力雄厚。邹平市的铝业、纺织服装、食品医药、装备制造、冶金建材五大主导产业集聚效应日益显著。全国首个特殊钢国标研发站在山东西王集团有限公司成立，山东开泰集团有限公司被评为全国制造业单项冠军培养企业，山东魏桥创业集团有限公司主导研发的全铝大客车进入试生产阶段，高端铝、高效生态纺织产业集群列入全省现代优势产业集群名单。博兴县的山东京博石化股份有限公司荣获全国质量奖，实现山东省炼化行业全国质量奖零的突破。山东京博农化股份有限公司成为中国石油和化工行业技术创新示范企业。惠民县集中打造了经济开发区、高效经济区、绳网特色产业园区三大工业发展平台，形成装备制造、生物医药、新材料新能源、纺织服装、化纤绳网、农副产品深加工等六大产业，着力培育"四大百亿级"产业集群。荣获"中国塑料绳网之都""中国绳网名城""山东省体育产业基地"称号,经济开发区成为山东省新型工业化产业示范基地。

(3)三产融合水平较高。滨州市沿黄河流域生态高效现代农业示范区为省级农业示范区。滨州市把沿黄河流域示范区建设作为推进农业新旧动能转换和乡村振兴战略的重要样板,示范区逐渐成为滨州市现代农业主导产业集聚功能区、先进科技转化核心区、深化农村改革试验区、高效生态农业样板区、"新六产"发展示范区,取得了滨州市农业看"沿黄"的显著成效。沿黄河流域示范区新型经营主体不断壮大、活跃,目前拥有全国农产品加工示范基地1处,国家级农业龙头企业4家,国家级农民专业合作社示范社8家,省级田园综合体1个,市级农业龙头企业64家,农民专业合作社128家,家庭农场52家,高效生态农业示范园区65个。滨州市沿黄河流域生态高效现代农业示范区休闲旅游发展进入快车道,狮子刘片区及黄河古村风情带项目已成为全省乡村旅游发展典范;示范区已发展休闲旅游型综合性农业生态园区35家,年接待游客115万人次。通过举办大型赛事,用赛事带动旅游,用旅游促进赛事,实现赛事与旅游景点串连、旅游与体育融合发展。

3. 争做沿黄河流域生态保护和高质量发展先行者

自2008年开始,滨州市利用沿黄河流域的优势,持续推进沿黄河流域生态环境建设,进行"绿色生态、水系生态、农业生态、乡村生态、路域生态"五大生态示范工程建设,开展黄河风情带建设,全区域创建水生态文明,发展生态林场和沿线绿色通道,开发高效高质节水农业以及生态农业产业,建成粮丰林茂水清的美丽乡村,乡村振兴战略实施逐步深入。滨州市四县(市、区)黄河沿岸处处形成了粮丰林茂水清乡村美的美丽画卷,成为北方美丽乡村和生态建设的典范。

滨州市加强沿黄河流域生态保护和高质量发展重大战略研究,高起点编制《滨州市黄河流域生态保护和高质量发展规划方案》,围绕沿黄河流域生态保护和高质量发展,谋划上报了122项重大项目、工程、政策。不断加强沿黄生态旅游规划及开发，提升文化旅游品位。把滩区规划与城市规划相结合，充分利用现有资源，不断完善功能布局，实现滩区的可持续发展。加强沿黄公共设施、生态绿化等环境建设，促进沿黄河流域内基础设施更完善、生态环境更美好。滩区居民迁建中，滨州市做到地上与地下相结合，对地下管网做好统筹规划，将雨污分流系统、燃气管线等提前预留铺设，推动城镇基础设施向农村地区延伸。

4. 体制机制改革成效显著

邹平市及邹平市魏桥镇为山东省新型城镇化综合试点，邹平市是全省中等城市试点、农村宅基地"三权分置"改革试点。2019年4月，山东省城镇化工作领导小组办公室印发了《全省中小城市培育试点第一批典型经验的通知》，共选取了5个县（市）的试点经验在全省范围内进行推广，其中邹平市"加快产业转型升级，增强就业支撑能力"试点经验入选。自2018年开始，邹平市开展农村宅基地"三权分置"改革试点工作，努力盘活农村闲置土地资源，增加集体和农民收入，推动美丽乡村建设，助力乡村振兴。

博兴县为山东省第二批新型城镇化综合试点，Ⅰ型小城市试点，高起点规划，高标准建设，在土地利用、产业聚集、功能承载等方面全面提升。博兴县是省级财政金融融合支持乡村振兴试点县，吕艺示范区获批创建省级齐鲁样板示范区。2020年4月，博兴县被国家确定为"国家基本公共服务标准化试点县"，围绕"弱有所扶"领域开展标准化试点和探索，在博兴县全县建立健全支撑"弱有所扶"的标准化管理体系，创新基本公共服务标准实施机制，有效提升"弱有所扶"供给能力，形成一批可复制可推广的成功经验并在全国推广。

惠民县、滨州市高新技术产业开发区是全省农村集体产权制度改革省级试点单位。在清产核资、成员身份确认、股权设置与管理、建立健全新型集体经济组织等方面为山东省农村集体产权制度改革工作全面推开积累了经验。

(二) 特色优势

1. 黄河流域生态保护高质量发展战略实施优势

黄河流域生态保护和高质量发展上升为国家战略，黄河流域下游城市群建设正加快破题布局，习近平总书记明确提出"发挥山东半岛城市群龙头作用，推动沿黄地区中心城市及城市群高质量发展"。滨州市沿黄河流域四县（市、区）位于鲁北平原、黄河三角洲腹地，均位于黄河沿岸，其中滨城区、惠民县主要位于黄河以北，邹平县、博兴县主要位于黄河以南。滨州市将紧紧抓住黄河流域生态保护和高质量发展上升为国家战略的机遇，争取将重大建设事项纳入国家和省规划计划，系统谋划四县（市、区）集约发展，提高经济和人口承载能力，推进该区域融入沿黄发展大局。

2. 鲁西崛起政策支持优势

2018—2019年，山东省接连制定突破菏泽市、鲁西崛起的若干政策和意见，力度之大、针对性之强前所未有。滨州市沿黄河流域四县（市、区）为省重点支持对象，在安排转移支付资金、园区设置、项目安排等方面给予倾斜。滨州市四县（市、区）具有打造鲁西崛起的区位优势、产业发展基础、政策叠加优势，将加快打造生态文明建设高地、生产要素支撑高地、创新驱动发展高地、产业转型升级高地，努力为山东省鲁西崛起做出积极贡献。

3. 文化生态资源丰富优势

经过多年对沿黄河流域生态环境的持续建设，四县（市、区）生态环境优良，形成了"以黄河两岸生态文化带为主轴，两处国家水利风景区和打渔张4A级景区为核心，四大精品化果园和五处规模化苗木基地点缀其间"的发展格局，有力助推了黄河治理开发与管理保护事业发展。作为孙子故里，拥有深厚的历史文化，孕育了数不清的秀丽风光，具有独特的文化生态韵味和魅力。

4. 片区城乡样态全面优势

在山东省沿黄河流域 25 个县中，滨州市四县（市、区）是城乡样态较全面的区域。涵盖县级市、县和市辖区三种行政区划形态，既有人口高度密集的城区，也有城乡居住生活形态兼具的城乡结合区域，以及土地资源丰富的乡村地区。此外，滨州市四县（市、区）与国家级城乡融合试验区济青局部片区中的章丘区、淄川区、博山区接壤，加强资源共享，互通有无，共谋发展，可在更大区域上形成山东省城乡融合发展的典范区。

（三）试验意义

结合国家和省重大区域协调发展战略，滨州市开展沿黄四县（市、区）城乡融合试验区建设，将在全国、全省推进城乡融合发展工作中发挥重要的标杆作用。

（1）通过搭建要素流动平台，有利于在沿黄河流域范围内实现劳动力、土地、资本、技术、信息等生产要素在城乡之间无障碍流动，率先实现城乡居民基本权益平等化、城乡公共服务均等化、城乡居民收入均衡化。

（2）通过搭建城乡产业协同发展平台，有利于进一步促进城乡产业融合化发展，实现产业链集聚和企业集群发展，繁荣经济，为鲁西崛起贡献力量。

（3）通过建立生态产品价值实现机制，有利于畅通生态产品价值转化途径，提高价值转化效率和程度，开拓生态文明建设新路径，为全国、全省生态文明建设提供有效制度供给，为促进山东半岛城市群高质量一体化发展贡献力量。

（4）通过推进基础设施互联、互通，统筹跨县市、跨城乡基础设施建设布局，补齐农村基础设施短板，完善基础设施网络，提高建设质量、运营标准和管理水平，提升基础设施利用效率，以适应沿黄地区城乡体系结构和人口流动变化趋势。

（节选自《滨州市沿黄地区省级城乡融合发展试验片区创建方案》）

七、绿色基础设施建设的高唐县路径（2020年）

有着45.52万城乡常住居民的聊城市高唐县，绿色基础设施发展基础优良，建成区面积达到35.8 km²，其中鱼丘湖、双海湖、南王水库、太平水库水域面积达到4.4 km²，县城绿化覆盖率达到41.7%。高唐县坚持"绿水青山就是金山银山"发展理念，积极落实国家关于加强县城绿色低碳建设的意见，加快补齐绿色基础设施短板，围绕渔丘湖、清平森林公园等优质生态资源，着力打造天蓝地绿水清的人性化公共环境，构建形成政府引导、企业和社会各界参与的县域绿色建设可持续发展体制机制，打通了绿色基础设施规划、建设、管理的各个环节，走出一条县城引领、城乡融合的美丽城乡建设新路径。

（一）规划统筹，绘就绿色设施城乡融合发展"一张图"

高唐县绿色基础设施建设过程中，首当其冲遇到的难题是各基础设施所依赖规划由不同的政府部门制定，存在彼此交叉、职能不清、空间冲突、效率低下等问题。鉴于此，高唐县以问题为导向，进一步加大规划与设施建设的衔接力度，完善规划编制、实施、监测机制，做到了"一张蓝图绘到底"。

（1）深入实施"多规合一"，完善城乡功能布局。以《高唐县县城总体规划（2018—2035年）》为基础，统筹专项规划、土地利用规划、各镇街规划、原村庄规划、乡村振兴规划等各项规划，实现底图叠合、指标同和、政策整合，形成"一本规划、一张蓝图"，构建"城市中心—副中心—次中心培育城镇—特色小城镇"城镇总体格局。优化县城空间布局，统筹县城控制性详细规划、城市景观风貌规划和中心城区总体城市设计、城市更新专项规划，按照"西扩、南展、北优、东改、中疏通"的发展方向，形成"一环三心、两轴五片"的空间结构。坚持"多规合一"，做好各镇街规划与乡村振兴示范片区规划的衔接，高标准做好三十里铺镇、人和街道市级乡村振兴示范片区和梁村镇、尹集镇县级乡村振兴示范片区规划建设工作。

（2）创新开展县城体检，促进规划实施监测见实效。探索建立面向规划实施过程的"一年一体检"实时监测、定期评估、动态维护的常态化机制，利用城市大数据对城乡人口流动及规划目标要求的实施效果进行检测、分析和评价。结合评估结果，对规划实施重点任务进行动态调整，对完善规划机制与政策保障措施提出建议，作为制定年度重点工作计划的重要基础。

（二）城乡统建，推进城乡基础设施一体化建设

目前，山东省正在实施鲁西崛起战略。高唐县作为鲁西地区的重要战略节点，抢抓鲁西崛起战略机遇，坚持目标导向，秉持"打基础、利长远、惠民生"的城乡建设理念，加大对农村基础设施建设的投入，加快推进城镇基础设施向农村延伸，建成覆盖城乡的基础设施网络，实现基础设施城乡共建、城乡联网、城乡共享。

（1）夯实基础，健全城乡一体化建设机制。遵循"先建机制、后建工程"原则，坚持建管并重，加快构建多元化投融资机制，鼓励在城乡基础设施方面采用政府和社会资本合作模式开展项目建设。加快明确县城乡村基础设施的公共产品定位，构建事权清晰、权责一致、县政府负责的城乡基础设施一体化机制。健全分级分类投入机制，对乡村道路、邮政、公交、水利等公益性强、经济性差的设施，建设投入以政府为主；对城乡供水、垃圾污水处理和农贸市场等有一定经济收益的设施，政府加大投入积极引入社会资本，并引导农民投入；对乡村供电、电信和物流等经营性为主的设施，建设投入以企业为主，加快探索将基础设施项目整体打包，实行一体化开发建设。

（2）突出重点，依托城乡交通设施一体化提升绿色发展整体效能。以县域为整体，统筹规划城乡综合交通运输设施，构建城乡交通一张网，加

快实施官道街南延段道路工程、官道街南延工程、东兴路道路改造工程等多项交通及配建设施工程，完善覆盖乡镇、农村新型社区的公路网络，提高城乡公路网络通达性。县市之间、县市与乡镇之间实现二级以上公路连接，农村新型社区与乡镇之间实现四级以上公路连接，实现中心村等级公路全覆盖。加快"四好农村路"建设，构建多元化投资机制，完成农村户户通道路硬化。加快完善城乡客运网络，优化农村客运设施布局，引导城市公共交通向乡村地区延伸。

（3）带动全局，推进绿色基础设施向农村延伸覆盖。深化生活垃圾分类试点，建成统筹城乡的污染物收运处置体系，全面推进"户集、村收、镇（乡）运、市处理"的城乡环卫体系，严格控制垃圾填埋量，加大焚烧处理量。推进城镇污水管网向农村延伸，实施农村清洁取暖工程，加大生态保护与修复力度，推动乡村生态振兴。全面推进农村饮水安全攻坚行动，因地制宜采取集中供水、分散供水和城镇供水管网向农村延伸等方式，实现"同网、同源、同质"和"全部达标"，解决农村人口饮用水安全问题。加快推进引河灌区节水配套改造，加快实施中水综合利用二期工程。完善城乡绿化体系，加快推进绿道建设，深入开展国土绿化行动，形成城市、乡村协调一致的绿色生态走廊。

（三）政策统筹施，建立城乡基础设施一体化管护机制

有效的管护机制是城乡基础设施共建共享的"最后一公里"。城乡基础设施长期受到"二元体制"分割影响，产生了建设管护分离、重建设轻管护或无管护等难题。为破解这一难题，高唐县结合发展实际采用了关键"三招"，取得了良好效果。

第一招，落实产权所有者管护责任。全面开展乡村基础设施产权普查登记，落实产权所有者管护责任。坚持政府主导、市场运作，鼓励社会各类主体参与城乡公共基础设施管护，按产权归属落实管护责任，科学制定管护标准和规范，合理选择管护模式。明确政府、行业部门、村级组织、运营主体、农户等五类管护主体，地方政府应承担农村基础设施管护的主

导责任，各级行业主管对农村基础设施有监管责任，村级组织对所属公共基础设施承担管护责任，运营企业要全面加强对所属农村基础设施的管护，管护水平和质量显著提升。

第二招，加快推进城市基础设施建设运营单位改革。加快推进城市市政基础设施归口管理的事业单位改革，建立独立运算、自助经营的企业化管理模式，推动管理向农村延伸。协同开展乡村建设行动，尊重农民主体地位，发挥其在农村基础设施决策、投入、建设、管护等方面作用，鼓励农民和农村集体经济组织自主筹资筹劳开展村内基础设施建设，加大财政奖补力度。

第三招，建立完善的城乡基础设施管养体系。巩固提升国家卫生县城创建成果，建立城市管理联席会议制度，健全长效管理机制。完善城乡环卫一体化运行机制，提升城乡环卫作业质量。强化智慧环卫平台应用，提升环卫监管效率。依托数字化网络平台，推进"智慧社区"建设。升级数字化城管系统，推进无人机综合在线管控平台运行。培育农村基础设施社会化服务主体，在体制机制和政策体系上，鼓励懂农业、懂农村、爱农民的市场主体参与农村基础设施供给。

八、莒县：城市要素资源入乡的基层实践与探索（2020年）

城乡要素流动不够顺畅，公共资源配置不够合理，一直是城乡二元结构壁垒的突出体现。近年来，国家和各省（区、市）积极制定促进城乡融合发展方面的政策，各地也进行了多种有益探索，城乡融合发展的势头不可阻挡。位于山东省日照市莒县招贤镇的武家曲坊村和王家台子村，是典型的农业村，近年来在城乡融合发展方面迈出了实质性步伐。

武家曲坊村和王家台子村均地处沭河东岸，武家曲坊村位于沭河冲积平原，王家台子村地处山丘区。长期以来，传统的种植业和养殖业是两村的主导产业，武家曲坊村是招贤镇的粮食主产区、莒县大米的主要种植区；王家台子村除种植基本农作物玉米、小麦、花生外，还有桑蚕养殖、畜牧养殖、果林苗圃、水库养殖等特色产业。两村水资源丰富，附近有山东省第四大水库青峰岭水库、大（2）型水库仕阳水库。武家曲坊村现有常住人口532户1620人，耕地面积1888亩；王家台子村现有常住人口365户890口人，耕地面积1574亩。

（一）以资金为纽带，盘活乡村土地资源

社会资本的注入可让土地资源得到有效整合和盘活，实现土地资源效益最大化。武家曲坊村通过"双招双引"，引入浩宇集团有限公司等工商资本下乡，建设了曲坊现代农业产业园。该产业园以武家曲坊村为中心，占地面积约1.96万亩，计划总投资21亿元。截至2020年底，武家曲坊村1100亩耕地已完成土地流转，全部由山东浩宇集团有限公司经营。

该产业园通过发展果、蔬、花、木等产业，将高新技术与设施农业有机结合，突出农业高新科研成果的推广应用，实现农业智能化管理、精细化作业、规模化生产。同时，融农业、文化、旅游、康养为一体，拓展农业产业链条，提升农产品附加值，建成集现代农业技术生产示范与展示、农业科普教育、物流销售、休闲康养于一体的新六产融合发展园区。当前，该产业园正在建设总面积17万 m^2 为智能化玻璃温室两座，主要种植西红柿、黄瓜等蔬菜，致力于打造江北最大的单体智能化玻璃温室；建设总面积30万 m^2 的高标准智能化连栋膜温室8个，致力于打造"中国最大鲜切花基地"。

通过改变传统农业种植模式，采取企业化运作，延伸农业产业链条，实现第一、第二、第三产业深度融合，可让有限的土地资源发挥更大效益。

王家台子村也积极引导工商资本下乡。2019年，推动汇海家庭农场现代肉鸡项目落户，村里以集体土地和两个高标准鸡棚入股，当年实现23万元收益,是过去传统土地发包的 200 倍。该养殖场是山东德汇食品有限公司的养殖基地,是目前日照市规模最大的标准化肉鸡饲养场。养殖场实行鸡苗、饲料、药物、免疫、回收五个统一,确保肉鸡质量可靠稳定。该养殖场项目将在 2020 年 9 月建成,建成后,年出栏肉鸡 336 万只,年营业收入 7 000 万元,可解决 20 余人就业,年增加就业收入 130 余万元,年增加村集体经济收入 35 万元。该项目由省派莒县乡村振兴驻服务队招引。目前,王家台子村两成土地完成流转,2019 年分别为集体和村民带来 5.3 万元和 17.5 万元的年收入。

(二) 以智力资源为桥梁,升级传统农业生产

走出传统农业种植模式,提升农业现代化水平,离不开人才和技术要素的下乡以及本土人才的培养。

武家曲坊村和王家台子村积极引入经营管理人才和专业技术人员。武家曲坊村在以乡情乡愁为纽带,积极引导优秀企业家投入到家乡的乡村振兴事业中的同时,邀请中国农业大学规划设计现代农业产业园,引入荷兰、以色列智能化温室建造、气候控制、自动化种植等 10 项世界一流技术。创新人才服务机制,依托招贤曲坊现代农业产业园挂牌设立省级外国专家工作基地。王家台子村引入 10 余名专业养殖人士来村开展肉鸡养殖,带动村民学习养殖技术。同时,通过成立花生研究所,吸引花生种植专业人士来村工作,指导村民从事花生育种种植。

武家曲坊村和王家台子村着力培养新型职业农民和农业经营主体带头人。武家曲坊村着眼村庄现代农业的蓬勃发展需求,培育现代职业农民,有 23 名承担涉农项目和示范家庭农场、合作社、龙头企业的村民通过当地人力资源和社会保障部门的考核,认定为新型职业农民。培育合作社、家庭农场等农业经营主体带头人 20 余人。王家台子村借助县农广校,组织村内种植大户、专业农户赴江苏省、临沂市、平度市大泽山镇、博山区源泉镇考察学习葡萄、猕猴桃种植技术;依托县妇联组织家庭妇女赴沂水县参观学习,参加针织、刺绣等技能培训;广泛发动村民参加电商培训班、新

型农民职业培训班和农民工学堂，累计培训60余人次，全村共有10名农民取得职业农民资格证书，成为"土专家""田秀才"。

此外，省派莒县乡村振兴服务队还组织了在外乡贤恳谈会，组织村民参加玫瑰种植技术、新型职业农民、电商等培训，组织村干部开展党建引领乡村振兴专题培训等，致力于培养更多本土人才。

近年来，在现代农业产业园、家庭农场两种新型农业经营模式的影响下，武家曲坊村和王家台子村传统农业转型升级态势明显，现代农业果蔬生产、高端花卉种植特色农业发展格局逐步显现，产业链条延长、附加值不断增加。以智能温控大棚、水肥一体灌溉技术为代表的农业设施化、科技化、信息化水平不断提升。

（三）设定规则底线，保障村民利益共享

工商资本下乡，农民利益不受损是底线。为此，必须建好工商资本下乡的制度"防火墙"，引导工商资本真正下乡"务农"，防止到农村跑马圈地，侵犯农民利益。

在工商资本介入、盘活土地的同时，武家曲坊村和王家台子村并非将土地"一租了事"。一方面，村集体发挥土地所有权人的作用，通过规则的设置，在农业现代化进程中分享成果；另一方面，积极发展属于村民自己的新型农业经营主体。

在保证村民每亩900元土地租金保底收入的基础上，武家曲坊村和曲坊现代农业产业园的合作采取"村党支部+土地股份合作社+农户+企业"合作新模式，也就是说，将曲坊现代农业产业园每年利润的20%，按照合作社、村集体、村民1∶2∶7的比例进行二次分配，让村民得到实惠。

此外，由村民自己成立的家庭农场实施土地流转300亩，有效带动了村民就业和集体经济增收。武家曲坊村农机服务队合作社提供农机租赁维修、农田管理等服务，提升了小农户组织化程度。

落户王家台子村的汇海家庭农场现代肉鸡项目，占用了村庄土地，村庄也没有"一租了事"，而是以集体土地和两个高标准鸡棚入股，分享股权投资收益。

王家台子村积极发展属于村庄自己的新型农业经营主体。全村已经拥有蔬菜种植、苗木、花生三个生产合作社、三个家庭农场、一个花生研究所，推动形成了畜牧养殖、蔬菜、花生种植育种、金银花种植四大产业发展基地。其中，村集体以60亩土地入股注册成立蔬菜种植合作社，利用扶贫资金建设了14处温室蔬菜大棚。目前，全村共有330亩土地进行了流转，主要用于畜牧养殖、果蔬、苗圃、金银花等规模化经营使用，有效提高了土地利用效率。

依托于大棚租赁收入、土地流转收入、股权收益等，武家曲坊村和王家台子村村民收入和集体经济收入都有了明显增长。2019年，武家曲坊村农民人居可支配收入达到2.52万元，比2018年增长13.1%，村集体经济收入达到18.5万元，比2018年增长66.7%。王家台子村农民人均可支配收入达到1.59万元，比2018年增长超过40%，村集体经济收入达到35.7万元，实现了从无到有、跨越增长。武家曲坊村和王家台子村贫困人口稳定脱贫率均达到100%。

乡村要振兴，离不开资金、人才、技术、信息等要素从城市向农村的流动，实现各类要素的融合。这个过程不仅可以带来土地资源效益的放大，也蕴藏着不同主体之间的利益博弈。破除城乡二元制度壁垒，促进要素资源在城乡间流动，要坚守土地所有制性质不改变、耕地红线不突破、农民利益不受损的底线。不仅如此，作为土地承包权的拥有者，作为村集体经济组织成员的村民应分享更多发展成果。日照市莒县招贤镇武家曲坊村和王家台子村的城乡融合发展实践尚处于探索阶段，效果还未充分显现，但已迈出了健康和坚实的步伐。

（原载于《新型城镇化》2020年第12期）

致　谢

2021年，是城镇化高质量发展的开启之年，也是山东省城镇化从业者难以忘记的改革之年。因为机构改革，山东省住房和城乡建设厅城镇化相关领导整体转隶山东省发展和改革委员会；同时，山东省住房和城乡建设发展研究院调整为公益一类研究型事业单位，成为山东省住房和城乡建设事业的专职智库机构。改革带来了大变局。

山东省住房和城乡建设发展研究院城镇化研究所，整体更名，成立新的发展战略研究所，研究视野将从城镇化领域进一步拓展至住房和城乡建设发展战略研究。原部门的多位同事已到更合适的单位就职，从事新的工作。

2021年年初，课题组开始谋划这本著作，以慰藉过往的研究岁月，掀开新的研究篇章。本书是近几年城镇化研究工作的总结，是多项课题成果的结晶，也凝结了许多领导、专家的智慧。今天，专著付梓，是时候跟过往说再见了，有太多不舍，但更多的是感谢。

感谢山东省住房和城乡建设厅的诸位领导，出色的管理与决策成就了山东省今天城镇化建设蔚为壮观的发展局面，为研究提供了无比丰厚的实践来源。感谢山东省住房和城乡建设发展研究院院领导的大力支持，宽严相济的研究环境为本书写作提供了源源不断的创造力。感谢曾为山东省城镇化发展建言献策的每一位专家，每一次深入研讨、每一次思想碰撞总能催生智慧的火花，结出累累硕果，以后我们将在更广阔的领域展开新的探讨。

一定要感谢城镇化研究所的同事们，大家一起奋斗、一起调研、一起讨论、一起分析、一起写作，为山东省委、省政府决策提供了多项及时的重要决策参考，为地方发展贡献了重要的智力支持，祝福他（她）们前程似锦。感谢仍然在发展战略研究所坚守奋斗的同事们，共同面对不确定的未来，一同经风雨、战酷暑，相信我们在新的研究方向上定能取得更辉煌的成就。

最重要的，是要感谢家庭的大力支持，在本书写作期间她（他）们主动承担起养儿育女、照顾老人的重任，作者们才得以全身心地投入研究，使本书能够在今天同大家见面。

敬爱的读者，往事常追忆，未来尤可期。让我们携起手来共同缔造一个总体性高质量的城镇化未来，为他人，更为自己。

2021 年 8 月 31 日
于山东省济南市山东建筑节能示范大厦